dtv
premium

Monika Matschnig

DIE MACHT
DER WIRKUNG

Selbstinszenierung verstehen
und damit umgehen

Dieses Buch ist auch als E-Book erhältlich.

Ausführliche Informationen über
unsere Autoren und Bücher
www.dtv.de

Originalausgabe
© 2016 dtv Verlagsgesellschaft mbH & Co. KG, München
Das Werk ist urheberrechtlich geschützt.
Sämtliche, auch auszugsweise Verwertungen bleiben vorbehalten.
Umschlaggestaltung: buxdesign, München
unter Verwendung von Fotos von gettyimages
Satz: Greiner & Reichel, Köln
Druck und Bindung: Kösel, Krugzell
Gedruckt auf säurefreiem, chlorfrei gebleichtem Papier
Printed in Germany · ISBN 978-3-423-26113-5

Inhalt

Einleitung:
Wirkung an, Wirkung aus – wie geht das?

Warm und weich war sie, die Hand des Präsidenten. Seine Augen leuchteten. Sein berühmtes, jungenhaftes Lachen schenkte er nur mir. Momente zuvor hatte ich ihn die Treppe hinter der Bühne hinabsteigen sehen. Mit hängenden Schultern, als trage er eine große Last. Kaum stand er vor mir, umringt von seinen Bodyguards, wich die Mattheit von einer Sekunde auf die andere. Er war absolut präsent. So kannte ich ihn, so kannten ihn Millionen von Menschen rund um die Welt. Aufrecht, wach, charmant. Bill Clinton eben. Der 42. Präsident der USA, jetzt Elder Statesman, Wohltäter, Vortragsreisender. Gerade hatte er 8000 Menschen mit seinem Vortrag begeistert. Ich sollte die nächste Rednerin sein. »Hi, I am Monika.« Was er zu mir sagte, bekam ich kaum mit. Mein Herz pochte. Sekunden später war er fort. Ich ging auf die Bühne, schlug mich tapfer und verdiente mir den Applaus.

2008 in Düsseldorf war das. Gleich zwei Mal hatte ich aus nächster Nähe beobachten können, wie ein weißhaariger Anzugträger mit Jetlag sich in einen agilen, aufmerksamen Staatsmann verwandelte, der jeden in den Bann schlug. Er knipste seine Ausstrahlung an. Zuerst, als er die Bühne betrat für seine Rede, danach, als er backstage vor mir stand. Und er knipste sie wieder aus, als er sie nicht mehr brauchte.

Präsidiale Wirkung auf Knopfdruck, konnte es so etwas geben? War er vielleicht einfach ein ausgebuffter Typ, ein geborener Menschenfischer? Nein, allein mit natürlichem Charisma war es für mich nicht zu erklären.

Körpersprache und Wirkung sind meine Themen. Seit mehr als fünfzehn Jahren trete ich als Vortragsrednerin auf, ich gebe Seminare, trainiere Mitarbeiter, coache Führungskräfte und Politiker. Die zentralen Fragen lauten immer: Wie wirken wir durch Gestik, Mimik, Körperhaltung auf andere? Wie können wir die Körpersprache unseres Gegenübers besser verstehen? Und vor allem: Wie erzielen wir privat und öffentlich die Wirkung, die zu unserer Persönlichkeit und jeweiligen Rolle passt? Um all dies geht es in meiner Arbeit, all dies beschäftigt mich täglich.

Meine Antwort zu Bill Clinton war also eindeutig: Es hat mit seiner Wirkungskompetenz zu tun.

Halt mal, wird jetzt mancher denken, Kompetenzen sind doch etwas Veränderbares. Kann man Wirkung etwa erlernen so wie Gitarre spielen, Projektmanagement oder Spanisch?

In der Tat, man kann sie trainieren, verbessern und gezielt einsetzen. In diesem Sinne ist sie erlernbar wie eine ganz normale Fachkompetenz. Jeder, der vor Publikum auftritt, auf einer Bühne oder in den Medien, macht sich Gedanken über seine Wirkung. Perfekt wird er nur durch Üben, Üben, Üben. Menschen, die eine unfassbare Ausstrahlung entfalten, sobald das Scheinwerferlicht auf sie gerichtet ist, unterstellen wir oft ein Naturtalent. Doch auch Elton John, Winston Churchill oder Steve Jobs haben einmal klein angefangen. Madonna, Marlene Dietrich oder Christine Lagarde mussten hart an sich arbeiten, bevor ein ebenso toughes wie elegantes Auftreten zu ihrem Markenzeichen wurde.

Wer lernen möchte, besser auf andere zu wirken, handelt sich jedoch schnell einen Vorwurf ein: alles nur Show, alles inszeniert! Soll heißen: Das Gegenüber wird manipuliert, man gaukelt ihm eine verzerrte Realität, eine falsche Persönlichkeit vor, verhält sich also nicht authentisch. Aus meiner Sicht ein großes Missverständnis. Denn Authentizität und Inszenierung sind für mich kein Widerspruch. Ich behaupte sogar: Jede Person inszeniert sich. Und wenn die Inszenierung zur Persönlichkeit passt, ist sie auch authentisch.

Vieles von dem, was wir täglich tun, wie wir uns kleiden, was wir sagen, ist eine Inszenierung. Ich wähle eine bestimmte Kleidung und Frisur für das Bewerbungsgespräch. Ich lege mir Worte zurecht, mit denen ich meinen Kindern den Tod ihrer Großmutter übermittle. Ich setze mich in der Kantine zu dem Kollegen an den Tisch, der gestern im Meeting vorgeführt wurde. Ich mache mich drei Zentimeter größer, um auf der Party gesehen zu werden. Warum tue ich all diese Dinge? Weil ich eine Botschaft transportieren möchte. Schaut her, hört her. Ich bin die Richtige für den Job. Ich weiß, wie ihr euch jetzt fühlt. Ich halte zu dir. Ich bin interessant. Sich zu inszenieren, um eine kalkulierte Wirkung zu erzielen, ist also eine ganze normale Sache, eine durch und durch gute Kompetenz. Wir brauchen sie, um mit anderen Menschen erfolgreich zu kommunizieren.

Nur wer wirkt, wird gehört, gesehen, verstanden

Was für den Alltag gilt, hat im Rampenlicht, auf dem internationalen Parkett, in luftiger gesellschaftlicher Höhe eine noch wesentlich größere Bedeutung. Wer hier seine Wirkung nicht richtig kalkuliert und einsetzt, wird früher oder später Schiffbruch erleiden. Schon durch kleine Fehler in der Selbstdarstellung kann man seinen Ruf auf lange Zeit beschädigen. Denken wir an Josef Ackermann, den ehemaligen Chef der Deutschen Bank, wie er im Gerichtssaal das Victory-Zeichen machte. Nachher konnten seine PR-Leute noch so oft erklären, dass er nur Michael Jackson nachahmen wollte. Seine Geste wurde von den meisten als Überheblichkeit gedeutet. Oder denken wir an Karl-Theodor zu Guttenberg, wie er mit ausgebreiteten Armen auf dem New Yorker Times Square stand. Als ihn die Presseleute aufforderten, er solle sich doch mal bewegen, kam zufällig diese Was-kostet-die-Welt-Pose zustande. Schon war sein Image angeknackst.

Um dauerhaft erfolgreich zu sein in der Welt der Politik, der Wirtschaft, der Unterhaltung und des Sports muss man eine hohe Wirkungskompetenz aufweisen. Was verstehe ich genau darunter? Für mich stellt sie die Fähigkeit dar, verschiedene Instrumente der nonverbalen Kommunikation so zu kombinieren, dass die gewünschte Wirkung entsteht. Ziel ist es meistens, Emotionen zu wecken oder andere zu einer bestimmten Handlung zu bewegen. Nonverbale Kommunikationsinstrumente sind Gestik, Mimik, Körperhaltung, aber auch Kleidung und Statussymbole wie eine Krone, Limousinen oder Private Assistants gehören dazu.

Und die verbale Kommunikation? Die berühmte Rhetorik? Ist sie nicht viel wichtiger als der äußere Schein? Gab es nicht Sätze, die in die Geschichte eingingen? Doch. Ich bin ein Berliner. I have a dream. Diese Worte von John F. Kennedy und Martin Luther King haben sich ins kollektive Gedächtnis eingebrannt. Aber der Rest ihrer Reden? Wissenschaftliche Studien bestätigen, dass vom gesprochenen Wort nur wenig bei uns hängen bleibt. Was wir sehen, hat eine ungleich stärkere Wirkung auf uns. Die unmögliche Krawatte des Redners. Die knetenden Hände der Bewerberin. Und ja, auch das Leuchten in den Augen von Bill Clinton.

Mächtige Wirkung durch Selbstinszenierung

Menschen mit hoher Wirkungskompetenz faszinieren uns. Sie scheinen uns etwas voraus zu haben, das wir auch gerne hätten. Einmal so selbstbewusst auftreten wie Barack Obama und die Mitarbeiter von den Stühlen reißen. Einmal so schlagfertig sein wie Karl Lagerfeld und den Gesprächspartner blass aussehen lassen. Einmal so gelassen zu sich selbst stehen wie Meryl Streep und sich nicht um die Meinung der Nachbarn scheren. Obama, Lagerfeld, Streep und all die anderen Großen aus Politik, Mode, Unterhaltung, Business, Sport sind für mich Meister der Selbstinszenierung. Sie beherrschen es perfekt, ihre Stärken ins Licht zu rücken und ihre Schwächen zu verbergen – oder auch ihre Schwächen zu Stärken zu machen. Sie spielen mit den Medien, reagieren schnell, lernen aus Fehlern, hinterfragen immer wieder ihre Wirkung und justieren sie neu. Sie erzeugen ein Bild von sich in der Öffentlichkeit, das ihren Absichten und Zielen dient. Dadurch gewinnen sie Macht über uns, über unsere Gedanken, Emotionen, Handlungen. Wir bewundern sie. Wir folgen ihren Ratschlägen. Wir kopieren ihre Frisur. Wir glauben ihren Geschichten. Wir lieben ihre Marotten. Wir zittern mit ihnen in Wettkämpfen. Wir wählen sie. Wir kaufen ihre Produkte. Sie sind uns näher als mancher Nachbar, Kollege oder Bekannte. Das mag uns merkwürdig oder sogar unheimlich erscheinen. Es ist aber die Realität. Ob wir uns verführen oder führen, überrumpeln oder überzeugen lassen, liegt an uns.

Die Macht der Wirkung ist groß, aber nicht undurchschaubar. Wir müssen nur lernen, genau hinzusehen, Gesten und Zeichen richtig zu deuten und Verhaltensmuster zu erkennen. Dann lässt sich jede noch so meisterhafte Selbstinszenierung entzaubern, soll heißen: beschreiben, analysieren, erklären, einordnen. Immun macht uns das nicht, doch wir behaupten uns als mündige Bürger, als kritische Konsumenten und Fans.

Blicken wir also hinter die Kulissen von Personenkult, Reichtum, Glamour. Bodyguards, PR-Agenten, meterhohe Mauern werden uns nicht stoppen. Wir haben scharfe Kameraaugen, einen schnellen Verstand und jede Menge guter Informanten. Von rund zwei Dutzend Meistern der Selbstinszenierung wollen wir lernen, wir wollen uns ihre Wirkungskompetenz zunutze machen. Extrovertierte Alphatiere sind darunter, aber auch elegante Strippenzieher und leise Superhelden. Studieren wir, wie sie gehen, stehen, lachen, weinen, schweigen, schreien, trauern, triumphieren. Wo liegen ihre Stärken und Schwächen, was sind ihre Ticks und Markenzeichen? Lüften wir ein paar ihrer Geheimnisse und bereiten wir uns auf Überraschungen vor. Es gibt viel zu entdecken in der Welt der Mächtigen und Berühmten. Aber nicht nur dort. Auch über uns selbst werden wir eine Menge erfahren.

1 Wirkung als Kompetenz

Es war einmal eine Frau, die hoch hinauswollte, bis ins oberste Regierungsamt ihres Landes. Auf ihr Äußeres gab sie nicht viel. Frisur, Make-up, Kleidung? Das sind doch nur Oberflächlichkeiten, dachte sie sich. Ich bin so, wie ich bin. Wie ich auf andere wirke, ist Nebensache. Auf meine Botschaften, meine Überzeugungen, meine Pläne kommt es an. Schon seit Jahren gingen die Meinungen über sie auseinander. Die einen mochten ihre Einstellung. Endlich mal eine Politikerin, die es den Männern zeigt und die durch ehrliche Arbeit und ein authentisches Verhalten überzeugen will. Die anderen machten Scherze über sie, mokierten sich über ihr biederes Outfit, ihre Stimme, ihr sprödes Wesen. Bedenklicher war aber, dass selbst ihre Bewunderer über sie feixten.

Trotz all der Häme und Kritik erreichte sie ihr Ziel. Sie wurde Regierungschefin und mehrmals wiedergewählt. Was die wenigsten Wähler bewusst wahrgenommen hatten: Margaret Thatcher hatte sich vor ihrem ersten großen Sieg gewandelt und ihr Erscheinungsbild und Auftreten gekonnt optimiert. Thatcher? Ja, die eiserne Lady. Dachten Sie etwa, ich spreche von Angela Merkel? Das macht nichts. Trotz aller Unterschiede gibt es einige Parallelen zwischen ihnen: Thatcher war ein Kopfmensch, Merkel ist es auch. Kein Wunder also, dass beide sich eher wenig um Äußerlichkeiten und Gefühlsdinge scher(t)en. Die frühe Thatcher wurde als Hausfrau und Krämerstochter verspottet, die frühe Merkel als Kohls Mädchen. An einem bestimmten Punkt ihrer Karriere gewannen beide die Einsicht: Meine Wirkung auf andere darf mir nicht egal sein. Ich muss auf meine Berater hören und an mir arbeiten, sonst scheitere ich. Thatcher nahm Stimmtraining und übte energische Gesten ein. So konnte sie sich überzeugend als charismatische konservative Leitfigur präsentieren. Merkels Äußeres wurde weiblicher und moderner, sie distanzierte sich in der CDU-Spendenaffäre von ihrem Ziehvater Helmut Kohl und bewies Eigenständigkeit. Belächelte man sie zuvor als verdruckst und streberhaft, galt sie nun als strategisch denkend, besonnen und zielstrebig.

Zwei mächtige Frauen hatten die Macht der Wirkung begriffen und gelernt, sie sich zunutze zu machen. Selbstdarstellung, Fremdwahrnehmung, Authentizität, Charisma – diese Dinge spielen in vielen Erfolgsgeschichten eine Rolle. Wenn wir die Geheimnisse der Selbstinszenierung verstehen wollen, sollten wir diesen Begriffen auf den Grund gehen. Beginnen wir mit der Frage, was Wirkung ist.

Wir wirken immer, ob wir wollen oder nicht

Wirkung ist Kommunikation. Spätestens seit Paul Watzlawick (2011) wissen wir: Wir können nicht nicht kommunizieren. Was immer wir tun, ob wir reden, schweigen, lachen oder weinen, ob wir bei einem Termin anwesend sind oder ihm fernbleiben, ob wir eine Seidenkrawatte tragen oder einen Vollbart, stets sagen wir damit etwas aus. Ob es uns passt oder nicht. Deshalb kann uns auch unsere Wirkung nie egal sein. Andere Menschen deuten sie und ziehen ihre Schlüsse daraus. Und wer möchte als Partner, Freund, Mitarbeiter, Chef, Politiker, Mutter oder Lehrer schon permanent falsch verstanden werden?

Unsere Wirkung ist Teil einer sozialen Interaktion. Es gehören also mindestens zwei dazu, wie beim Tango. Wenn zwei Menschen aufeinandertreffen, tauschen sie bewusst und unbewusst Informationen übereinander aus. Ganz direkt durch Sprache natürlich, aber auch nonverbal durch Gestik, Mimik, Haltung. Diese Informationsquellen deutet das Gegenüber, und es greift dabei auf Erfahrungen und Klischeevorstellungen zurück. Was ist das für ein Mensch? Kann ich ihm trauen? Was erwartet er von mir? Welche Absichten hegt er?

Wir können unserem Gegenüber nicht in den Kopf schauen, um unsere Interpretationen zu bestätigen. Wir können ihm nur zuhören und all die kleinen und großen Signale registrieren, die er aussendet. Diese Wahrnehmungen machen in ihrer Gesamtheit seine Wirkung auf uns aus. Unserem Gegenüber geht es genauso. Er oder sie kann sich ebenfalls nur auf seine/ihre Interpretationen verlassen. Drücke ich mich richtig aus? Werde ich verstanden? Hinterlasse ich den Eindruck, den ich vermitteln will? Es geht darum, das gegenwärtige Verhalten einzuordnen und das zukünftige vorherzusagen. Und es geht vor allem darum, die Deutung der Situation und damit das Verhalten des Gegenübers zu kontrollieren (Goffman 1990). Was sich nach Manipulation anhört, ist im Prinzip nichts anderes als eine gelungene Kommunikation. Jede Seite will von der anderen verstanden werden. Jede Seite hat ihre Motive. Nicht immer will man diese offenlegen. Und nicht immer ist es schlau, sie zu verbergen.

Verbale Äußerungen sind für den amerikanischen Soziologen Erving Goffman relativ leicht kontrollierbare Aspekte des Verhaltens. Wir können unsere Worte bewusst wählen, auf eine angemessene Betonung achten, Rhetorik einsetzen. Weniger gut kontrollierbar für uns sind die nonverbalen Signale, die wir aussenden. Unser Gegenüber prüft daher in der Regel, ob unsere Aussagen mit unseren Körpersignalen, unserer Ausstrahlung also, übereinstimmen. Eben weil sie weniger steuerbar sind und daher als glaubwürdiger gelten. Der andere weiß dies natürlich und bemüht sich, seine nonverbale Kommunikation anzupassen. Goffman beschrieb diese grundlegenden Gesetze sozialer Kommunikation sehr anschaulich. Mit seinem Werk ›Wir alle spielen Theater‹ prägte er Ende der 50er Jahre unsere Vorstellung, dass wir im Alltag Rollen einnehmen und Selbstdarstellung betreiben.

Selbstdarsteller brauchen ein Konzept

Selbstdarstellung. Wieder so ein negativ besetztes Wort. Eitelkeit, Wichtigtuerei, Egoismus verbinden viele damit. Dabei ist Selbstdarstellung ein ganz normaler und unverzichtbarer Teil unseres täglichen sozialen Lebens (Leary 1996). Jeder Mensch ist ein Selbstdarsteller. Der Erfolg unseres Handelns hängt davon ab, dass andere Menschen uns in bestimmter Weise wahrnehmen und bewerten. Also müssen wir in der Lage sein, uns selbst auf die jeweils passende Art darzustellen. Welche Informationen über uns wir dabei in welcher Form preisgeben, bestimmen wir selbst. Für die hohe Kunst der sozialen Kommunikation ist Einfühlungsvermögen in das Gegenüber ebenso vonnöten wie Geschick im Umgang mit den eigenen Ausdrucksmöglichkeiten. Je älter und erfahrener wir sind, je öfter wir in unterschiedlichen Situationen und Kulturen kommunizieren, je stärker wir uns mit Körpersprache und Rhetorik beschäftigen, desto leichter fällt uns eine angemessene Selbstdarstellung. Das Etikett Selbstdarsteller sagt also nichts darüber aus, ob wir ein guter oder schlechter, bescheidener oder eitler *Mensch* sind. Vielmehr gilt: Es gibt auf der einen Seite der Skala gute bis sehr gute und auf der anderen Seite schlechte bis sehr schlechte *Selbstdarsteller*. Probleme mit sich und der Welt haben in der Regel eher die Letzteren. Warum? Weil sie ihre Motive, Gefühle und Ziele nur unzureichend mitteilen können. Einen guten Eindruck zu machen, das bedeutet so viel mehr als sich in ein positives Licht zu rücken oder Menschen nach dem Mund zu reden. Es bedeutet, dass wir so beim Gegenüber ankommen, wie wir es uns wünschen, wie es unserem Selbstbild entspricht. Eine durch und durch gute Sache also.

Hinter jeder Selbstdarstellung steht ein Selbstkonzept (Mummendey 1995). Andere Namen hierfür sind Selbstbild oder Selbstbeschreibung. Vereinfacht gesagt ist ein Selbstkonzept ein inneres Bild, das wir uns von unserem Selbst machen. Dieses Bild zeigt aber nicht nur, wie wir unser Äußeres, unseren Körper sehen, es spiegelt auch zahlreiche psychologische und soziale Eigenschaften und Erfahrungen wider: berufliche und private Erfolge, unsere Hobbys und Leidenschaften, unsere Beziehungen zu unseren Eltern, Kollegen, Freunden und anderen Menschen, unsere Gefühle und Überzeugungen. Schlicht ist ein Selbstkonzept also nicht. Im Gegenteil. Es ist ein sehr komplexes Konstrukt, das sich aus unseren Erlebnissen und vielen, vielen Selbsteinschätzungen speist. Sehe ich mich als schlanken oder zu dünnen Menschen, als Frau/Mann mit gemütlichen Rundungen oder hoffnungslosen Rettungsringen? Fühle ich mich als ewiger Gewinnertyp oder als dauernd Benachteiligter? Traue ich mir neue Aufgaben zu oder gehe ich ihnen lieber aus dem Weg? Wie unser Selbstkonzept beschaffen ist, sagt einiges über unser Selbstwertgefühl aus. Natürlich entwickeln wir es nicht im stillen Kämmerlein, irgendwo zwischen Stirnlappen und Hippocampus des Gehirns. Unsere Umwelt, in erster Linie unser soziales Umfeld, die Menschen, mit denen wir zu tun haben, prägt es eifrig mit. Wir werten fortlaufend Informationen aus, die unsere Annahmen über uns selbst stützen oder sie erschüttern können. Werde ich gelobt für meinen Fleiß? War es richtig, so streng zu meinem Sohn zu sein – bin ich eine gute Mutter, ein guter Vater? Ist mein neuer Beruf gesellschaftlich anerkannt? Lächelt mir der Kellner zu, weil er mich attraktiv findet? Doch nicht nur unser direktes soziales Umfeld dient uns als Auskunftsquelle, um unser Selbstkonzept zu formen und zu überprüfen, auch die Medien liefern uns eine Fülle an Informationen (Snow 1983).

Realität – auch nur so eine Konstruktion

Überhaupt die Medien. Was wäre unsere Selbsteinschätzung ohne sie? Sie werden immer wichtiger für uns. Sie liefern uns Urteile, Meinungen, Wertungen direkt auf unsere Monitore, Fernseher, Smartphones. Früher beschränkte sich ihr Einfluss auf Tageszeitung, Radiosendung, Roman, Kinofilm oder Fernsehserie. Heute sind da Dutzende von weiteren Medienkanälen. Streams, Blogs, soziale Netzwerke, Messaging-Services. Praktisch können wir das alles kaum fassen, gelingt uns das Begreifen zumindest theoretisch? Fragen wir den großen Soziologen Niklas Luhmann: »Was wir über Gesellschaft, ja über die Welt, in der wir leben, wissen, wissen wir durch die Massenmedien.« (1996) Unsere Realität ist also eine von Medien geschaffene Realität. Uns ist bewusst, dass diese weder vollständig ist noch frei von Manipulationen. Denn die Medien berichten nur selektiv. Sie leben davon, dass sie nur bestimmte, aus ihrer Sicht relevante Dinge berichten. Und relevant ist das, was die Sensationslust befriedigt, von der Norm abweicht, Erwartungen enttäuscht, Leser und Zuschauer interessieren könnte, mithin also eine Neuigkeit darstellt. Die Nachricht, dass der Bundespräsident heute morgen pünktlich sein Amtsbüro betreten hat, ist keine Nachricht. Es sei denn, er trug ein Hasenkostüm oder fand seinen Schreibtisch besetzt von einer Gruppe Greenpeace-Aktivisten vor.

Dank der Medien wissen wir, dass unsere neue Jeans hip ist. Dass wir unsere Wählerstimme leider der Verliererpartei gegeben haben. Dass Prinz Charles und Gattin Camilla mit Sombreros auf dem Kopf sehr lustig aussehen. Dass es New York, Bielefeld und Timbuktu wirklich gibt. Durch die Medien lernen wir aber zugleich, wo wir selbst in dieser Welt stehen. Wir können unseren Lebensstil, unsere Denkweise, unser Verhalten vergleichen, einordnen, bewerten. Die Medien zeigen uns, wie andere Menschen leben, denken, handeln. Normalos wie du und ich ebenso wie Freaks und Promis. Diese Darstellungen, so selektiv und subjektiv sie sein mögen, prägen unser Realitätsbild mit. Wir ahnen, dass es Klischees sind, doch wir übernehmen sie oftmals ungeprüft, weil sie uns Orientierung geben: Griechen können nicht mit Geld umgehen. Schwule kennen sich mit Mode aus. Politiker nehmen es mit der Wahrheit nicht so genau. Münchner sind schick und arrogant. Inwieweit wir bestimmten Trends, Urteilen und Meinungen folgen, hängt von uns ab. Ob wir sie annehmen oder ablehnen, sie hinterlassen eine Wirkung bei uns.

Vor allem Bilder bleiben hängen. Die großen Medien setzen auf ihre Kraft. Keine Meldung ohne entsprechendes Bildmaterial. Fehlen gute Motive, werden Ersatzbilder präsentiert. Vom Gipfeltreffen sehen wir dann nur Mächtige, die aus Limousinen steigen. Oder man greift ins Archiv und zeigt einen zerknirschten Minister, dessen Miene so gut zur Meldung vom gescheiterten Gesetz passt – auch wenn die Aufnahme bereits drei Jahre alt ist. Die Macht des Bildes, sie ist uns bewusst, wir sind gewarnt vor ihr, und doch fallen wir immer wieder auf sie herein. Wir können uns ihr kaum entziehen. Selbst kurze Bildsequenzen, die wir in den Medien sehen, wirken kognitiv und affektiv auf uns ein (Frey 2000). Es wundert daher kaum, dass wir nonverbale Signale ungleich stärker wahrnehmen als Worte. Es gibt zahlreiche empirische

Studien zu dieser Thematik. Die Ergebnisse unterscheiden sich leicht, aber stets wird die Wirkung der nonverbalen Kommunikation höher eingestuft als die der verbalen.

Wir können uns also eine noch so gute Ausrede für unseren Partner zurechtlegen, einen Einwurf in einer Diskussion, eine kleine Ansprache vor Kollegen. Solange unser Körper nicht kommuniziert, was wir sagen wollen, werden wir falsch verstanden. Nonverbale Kommunikation geht dabei weit über die Körpersprache, also Mimik, Gestik und Haltung, hinaus. Faktoren wie Körpergröße, Kleidung, Styling und Umfeld senden ebenso Signale aus. Wir kommen später auf diese Wirkungsfaktoren zurück.

Welchen Einfluss haben nun die Medien auf unser Selbstkonzept und damit auf die Weise, wie wir uns darstellen und inszenieren? Erinnern wir uns an Margaret Thatcher. Im Film ›The Iron Lady‹ zeigt uns Meryl Streep, wie intensiv Thatcher trainiert hat, um tiefer zu sprechen und damit eindrucksvoller zu wirken. Ihre Berater hatten ihr zu dieser stimmlichen Veränderung geraten. Obwohl ihr späteres Image (»The lady is not for turning«) es nicht vermuten ließ, war Thatcher weder beratungsresistent noch lernunfähig. Sie hörte auf ihre Berater, akzeptierte damit also deren Wahrnehmung ihrer Person. Zwischen Selbst- und Fremdwahrnehmung besteht immer eine Differenz. Andere Menschen sehen uns stets anders als wir uns selbst. Und sie sehen uns vor allem sehr subjektiv anders. Ihre Meinungen können stark voneinander abweichen. Wollten wir uns nach allen verfügbaren Fremdwahrnehmungen unserer Person richten, würden wir grandios scheitern. Wir können es nicht jedem recht machen. Eine große Erkenntnis im Leben, die uns gerade alte, altersweise Menschen gerne bestätigen.

Bis zu einem gewissen Grad sollten wir die diversen Fremdwahrnehmungen jedoch verinnerlichen. Wir müssen dies sogar. Denn Selbstwahrnehmung würde ohne Fremdwahrnehmung nicht funktionieren. Wir brauchen die Wahrnehmung durch andere, um unser Selbst zu definieren und unsere Selbstdarstellung zu steuern. In den meisten Fällen handelt es sich bei den Fremdwahrnehmungen nicht um Meinungen und Ansichten, die uns verbal mitgeteilt werden, sondern um nonverbale Botschaften. Um Blicke, Gesten, Bewegungen, die uns etwas mitteilen. Auch hier ist unsere Interpretationsleistung wichtig. Immerhin könnten wir einen Blick komplett falsch verstehen. Ist jemand nur schlecht drauf oder rügt er mich für eine bestimmte Handlung? Hier kommt unsere Empathie ins Spiel, die Fähigkeit, uns gut in andere Menschen einzufühlen, ihre Empfindungen nachzuvollziehen, ihre Gefühlsäußerungen richtig zu interpretieren.

Ohne Empathie verstünden wir die Welt nicht

Ebenso wie Authentizität ist Empathie ein überstrapaziertes Wort in aktuellen Diskussionen. In ihm schwingt vieles mit: Mitgefühl, Einfühlungsvermögen, Rücksichtnahme, Verständnis, Sensibilität. Während Authentizität stets etwas schwammig bleibt, sind zumindest die Grundlagen für Empathie wissenschaftlich abgesichert. Hirnforscher haben entdeckt, dass die Spiegelneuronen unseres Gehirns es ermöglichen, dass wir uns in andere Menschen hineinversetzen können. Wir müssen nur sehen, wie jemand in eine Zitrone beißt, und schon verziehen wir den Mund. Die Spiegelneuronen sind auch schuld, wenn wir im Kino weinen. Wir fühlen mit den Figuren im Film mit, spüren ihren Schmerz, ihr Glück, ihre Euphorie. Ohne diese Hirnzellen, die uns helfen, das Gefühlsleben anderer Menschen zu spiegeln, wäre Empathie nicht denkbar. Mit ihrer Hilfe können wir besser verstehen, wie uns andere wahrnehmen. Wenn wir die Fremdwahrnehmungen kennen, können wir sie mit unserem Selbstbild vergleichen und vielleicht sogar versuchen, sie zu beeinflussen, indem wir die Rückmeldungen reflektieren. Übrigens ist eine mehr oder minder starke Differenz zwischen Selbst- und Fremdwahrnehmung nicht immer ein Problem. Manche Menschen fahren sehr gut damit, als besonders fleißig, attraktiv oder talentiert wahrgenommen zu werden, obwohl sie sich selbst nicht so empfinden – und es auch gar nicht sind.

Für die amerikanische Personal-Branding-Expertin Catherine Kaputa (2009) ist Empathie weit mehr als die Fähigkeit, sich in das Gegenüber hineinzuversetzen, in seinen oder ihren Schuhen zu stehen. Wir bauen eine Beziehung zu ihm oder ihr auf, indem wir Gemeinsamkeiten finden. Wenn wir beispielsweise eine ähnliche Emotion zurückspiegeln, zeigen wir, dass wir den anderen mögen, und weil er das fühlt, mag er uns ebenfalls. Es ist nun mal so: Menschen mögen Menschen, die ihnen ähnlich sind. Die ähnliche oder gleiche Meinungen, Überzeugungen, Eigenschaften haben. Was uns ähnelt, mögen und bevorzugen wir. Das ist tief in uns verwurzelt und natürlich ist es uns etwas unangenehm, uns dies einzugestehen. Lässt es sich doch schnell als Ignoranz und Borniertheit auslegen, als unheilvolle Bestätigung, dass wir das Fremde ablehnen und nur das Vertraute schätzen. Auch hier ist ein aufgeklärter Blick wichtig. Gute Empathiker zeichnen sich dadurch aus, dass sie in so gut wie jedem Menschen eine Ähnlichkeit erkennen können. Sie knüpfen leichter Beziehungen zu anderen, kommunizieren besser. Aus diesen Gründen spielt Empathie in so vielen verschiedenen Bereichen eine so große Rolle. Im Berufsleben, in der Partnerschaft, im täglichen Miteinander. Überall geht es heutzutage um reibungsloses Kommunizieren, um Konfliktvermeidung,

Harmonie, Balance. Und da kommt die Schlüsselkompetenz Empathie wie gerufen.

Emotionale Intelligenz statt Ellenbogen – so soft war das Anforderungsprofil an neue Führungskräfte für Business und Politik noch nie. Die Piëchs, Schröders und Mehdorns haben als Vorbilder ausgedient. Männer gelten jedenfalls als relativ empathiefrei, sogar unter Männern selbst. Doch Empathie, praktisch angewandte Intuition in der zwischenmenschlichen Kommunikation, ist mehr denn je gefragt und unabdingbar, wenn man erfolgreich sein will. Klischee, Klischee? Tatsächlich scheinen Frauen in Gefühlsfragen nachweisbar besser zu sein. Sie erinnern sich, so haben Studien ergeben, intensiver an Ereignisse, die emotionsbehaftet waren, als Männer, und das Deuten von Emotionen, die sich im Gesicht abspielen, fällt ihnen leichter. Auch ob ein Ausdruck vorgetäuscht oder real ist, können sie genauer unterscheiden. Gründe für diese Überlegenheit liefert wiederum die Hirnforschung und verweist unter anderem darauf, dass die Amygdala, die zentrale Schaltstelle für Emotionen in unserem Gehirn, bei Frauen aktiver ist. Stark vereinfacht gesagt sind weibliche Gehirne besser als männliche dafür ausgelegt, mit Emotionen umzugehen (Kaputa 2009).

Die Frau als Emotionsversteherin. Das klingt kitschig, sofort sieht man vorm geistigen Auge, wie Tränen kullern und Wangen erröten. Mit vorschnellen Urteilen sollten wir uns jedoch zurückhalten. Wenn ein Mann grob auftritt und andere vor den Kopf stößt, kann er das nicht durch seine natürliche Hirnaktivität, die ihm keine andere Wahl lässt, entschuldigen. Ebenso wenig sollten sich Frauen als Gefangene ihres »emotionalen Wesens« sehen. Empathie ist zum Teil angeboren, zum Großteil aber erlernen wir sie. Die beste Schule ist auch hier das Leben.

Das Märchen von der Authentizität

Neben der Sorge, als wenig empathischer Zeitgenosse zu gelten, treibt den Menschen von heute eine noch viel größere Angst um: die Befürchtung, nicht authentisch zu sein. Nur wer authentisch ist, ist echt, ehrlich, ehrenwert. Authentizität ist ein Label, das wir auf Produkte, Menschen, Situationen pappen. Das alte Bauernpaar im letzten Portugalurlaub, das uns auf ein Gläschen einlud, war das nicht total authentisch? Der Wein schmeckte wie Essig und irgendwie rochen die beiden komisch, aber so ist das Echte eben. Im Manufactum-Laden finden wir Wolldecken aus alten Beständen der italienischen Marine. Helmut Schmidt rauchte im Fernsehen eine Schachtel Zigaretten. Im Teammeeting bricht eine Kollegin in Tränen aus. Wir finden dies alles authentisch, soll heißen unverfälscht und damit irgendwie gut. Irgendwie seltsam, oder?

Unsere Anbetung des Authentischen hat ihre Wurzeln in der Aufklärung. Die Romantik mit ihrem Glauben an das Wahre und Gute im Menschen tat ihr Übriges. Zum Götzenbild wurde das Ideal der Authentizität dann in den 70er Jahren (Modler 2015). Der Staat mit seinen Autoritäten, die Wirtschaft mit ihren organisierten Konzernen, sie wurden als Unterdrücker des wahren Ichs des Menschen gesehen. Sinnsuche und Selbstfindung waren jetzt wichtig.

»Ich will mich nicht verbiegen lassen.« Diesen Satz hörte man früher von Vertretern der 68er-Generation. Heute reden Manager so. Und nicht nur sie. Das große Lebensziel, authentisch zu sein, ist mittlerweile Konsens (Modler 2015). Niemand will nur eine Rolle spielen, jeder möchte sich genau so geben, wie er ist. Doch ist das wirklich sinnvoll?

Hinter dem Wunsch nach Authentizität verbirgt sich nach Ansicht des Strategieberaters Jan Hiesserich und der Wirtschaftsjournalistin Ursula Weidenfeld (2015) die Sehnsucht nach Ehrlichkeit und Charakterstärke. Die beiden warnen davor, im Berufsleben und anderswo um jeden Preis authentisch sein zu wollen. Darauf zu vertrauen, dass die Besinnung auf das »Unverfälschte« zum Erfolg führt, sei fahrlässig. Wie auch andere Kritiker des Authentizitäts-Dogmas empfehlen sie vielmehr, auf die Vorteile des Rollenkonzepts zu setzen. Auf den bewussten Umgang mit der jeweiligen Rolle, die wir erfüllen, kommt es an. Angestellte verkaufen sich nicht mit Leib und Seele ihrem Arbeitgeber, selbst wenn manche Chefs das gerne sehen würden. Gerade wer auf seine Individualität Wert legt, sollte sich bewusst machen, dass er täglich viele Rollen einnimmt. Als Lehrer, Managerin oder Zirkusclown zu arbeiten ist nur eine Rolle unter vielen. Offenbaren wir zum Beispiel im Job zu viel von uns und unserem Innenleben, laufen wir Gefahr, verletzt zu werden. Unser hoher Anspruch an uns selbst – Gefühle ungefiltert zeigen, komme was wolle – lässt uns scheitern. Wir werden enttäuscht, weil die Bestätigung durch Mitarbeiter und Kollegen ausbleibt.

In vielen Unternehmen hat man Authentizität daher längst deutlich pragmatischer definiert. Als Wunscheigenschaft steht sie ganz oben in den Anforderungsprofilen für Führungskräfte. Doch verbindet man mit ihr kaum das Ausleben individueller Eigenheiten, sondern Aspekte wie vorbildliches Verhalten, glaubwürdiges Agieren und klares Kommunizieren. Authentisch ist eine Führungskraft dann, wenn sie vorlebt, was sie predigt. Wenn sie positive Werte wie Fairness, Offenheit und Respekt verkörpert (Kläsgen 2015).

Seien wir also nicht so hart zu uns. Betrachten wir Authentizität entspannter. Bei ihr geht es um Stimmigkeit. Passen Außen und Innen zusammen? Wieder sind wir damit bei der Selbst- und Fremdwahrnehmung. Wenn wir das ausstrahlen, was andere in uns sehen, dann gelten wir als authentisch. Unsere Wirkung ist es, die zählt.

Sprechen Sie einmal unter Freunden, Kollegen oder Bekannten das Thema Authentizität an. Nach wenigen Minuten wird garantiert jemand behaupten, dass charismatische Menschen eine gewaltige Authentizität haben. Schon fallen die Namen der üblichen Verdächtigen. Kennedy, Gandhi, Einstein, Mutter Teresa, Brandt, Obama. Charisma ist ein großes Rätsel, wird der eine sagen. Manchen Menschen wird es in die Wiege gelegt, sagt die andere. Mystisch, verzaubernd ist es, manchmal sogar gefährlich verführerisch. Charisma haben immer die anderen, meistens die, die ganz oben im Olymp der Macht und des Wissens zu Hause sind. Entzaubern wir auch diesen Begriff, holen wir ihn auf den Boden der Realität zurück.

Charisma kann jeder, kein Scherz

Das gewisse Etwas. Madeleine Albright hat es. Eine kleine Frau mit großer Ausstrahlung. Die Exaußenministerin der USA nimmt, egal ob im Fernsehstudio oder auf großer Bühne, den Raum ein, füllt ihn mit ihrer Aura. Die klare Klangfarbe ihrer Stimme verführt zum Zuhören. In einem männerdominierten Umfeld setzte sie sich mit ihrer harten, aber herzlichen Art durch.

Nicht minder ausgeprägt war es bei Helmut Schmidt, der dachte und dachte und zwischendrin genüsslich inhalierte. Dann folgte ein scharfer Blick und die Antwort saß.

Angelina Jolie hat es ebenfalls. Die Attribute des Kindchenschemas – symmetrisches Gesicht, volle sinnliche Lippen, große schwarze Augen – verstärkt sie gekonnt mit Kosmetik. Das wirkt anziehend.

Und Barack Obama hat es so oder so. 2008 erlebten 200 000 Menschen die Rede des damaligen Präsidentschaftsbewerbers vor der Berliner Siegessäule. Die meisten verstanden nicht genau, was er sagte, doch allen war klar: »Genau so einen Politiker braucht unser Land auch.« Es war seine Wirkung, die verzauberte.

Vier unterschiedliche Persönlichkeiten, die – jede auf ihre Art und Weise – stark, selbstbewusst und positiv wirken. Treten sie irgendwo auf, ziehen sie alle Blicke auf sich, ohne ein Wort gesagt zu haben. So eine Ausstrahlung!, so ein Charisma!, staunen wir dann.

Das Wort Charisma kommt aus dem Griechischen und bedeutet »Gnadengabe«. Früher verstand man darunter »von Gott gegebene Güter«. Heute verbinden wir den Begriff mit Präsenz und der Preisgabe von Emotionen. Charismatische Menschen sind sich ihrer selbst bewusst und haben eine gute Portion an Selbsterfahrung. Sie handeln außergewöhnlich, denken regelfremd, sind unabhängig von den Meinungen anderer, stellen neue Denkansätze vor. Sie lassen sich auf andere ein und schaffen es, sie für sich zu gewinnen. Deshalb kommen wir kaum umhin, solche Menschen mit etwas Positivem zu assoziieren. »Positiv« ist dabei jedoch nicht gleichzusetzen mit »gut«. Schon Oscar Wilde sagte: »Alle reizvollen Leute sind im Kern verdorben. Darin liegt das Geheimnis ihrer Anziehungskraft.« Das mag überspitzt ausgedrückt sein, doch im Grunde hat er recht. Langweiler sind nicht charismatisch. Es sind die Haudegen, die Risikofreudigen und natürlich auch die Grenzgänger, die bewundert werden.

Gezielte Wirkung ist auch hier der Schlüssel für mehr Ausstrahlung. Es geht nicht darum, wie der Mensch tatsächlich ist, sondern darum, wie er wahrgenommen werden möchte. Wie wollen Politiker, Führungskräfte, Künstler vor ihrer Zielgruppe wirken? Charisma ist keine Eigenschaft, sondern ein wechselseitiger Kommunikationsprozess zwischen der Person, die auf einer »Bühne« steht, und den anderen davor. Es basiert maßgeblich auf von außen angetragenen Zuschreibungen – der Fremdwahrnehmung.

Nur zu gerne lassen wir uns dabei vom schönen Schein blenden. Und immer wieder führt das zu großen Enttäuschungen oder sogar Katastrophen, denken wir nur an Diktatoren wie Hitler oder Stalin. Charisma fruchtet nur, wenn es auf fruchtbaren Boden fällt. Wenn es die Sehnsüchte der Gesellschaft, ihrer Kultur und Umgebung erfüllt. Der griechische Regierungschef Alexis Tsipras kam zur richtigen Zeit und überzeugte mit seiner jugendlichen, vitalen Ausstrahlung. Viele Griechen trauten ihm zu, das Land aus der Krise zu führen. Charismatikern kann aber auch sehr schnell der Boden unter den Füßen weggezogen werden. So geschehen beim hochgejubelten Karl-Theodor zu Guttenberg, der nach Bekanntwerden der gefälschten Doktorarbeit abstürzte.

Wenn dem so ist, dass Charisma durch Fremdwahrnehmung entsteht, dann müsste es zum großen Teil erlernbar sein, denn an seiner Wirkung kann jeder arbeiten. Charisma könne wachsen und sich entwickeln, meinen die Psychologen Paschen und Dihsmaier (2011) und verweisen darauf, dass charismatische Politiker erst im Laufe der Zeit ihre Führungsqualitäten entfalten. Amerikanische Bestsellerautoren wie Olivia Fox Cabane (2012) behaupten, dass jeder Mensch sich eine charismatische Wirkung aneignen kann. Ronald Riggio hat das »Social Skills Inventory« entwickelt, um zu bestimmen, wie charismatisch ein Mensch ist. Expressivität, Kontrolle und Sensibilität zeichnen laut Riggio charismatische Menschen aus, diese Eigenschaften werden anhand eines Fragenkatalogs geprüft. Sein Modell wird in der heutigen Diskussion über Charisma immer wieder zitiert. Auch ich orientiere mich daran. Für mich umfasst Charisma diese sechs Aspekte: Körpersprache, äußeres Erscheinungsbild, Präsenz, Emotion und Empathie, Kongruenz sowie Wortgewandtheit.

Körpersprache

Wir nehmen zuerst die Körpersprache eines Menschen wahr. Worte spielen am Anfang einer Begegnung eine untergeordnete Rolle. Wie bereits erwähnt zeigen Studien, dass die nonverbale Kommunikation die interpersonelle Kommunikation dominiert. Menschen folgen Menschen mit ausdrucksstarker Körpersprache. Würden Sie einen Chef respektieren, der wie ein Mauerblümchen um die Ecke schielt? Oder einem Politiker Ihre Stimme geben, der zusammengekauert, mit hängenden Schultern und wenig Blickkontakt ein Interview im Fernsehen gibt? Wohl kaum. Mächtige Menschen setzen bewusst oder unbewusst mächtig wirkende nonverbale und rhetorische Mittel ein, um ihre Ziele zu erreichen. Sie demonstrieren Stärke durch Körpersprache und Stimme. (Siehe hierzu auch das Kapitel *Die neun Faktoren der Wirkungskompetenz*, S. 35)

Äußeres Erscheinungsbild

Bill Clinton hatte einen eigenen Beraterstab für sein Outfit. Die Experten analysierten die Wirkung von Silhouette, Texturen, Farbkombinationen, Kragenformen, sie ermittelten sogar den idealen Ärmelschnitt für optimale Gestik. Tony Blair schaute sich das Körper-Design des US-Präsidenten ab, später machte Gerhard Schröder es ihm nach. Nicolas Sarkozy gab im Wahlkampf rund 35 000 Euro für Schminke aus. Silvio Berlusconi ließ sich darüber hinaus Haare transplantieren. Angela Merkel wie auch David Cameron haben stets eine Visagistin in der Entourage: Über das Äußere wird Politik gemacht.

Charismatische Menschen pflegen ihren Stil und achten extrem auf ihr Äußeres. Nehmen wir Christine Lagarde, die IWF-Direktorin, Joe Kaeser, den Vorstandsvorsitzenden der Siemens AG, oder die Chefin des Werkzeugmaschinenbauers Trumpf, Nicola Leibinger-Kammüller. Sie investieren in Aussehen, Stil und gute Manieren und spielen ihren Charme aus. Das hat nichts mit Erotik zu tun, sondern mit sozialer Eleganz und Selbstdarstellung. Sie strahlen Kraft, Vitalität und Gesundheit aus. Das ist soziale Attraktivität.

Wir sehen einen Menschen und stecken ihn unbewusst in eine Schublade, auch wenn so manches Mal der erste Eindruck täuscht. »Dass ›schöne‹ Menschen erfolgreicher sind, ist nichts Neues. Von Kindesbeinen an wird ihnen mehr Aufmerksamkeit und Anerkennung geschenkt. Sie erlernen schneller die erforderlichen sozialen Kompetenzen, ernten verstärkt positive Reaktionen, das wiederum stärkt das Selbstbewusstsein und so entsteht ein Regelkreis, der sie auf Erfolgskurs bringt«, schreibt die britische Soziologin Catherine Hakim (2011). Wer charmant ist, wird auch automatisch als attraktiv wahrgenommen. Dieser Punkt wird häufig vernachlässigt. Attraktivität hat eine relevante Bedeutung im beruflichen Bereich und kann mit Intelligenz auf eine Stufe gestellt werden. Je höher die Position, desto wichtiger die Attraktivität. Deshalb achten mächtige Menschen so sehr auf ihr Äußeres. Sie halten sich fit, lernen Umgangsformen, kleiden sich vorteilhaft, pushen durch dezentes Make-up und eine typgerechte Frisur ihren Typ. Kleider machen Leute, dieser Spruch stimmt immer noch.

Präsenz

Präsenz ist Anwesenheit – körperlich und vor allem geistig. Erinnern wir uns an meine Story, wie ich Bill Clinton begegnet bin. Ein Händedruck, ein Lächeln, ein paar lockere

Worte. In diesen wenigen Sekunden hatte ich seine ungeteilte Aufmerksamkeit. Das war Präsenz. Für einen Moment gab Clinton mir das Gefühl, nur für mich da zu sein. Ich schien ihm wichtig zu sein. Er wusste: Jeder Mensch möchte wahrgenommen und gehört werden.

Ein anderes sehr prominentes Beispiel: Menschen, die der Queen begegnet sind, zeigen sich immer wieder beeindruckt von der liebenswürdigen, interessierten Art der Monarchin. Für einen Augenblick scheint es da eine Verbindung zwischen ihnen und ihr zu geben. Nun trifft die Queen im Laufe eines Jahres viele Tausende von Menschen, wie kann sie da jedem ihre Aufmerksamkeit schenken? Wie Bill Clinton ist sie eine Meisterin darin, Präsenz zu erzeugen. Durch Blickkontakt, ein Lächeln, ein kurzes Hochziehen der Augenbrauen. Diese Art von Präsenz verlangt eine gelassene Konzentration auf den Augenblick, auf das momentane Ereignis, die Situation, das Gegenüber. Im Hier und Jetzt und nicht schon beim nächsten Termin sein. Sich voll und ganz auf sein Gegenüber einstellen. Sich für Menschen interessieren. Ohren und Augen öffnen und vor allem das Herz. Nur dadurch ist man in der Lage, andere wahrzunehmen, sie zu erkennen und zu begreifen. Dies mag idealisierend klingen, aber es zeigt, dass Präsenz keine reine Shownummer ist. Es gehört die Überzeugung dazu, dass andere Menschen es wert sind, sich mit ihnen zu beschäftigen. Sei es im Extremfall auch nur für ein paar Sekunden.

Jeder von uns kennt Menschen, die immer voll für uns da sind oder waren: die Lieblingslehrerin? Der eigene Großvater? Die neue Abteilungsleiterin? Wir sehen, Präsenz ist kein Monopol der Mächtigen.

Emotion und Empathie

Charismatische Menschen zeigen nur selten ein Pokerface. Sie wissen: Nichts ist menschlicher als Gefühle. Wer mit seinen Stimmungen immer hinter dem Berg hält, wirkt auf Dauer unglaubwürdig und vor allem langweilig. Zweifelsohne gehört es zum guten Ton, in manchen Situationen Contenance zu bewahren. In den meisten Situationen ist es aber schöner und intensiver, wenn wir Gefühle zeigen und mitfühlen; dadurch gewinnen wir andere. Die erfolgreiche Kombination lautet: Emotion und Empathie. Charismatiker können sich in andere Menschen sehr gut einfühlen und lassen sie dies auch spüren. Daraus entsteht Herzlichkeit und Nähe. Herzlichkeit ist das eigentliche Geheimnis des Charismas. Sie ähnelt der Präsenz, doch sie sorgt dafür, dass sich das Gegenüber auch wirklich wohlfühlt.

Kongruenz

Kongruenz ist für mich ein anderes Wort für Authentizität. Der Ausdruck ist weniger geläufig, trifft die Sache aber besser auf den Punkt. Bei Kongruenz geht es um die Übereinstimmung des Inneren mit dem Äußeren, um die Übereinstimmung verbaler und nonverbaler Elemente in der Kommunikation. Kongruent treten wir auf, wenn Körpersprache, Stimmqualität und Worte dieselbe Botschaft vermitteln. Wenn wir »stimmig« und damit authentisch sind. Eine kongruente Persönlichkeit ist flexibel, spontan, selbstsicher, ungekünstelt, in sich ruhend, überzeugend, kreativ. Es wäre jedoch ein Fehler zu glauben, charismatische Menschen seien grundsätzlich perfekter als andere. Bei öffentlichen Auftritten mag ihre Wirkung kongruent sein, wie es jedoch in ihrem Inneren aussieht, wie sie sich privat geben, das steht auf einem anderen Blatt.

Wortgewandtheit

Charismatiker sind häufig gute Redner. Sie sprechen in klaren und einfachen Worten und nutzen Vergleiche und Metaphern. Sie beherrschen ein großes Repertoire der Kommunikation – bewusst oder unbewusst. Sie wissen, dass der Inhalt einer Botschaft oft weniger bedeutend ist als die Art, in der sie vorgetragen wird. Sie sprechen ihre Zielgruppen adäquat an, Mitarbeiter anders als Freunde oder Fachexperten. Paradebeispiele dafür sind Daimler-Chef Dieter Zetsche, Apple-Gründer Steve Jobs, Puma-Vorstand Jochen Zeitz oder Götz Werner, der Chef der Drogeriekette dm.

Obwohl die Regeln für klare Kommunikation eindeutig und weithin bekannt sind, gehen Politiker sehr unterschiedlich damit um. Gregor Gysi spricht stets geschliffen und mit viel Witz. Peer Steinbrück hat eine gute Rhetorik, kommt aber dennoch als Polterer daher. Gerhard Schröder punktete hie und da mit einem plakativen Spruch, der gut ankam (»Familie ist, wo Kinder sind«), auch wenn er ansonsten kein starker Redner war. Und rhetorische Katastrophen wie jene unselige Transrapid-Rede von Edmund Stoiber bleiben fast besser in der kollektiven Erinnerung gespeichert als die wenigen Glanzlichter der politischen Rede in Deutschland.

Schein und Sein – beides zählt

Für Charisma braucht es sechs Grundeigenschaften, so einfach soll das also sein. Skeptisch? Natürlich ist es nicht so einfach, wie es vielleicht klingt. Niemand von uns kann von heute auf morgen ein Riesencharisma ausbilden. Das Entscheidende ist, dass die sechs genannten Punkte stimmig ineinanderspielen. Zu viel Herzlichkeit ohne Präsenz wäre unglaubwürdig, zu viel Körpersprache ohne Kongruenz lächerlich, und ein perfektes Business-Outfit kombiniert mit einer nonchalanten Wortwahl würde respektlos wirken. Ziel kann nicht sein, die eigene Persönlichkeit zu verändern. Es kommt darauf an, dass Menschen sich selbst physisch und psychisch reflektieren und ihr Gegenüber bewusster wahrnehmen. Jedem zu gefallen ist nicht möglich und auch nicht erstrebenswert: *Everybody's Darling ist Everybody's Depp.*

Zur Veranschaulichung noch einmal das Beispiel Barack Obama. Er macht alles richtig in Sachen Charisma und beherrscht alle sechs Eigenschaften meisterlich. Er hat die Körpersprache eines Siegers und strahlt Kraft, Elan, Vitalität und Lebensfreude aus. Er wirkt nie hektisch, sondern überträgt eine unglaubliche Ruhe auf seine Zuhörer. Seine tiefe Stimme weckt Vertrauen. Er spricht langsam, betont und hat den Mut, Pausen zu machen. Diese Ruhe unterstreicht er durch große Gesten, einen sicheren Augenkontakt und festen Gang. Er setzt kein Pokerface auf, sondern traut sich zu lächeln und verdrückt auch schon mal die eine oder andere Träne. Seine Begeisterung ist ansteckend. Er zeigt offen, dass er sich für andere interessiert. Eine gekonnte Mischung aus sympathischem Visionär und Idealisten, aus Stärke und Güte. Obama ist empathisch, er weiß, wie mächtig Gefühle sind, und erzählt deshalb gerne aus seiner Kindheit. Er spricht klar strukturiert und verständlich, seine Gedanken und Aussagen sind leicht nachvollziehbar.

Mehr Pathos und mehr Emotionen als bei den Auftritten von Barack Obama sind kaum möglich. Dahinter steckt immer eine professionelle Inszenierung. Als Präsident stehen ihm die dafür erforderlichen Mittel und Helfer zur Verfügung und er weiß sie zu nutzen. Sein Charisma muss über die Medien wirken, nicht nur im direkten Umfeld. Allerdings hat das strahlende Image des idealistischen Visionärs im Laufe seiner Präsidentschaft viele Kratzer bekommen. Manchen gilt er als Blender, als jemand, der genial reden kann, aber nicht konsequent handelt. Ist seine Selbstinszenierung deshalb falsch, weckt sie zu große Erwartungen? Erwartungen, die ein Amtsträger, der manch harte, unpopuläre und von ihm selbst ungeliebte Entscheidung treffen muss, gar nicht erfüllen kann?

Schein und Sein, immer wieder drehen sich unsere Gedanken um diese beiden Begriffe. Dass einfach nur »zu sein« in der Mediengesellschaft nicht reicht, wissen wir bereits. Politiker, Manager, Prominente und andere müssen auch »scheinen«, also wirken, um zu überzeugen. Eine ganze Palette an Möglichkeiten steht hierfür bereit. Die Meister der Selbstinszenierung schöpfen sie voll aus.

Die neun Faktoren der Wirkungskompetenz

Die eigene Wirkung auf andere kann man nie hundertprozentig kontrollieren. Bestimmte Reaktionsmuster sitzen tief in uns drin, denken wir etwa an die »micro expressions«, jene nur Sekundenbruchteile dauernde Mimik, die unsere Gefühle dennoch verrät. Und was ist mit der Körpersprache? Inwieweit wir sie beherrschen können, ist unter Experten umstritten. Während manche sie als Teil der Persönlichkeit sehen, der einfach zu uns gehört und mit dem wir uns abfinden sollten, halten andere sie für in gewissen Grenzen formbar und entwicklungsfähig. Ich zähle mich zu den Letzteren. Aber die wahren Meister der Selbstinszenierung haben nicht nur ihre Mimik und ihre Körpersprache im Griff. Sie steuern ihre Wirkung auch über andere Faktoren. All dies zusammen macht ihre Wirkungskompetenz aus. Öffentliche Selbstdarstellung lebt davon, wie wir uns bewegen, was wir tragen, wie wir auf andere zugehen, was um uns herum geschieht.

Konzentrieren wir uns also auf die Welt der nonverbalen Kommunikation. Sie besteht zum einen aus *direkten Kommunikationsformen* wie Körperhaltung oder Bewegung in ganz bestimmten Situationen. Zum anderen spielen *indirekte Kommunikationsformen* eine Rolle. Unsere Körpergröße zum Beispiel, unsere Kleidung oder der Raum, in dem wir uns befinden. Diese Einteilung stammt von Hans Gerhard Klinzing (1993), ich orientiere mich im Folgenden an ihr.

Körperhaltung

Es waren nur vier Minuten. Doch in dieser kurzen Zeit richteten sich Dutzende Kameras auf Christian und Bettina Wulff. Bei der Rücktrittserklärung am 17. Februar 2012 sah man förmlich die schwere Last auf den Schultern des Bundespräsidenten. Ein trauriger Eindruck, der betroffen machte. Bettina Wulff jedoch stand aufrecht und gefasst schräg hinter ihm, ihr Dauerlächeln wirkte aufgesetzt. Keine Spur von Demut und Mitgefühl, es schien, als wäre sie ihrem Mann keine Stütze mehr. Wenn wir unterstellen, dass sie Unterstützung ausstrahlen wollte, war dies ein schwerer Haltungsfehler.

Die Körperhaltung gehört zum großen Komplex der Körpersprache. Allein aus ihr können wir eine Fülle von Informationen ziehen. Ein Manager, der auf der Bühne steht, den Schwerpunkt auf einem Bein, mit eingefallenem Oberkörper und gesenktem Kopf, vermittelt einen negativen Gefühlszustand – Trauer, Scham oder Langeweile. Sind die Schultern nach oben gezogen, deuten wir das schnell als Angst oder Abscheu, einen geerdeten Stand auf beiden Beinen verbinden wir mit Selbstsicherheit und einer soliden Bodenhaftung und eine aufrechte Körperhaltung – angehobenes Brustbein und gesenkte Schultern – mit Stärke und Aktionsbereitschaft. Mächtige Menschen sind sich dieser Stärke bewusst und zeigen sie durch ihren Körper. Und es gelingt ihnen sogar, auch in unsicheren Situationen und schwierigen Zeiten souverän zu wirken. Nur so können sie ihren Mitarbeitern oder den Bürgern ihres Landes Halt geben. Wer durch seine Körperhaltung Schwäche oder Mutlosigkeit transportiert, hat es ungleich schwerer, Menschen auf seine Seite zu ziehen.

Eine bayerische Politikerin, die als Integrationsbeauftragte tätig war, hatte einen überzeugenden Entwurf entwickelt, um Asylbewerber in einer großen Gemeinde besser zu integrieren. Doch es war ihr bislang nicht gelungen, ihren Vorschlag im Gemeinderat durchzusetzen. Dann besuchte sie ein Seminar von mir. Schnell erkannte ich, woran es lag. Sie brachte die Botschaft rhetorisch nicht auf den Punkt, aber vor allem nahm sie während des Sprechens eine gebeugte, fast schon entschuldigende Haltung ein, sie wirkte unsicher und gehemmt. Ich riet ihr neben einem mentalen Coaching vor allem dazu, auf die Basics der Körpersprache zu achten: aufrecht stehen, das Gewicht auf beide Beine verteilen, den Kopf gerade halten, direkten Blickkontakt suchen. Diese Haltung vermittelt Stärke und sichert Aufmerksamkeit.

Sprechen wir von Körperhaltung, sollten wir unser Augenmerk auch auf den Gang, die Bewegung richten. Wie jemand geht, ob die Schrittfolge schnell ist oder langsam, ob die Arme nah am Körper bleiben oder nicht, ob der Oberkörper nach vorne geneigt ist oder sich eher das Becken vorschiebt, das sagt uns einiges. Weit ausladende Schritte verbinden wir mit Tatkraft, Tippelschritte hingegen mit Vorsicht und Kontrolle. Eine Rednerin, die sich auf der Bühne bewegt, finden wir angenehmer als eine sprechende Salzsäule. Aber nur, sofern uns die Bewegung angemessen erscheint. Passt sie zum Inhalt, zur Person? Ist sie fließend oder eher abgehackt? Vorbildlich war hier Steve Jobs bei seinen legendären Keynotes. Er stand selten still, wirkte aber niemals hektisch.

Gesten

»Die redet ja mit Händen und Füßen.« Das sagen wir, wenn jemand besonders stark gestikuliert. Während Gestik ganz allgemein alle bewussten oder unbewussten Körperbewegungen umfasst, durch die wir unsere Emotionen preisgeben oder andere zum Handeln auffordern möchten, meinen wir mit Gestikulation nur die redebegleitenden Körperbewegungen. Gesten werden vorwiegend mit Armen, Händen und dem Kopf ausgeführt. Erst durch das Zusammenspiel dieser Körperteile erhält die Geste Wirkung. Unsere Hände können wir dabei am besten steuern, durch sie übermitteln wir Informationen sehr differenziert. Ein Wink, ein ausgestreckter Finger oder eine Faust, schon werden wir verstanden.

Wer gestikuliert, wird als Sprecher wahrgenommen. Gestikulieren wir, dann wirken wir offener, eloquenter, erzeugen mehr Aufmerksamkeit und modulieren auch automatisch stärker mit der Stimme. Unterstreicht ein Sprecher seine Worte mit einer Geste, kann dies die Wirkung massiv erhöhen. Gesten illustrieren, verstärken, strukturieren, schwächen ab, zeichnen Gedankenverläufe nach oder ersetzen gar komplette Sätze. Dennoch unterschätzen die meisten von uns immer noch die Wirkung ausdrucksstarker Gesten.

Viele Manager verharren bei Vorträgen in einer Schraubstockhaltung, passend zur Schwere der meist viel zu kompliziert geschriebenen Rede. Das wirkt unnatürlich und unnahbar. Politiker hingegen reden sich oft so in Rage, dass ihre Arme plötzlich lauter sind als ihre Worte. Nehmen wir die Wutrede von Christian Lindner 2015 vor dem Landtag in Düsseldorf. Nach der persönlichen Attacke eines SPD-Abgeordneten legte der FDP-Chef richtig los, seine Gestikulation explodierte regelrecht. Es hatte Wirkung – plötzlich war die FDP nach einer medialen Durststrecke wieder im Gespräch, zumindest für kurze Zeit.

Schauen wir uns die Gestik genauer an. Gesten können auf den eigenen Körper bezogen oder von diesem weggerichtet sein (Klinzing 1993). Auf den Körper bezogene Gesten dienen dazu, die eigene Erregung oder Anspannung abzuleiten oder, etwa im Fall von Sportlern unmittelbar vor dem Start, zu steigern. Dazu zählt man Schutz- und Abwehrgesten oder Manipulationen am eigenen Körper. Diese Gesten erfolgen eher unbewusst. Es sind adaptive Reaktionen, sogenannte Selbstberuhigungssignale, die uns entspannen sollen. Am häufigsten sind sie in Verbindung mit einem stressigen Erlebnis zu beobachten. Zum Beispiel, wenn sich ein Politiker sehr unangenehmen Fragen von Journalisten stellen muss. Oder bei Verhandlungspartnern, wenn es in die heiße Phase des Vertragsabschlusses geht. In solchen Situationen kann man oft zupfende, wischende Bewegungen an der Kleidung, ein Kratzen im Halsbereich oder das Reiben von Zeigefinger und Daumen wahrnehmen. Manche Gesten springen sofort ins Auge, andere sind sehr subtil. Auf den Körper bezogene Gesten können auch Empfindungen und Gefühle ausdrücken. Sind wir verärgert, ballt sich eine Hand zur Faust. Sind wir nervös, zittern die Finger.

Und wie sieht es mit Gesten aus, die vom Körper weggerichtet sind? Sie dienen der Interaktion mit anderen Menschen. Sprache und Gesten wirken hierbei zusammen, um einen Gedanken besonders deutlich auszudrücken. Zum Beispiel, wenn man bei Aufzählungen – erstens, zweitens, drittens – die Finger nacheinander in die Luft streckt. Das verstärkt die Worte, erhöht die Aufmerksamkeit und sorgt für eine dynamische Sprechweise.

Dass Gesten ein Wort oder einen Satz komplett ersetzen können, habe ich bereits erwähnt. Wir sprechen in diesem Fall von sogenannten Emblemen, zum Beispiel wenn in einer Fragerunde die Hand der Moderatorin auf eine bestimmte

Person deutet, die nun an der Reihe ist. Der berüchtigte Stinkefinger, auf dem Fußballfeld oder anderswo, ist ebenfalls ein Emblem, eine konventionelle Gestik, die unmittelbar verstanden wird.

Unsere Gestik ist im Allgemeinen gut kontrollierbar und wir können sie bewusst einsetzen. Durchaus auch sparsam! Der pointierte Einsatz von Gesten in einem eher ruhigen Vortrag ist oft besonders effektiv – weil unerwartet.

Mimik

Mit Worten kann man vieles behaupten, doch das Gesicht verrät meist die Wahrheit. Gefühle, Intentionen und zwischenmenschliche Einstellungen spiegeln sich in ihm wider. Doch Achtung, der Ausdruck ist selten eindeutig. Er muss von unserem Gegenüber richtig interpretiert werden. Besonders Spitzenpolitiker und Manager bringen bewusst Mimik ins Spiel. Zu Beginn einer Talkshow lächeln uns die Mächtigen gern zu, um einen hoffentlich positiven Eindruck zu hinterlassen. Angela Merkel eher verlegen und kurz, Sigmar Gabriel oder Gregor Gysi meist spitzbübisch.

Häufig sollen mithilfe der Mimik die wahren Gefühle kaschiert werden. Werden wir etwa mit einem negativen Thema konfrontiert, versuchen wir gerne, es mit einem Lächeln in eine positivere Richtung zu lenken. Werden wir gelobt, dann bleibt unser Gesichtsausdruck ernst, weil wir den Eindruck vermitteln wollen, dass wir bescheiden sind, dass wir das, wofür wir gelobt wurden, für eine Selbstverständlichkeit halten und auch weiterhin zur Zufriedenheit des Lobenden agieren werden. Ein situationsgerecht eingesetztes Mienenspiel ist wichtig, um professionell, überzeugend und stark zu wirken. Beherrschen wir es, werden uns Eigenschaften wie Selbstbewusstsein, Vertrauenswürdigkeit und Tatkraft zugeschrieben.

Sehr wohl aber gibt es zahlreiche Beispiele dafür, dass wir nicht jeden Gesichtsausdruck bewusst kontrollieren können. Hier lauert die Gefahr selbst für Meister der Selbstinszenierung, denn in der Mediengesellschaft bleibt kaum ein Mienenspiel unbeobachtet. Bei TV-Auftritten fängt die Kamera gerne Bilder von unsicheren, nervösen oder aggressiven Gesichtern ein – Sensation Seeking lässt grüßen. Menschen, die in der Öffentlichkeit stehen, sind sich dessen bewusst. Als Madonna Anfang 2015 bei einem Live-Auftritt im britischen Fernsehen eine Treppe hinabstürzte, hatte sie sich blitzschnell wieder unter Kontrolle. Sie wusste: Noch schlimmer als der Sturz selbst könnten die Bilder eines geschockten, schmerzverzerrten Gesichts sein. Kaum aufgestanden, richtete sie mit unbewegter Miene ihr Kostüm und setzte ihren Auftritt fort, als sei nichts geschehen.

Blickverhalten

Gesprächspartner halten Blickkontakt. Wie intensiv dieser ist, hängt von dem Thema, der Persönlichkeit und dem Verhältnis der beiden zueinander ab. In der Regel blickt der Hörer den Sprecher rund 75 Prozent der Gesprächsdauer an, der Sprecher den Hörer dagegen nur um die 40 Prozent. Grundsätzlich wird der Blickkontakt als Einladung zur Kommunikation und Aufmerksamkeit verstanden.

Sind unsere Pupillen erweitert, so kann dies als ein Zeichen von Interesse, aber auch von Angst gedeutet werden. Auf den Kontext kommt es an. In jedem Fall kann der Sprecher an der Bewegung unserer Pupillen registrieren, dass wir ihm abwechselnd in die Augen und auf den Mund schauen, um weitere Auskünfte in seinem Gesicht abzutasten. Je länger wir unser Gegenüber ansehen, desto mehr steigert das unsere Sympathiewerte. Kurze Blicke signalisieren nämlich Schüchternheit oder Desinteresse – allerdings auch, dass wir die Dominanz des Sprechenden erkennen und akzeptieren.

Aber auch der Blick unseres Gesprächspartners ist verräterisch. Fixiert uns jemand starr, dann schreiben wir ihm eine größere Überlegenheit und einen höheren Status zu als jemandem, der immer wieder seine Augen abwendet. Vermeidet der Sprechende gar den Blickkontakt, so kann das richtig weh tun. Jemanden keines Blickes zu würdigen demonstriert Macht – etwa wenn der Manager seiner Assistentin eine zu erledigende Arbeit auf den Schreibtisch legt, ohne sie dabei anzusehen.

Ganz allgemein gilt: Der Blick von oben kann herrschsüchtig und arrogant wirken, der Blick von unten nach oben hilfesuchend und unsicher. Der seitliche Blick drückt häufig Geringschätzung oder Misstrauen aus, dient aber auch der heimlichen Beobachtung.

Körpergröße und Figur

Helmut Kohl, der 16 Jahre lang als Kanzler die Bundesrepublik Deutschland regierte, war ein richtiger Pfundskerl. Mit seiner Leibesfülle und Größe stand er für Zuverlässigkeit und Machtbewusstsein. Heutzutage sind die meisten Führungskräfte auf der Welt ziemlich groß gewachsene Menschen, achten aber deutlich mehr auf ihr Gewicht als der Pfälzer Riese. Fast alle erfolgreichen US-Präsidentschaftskandidaten waren größer als ihre Gegenspieler. Auch in der Wirtschaft dominieren die Großen. Frank Appel, Vorstandschef der Deutschen Post, ist ein magerer Zwei-Meter-Mann. Daimler-Chef Dieter Zetsche ist gut 1,90 Meter groß, von gleicher Statur sind Michael Diekmann, CEO der Allianz, und Commerzbank-Chef Martin Blessing.

Aber muss man wirklich groß sein, um führen zu können? Es gibt zahlreiche Ausnahmen, vor allem in der Politik. Hollande, Merkel, Sarkozy, Schröder, Putin – allesamt eher kleine Menschen. Sie haben sich durchgesetzt, obwohl – oder gerade weil? – sie körperlich nicht überragend sind. Hier kam vermutlich ein anderes Moment zum Tragen: ein besonders ausgeprägter Ehrgeiz, der starke Wille, sich gegen Größere zu behaupten (Willen 2012).

Ob groß oder klein: Fit muss man sein. Die Headhunterfirma Heidrick & Struggles fand heraus, dass neun von zehn deutschen Managern Sport treiben, ein Drittel davon regelmäßig und intensiv, die anderen zumindest ein bis zwei Mal die Woche. Es geht hier weniger um Gesundheit als um das Wettbewerbs-Gen: Sport als Synonym für Leistung, Wettkampf, Sieg.

Die Attraktivitätsforschung bestätigt den Trend. Menschen, die wir als attraktiv empfinden, sei es wegen ihres sportlichen Körpers, ihres hübschen Gesichts oder wegen beidem, erscheinen uns kompetenter, intelligenter, führungsstärker. Man spricht hier von dem sogenannten Halo-Effekt: Von der äußeren Erscheinung eines Menschen schließen wir auf seine inneren Eigenschaften.

Einmal an der Macht angelangt, bestätigt sich eine weitere Erkenntnis der Attraktivitätsforschung: Macht macht sexy. Macht ist erotisch. Mächtige Menschen wirken besonders begehrenswert. Dass eine Führungsposition mit einem (gefühlten) Zuwachs an Attraktivität einhergeht, lässt sich sogar wissenschaftlich belegen. So tendieren Mitarbeiter dazu, ihren Chef oder ihre Chefin attraktiv zu finden, selbst wenn er oder sie den gängigen Schönheitsidealen nicht entspricht. Das liegt ganz offensichtlich an der hohen Vertrautheit und emotionalen Bindung (Kniffin u.a. 2014). Je mehr wir uns mit dem Menschen identifizieren, der eine oder mehrere Hierarchiestufen über uns steht, desto anziehender finden wir ihn.

Stimme

Wie wir sprechen, oder vielmehr, wie wir beim Sprechen klingen, hat eine enorme Wirkung auf andere. Mögen wir auch noch so eloquent sein: Wird der Klang unserer Stimme als unangenehm empfunden, kommen wir einfach nicht an. Wir hatten bereits das Beispiel von Margaret Thatcher. Sie lernte, tiefer zu sprechen, denn eine tiefe, warme Stimme wirkt souverän und vertrauensvoll. Männliche Sprecher sind hier naturbedingt klar im Vorteil. Doch mit einem entsprechenden Training schaffen das alle. Ein Stimmcoaching hilft ihnen, den besseren Ton zu treffen.

Die Stimmhöhe ist aber nicht alles. Schlechte Aussprache, breiter Dialekt, Lispeln, Zischen, Knödeln, all das sind eher Abtörner für das Publikum. Jedoch gibt es Ausnahmen. Das melodiöse Schwäbeln von Wolfgang Schäuble kommt bei vielen Menschen gut an, sie verbinden es mit Bodenständigkeit und Solidität. Und das Nuscheln von Til Schweiger ist zu seinem Markenzeichen geworden, er setzt es fast schon als Stilmittel ein.

Stimme ist Emotion. Zum einen verrät sie uns, was die sprechende Person bewegt, wenn sie zittert, sich überschlägt, gluckst oder einfriert. Zum anderen lässt sie sich kalkuliert einsetzen, um bestimmte Reaktionen auszulösen. Sie kann aufrütteln. In Wahlkampfreden erleben wir das, wenn die Argumente im Stakkato kommen und verbale Hiebe ausgeteilt werden. Sie kann einschläfern, langweilen – durch eine monotone Sprechweise ohne Höhen und Tiefen, wie man sie nur allzu oft in TV-Interviews ertragen muss. Sie kann eiskalt töten. »Ich habe heute leider kein Foto für dich«, sagt Heidi Klum fast ohne Intonation, wenn sie ein Mädchen aus ihrer Modelshow verbannt.

Wahre Meister der Selbstinszenierung ziehen alle Register, um mit ihrer Stimme andere Menschen zu beeindrucken.

Viele Worte verlieren sie dabei nicht unbedingt. Gerade in der Reduktion liegt oftmals das Geheimnis: ein Räuspern, das Ablehnung oder Skepsis signalisiert; ein Flüstern, das alle Anwesenden zwingt, sich auf den Sprecher zu konzentrieren; oder gar ein Schweigen (ja, keine Stimme ist auch eine Stimme!), das verunsichert und eine mysteriöse Aura schafft – die Stimme kann eine Waffe sein.

Styling

Der rote Schal von Berlins ehemaligem Bürgermeister Walter Momper, der gelbe Pullunder von Langzeit-Außenminister Hans-Dietrich Genscher, die grellen Outfits von Ex-Grünen-Chefin Claudia Roth: Kleidungsstücke helfen mit, aus einer Persönlichkeit eine Marke zu machen. Sie können ein Statement sein, so wie die berühmten Turnschuhe Joschka Fischers bei der Vereidigung zum Umweltminister von Hessen. Schaut her, ich bin immer noch ein Rebell. Als er dann viele Jahre später nur noch Dreiteiler trug, zeigte er damit, dass er angekommen war in der Welt der Mächtigen. In den Führungsetagen der Wirtschaft überwiegt der dunkle Anzug, natürlich maßgeschneidert und so teuer wie ein Gebrauchtwagen. Ähnlich in der Politik, wobei gerade hier noch viele modische Fauxpas zu beobachten sind: zu lange Sakkoärmel, unvorteilhafte Schnitte, schlecht gebundene Krawatten. Auch so kann man sich inszenieren, eine Botschaft aussenden: Äußerlichkeiten sind mir schnuppe.

Kleidung hebt uns von anderen ab. Der Papst, der Dalai Lama, die Queen, sie stechen aus der Menge hervor, sind Solitäre in einer Welt der Gleichförmigkeit. Ihre Kleidung sagt uns: Ich bin bescheiden, rein, weise, gütig, edel. Diese Codes versteht so gut wie jeder. Andere wiederum haben nur für Insider eine Bedeutung: Rangabzeichen im Militär oder ein bestimmter Kleidungsstil im deutschen Adel, an dem man sich gegenseitig erkennt. Man könnte ihn kopieren, würde jedoch durch weitere Codes wie Benehmen oder Wortwahl leicht auffliegen.

In der sich immer schneller drehenden Welt der Stars aus Film, Musik und Reality-TV hat sich eine Berater-Spezies etabliert, die Stars in ihren eigenen Reihen produziert: die Stylisten. Namen wie Rachel Zoe, Brad Goreski oder June Ambrose sind heute vielen Fans geläufig. Diese Star-Stylisten beraten Celebrities bei der Wahl von Outfit, Make-up, Frisur und Accessoires. Und zwar nicht nur für die Oscarverleihung und andere Auftritte im Rampenlicht, sondern auch für den Gang zum Starbucks um die Ecke (Dil 2012). Überall lauern Kameras, in jeder Situation wollen und müssen die Stars glänzen. Sei es im edlen Designerkleid oder mit den coolsten Sneakers. Es ist ein verrücktes Geschäft, von dem alle Seiten profitieren wollen. Die Stars werben für die Marke, die Marke wirbt für den Star. Und da viele Stars selbst schon zur Marke geworden sind, wird hemmungslos kooperiert und kassiert. Eine Kim Kardashian, Multitalent im Berühmtsein, erhält angeblich 25 000 Dollar für jede Kaufempfehlung in ihren Tweets (Dil 2012). Zwei Mal mit demselben Outfit aufzutreten wäre in diesen Kreisen eine Katastrophe. Magazine, Blogger, News-Websites brauchen ständig neues Futter, sie heben und senken den Daumen und verdienen kräftig mit. Deshalb blüht das Geschäft der Stylisten.

Ist das nur ein Trend in den USA? Nein. Entertainment hat sich zu einer globalen Industrie entwickelt, die Gesetze dieses Markts gelten überall. Auch hierzulande lassen sich Jungschauspieler mittlerweile von Modemarken ausstatten, blicken die Medien immer neugieriger auf Haare, Kleidung und Accessoires der Stars und Sternchen. Sogar die ehedem stylingresistente deutsche Spitzenpolitik öffnet sich. Bei Angela Merkel sieht man es, für andere Politiker erhofft man es.

Doch es gibt auch schon einen Gegentrend: das scheinbar ungeschminkte Gesicht. Die scheinbar ungezwungene Kleidung. Das scheinbar unbearbeitete Foto. Kein Make-up, kein Stylistendiktat, kein Photoshop. Ach, wie authentisch unsere Stars doch sein können. Wer's glaubt, wird selig. Denn auch hier greift ein Leitsatz der Selbstinszenierung: Was Aufmerksamkeit bringt, ist erlaubt. Nicht-Inszenierung kommt an? Dann wird sie eben inszeniert, mit allen Mitteln.

Und wie steht es um das Styling von Otto Normalverbraucher? In den letzten Jahren hat sich der Business-Dresscode etwas gelockert. Gerade in der IT-, Design- und Medienbranche sowie in Start-ups gibt man sich gern locker, modebewusst oder einfach »cool«, wobei Flip-Flops, Jogginghosen oder verwaschene T-Shirts auch hier tabu sind: Stil soll es schon haben. In der konservativeren Banken-, Versicherungs- und Beratungsbranche wie grundsätzlich überall dort, wo es um Kundenkontakt geht, gelten strengere Regeln – ganz abgesehen davon, dass man über seine Kleidung sehr gut auch seine Position sichtbar machen kann.

Physisches Umfeld

Inszenierungen brauchen eine Bühne, so wie im Theater: Es gibt ein Bühnenbild, Requisiten, Licht, alles abgestimmt auf Situation und gewünschte Aussage (Leary 1996). Mit dem Bühnenbild sind die Räume gemeint, in denen wir leben und arbeiten, ihre Form und Größe, die Art und Qualität ihrer Ausstattung. Hat der Chef ein geräumiges Büro mit teurer Kunst an den Wänden? Oder sitzt er inmitten seines Teams im Großraum? Beides sagt viel über ihn aus. Requisiten sind all die Dinge, mit denen wir unsere Wirkung unterstreichen und verstärken können: das dänische Architekturmagazin, das im Wohnzimmer herumliegt und jedem Besucher von unserem Geschmack kündet; das Familienbild auf dem

Schreibtisch, mit dem wir emotionale Wärme zeigen. Licht ist eine weitere wichtige Dimension. Seine Art und Intensität beeinflussen die Stimmung immens. Kerzenschein, Abendsonne, Neonröhre, Spotlight, indirekte Beleuchtung – je nach Lichtsituation empfinden wir Landschaften, Gebäude, Innenräume und Menschen ganz unterschiedlich.

Wie ist es nun bei den Inszenierungen der Erfolgreichen und Mächtigen? Wir alle kennen die Bilder. Bei der Hauptversammlung großer Aktiengesellschaften sitzt der Vorstand vor den Aktionären. Die Dimensionen sind gewaltig. Eine Arena, ansonsten Ort für Wettkämpfe und Auftritte großer Stars, wird angemietet. Für seine Rede tritt der Vorstandsvorsitzende an ein Pult, um ihn herum leere Bühne (als Blickfang und Requisite dient bestenfalls das dort ausgestellte neueste Automodell). So markiert er sein Terrain und demonstriert seine Macht. Ich hier oben, ihr da unten. Das Licht ist perfekt und bringt Portofino-Bräune und Glanzlack zur Geltung. Ganz anders sieht es bei Analysten- oder Pressekonferenzen aus. Sie finden meist in internen Räumlichkeiten statt, man sitzt viel enger beisammen. Dies soll innere Nähe vermitteln und um Sympathie und Verständnis werben.

Gerne laden Politiker und Wirtschaftschefs auch auserwählte Journalisten ins innerste Heiligtum ein, in ihre Büros. Zwischen Eames-Sessel und Giacometti-Skulptur zeigen sie sich dann von ihrer menschlichen Seite. Man kümmert sich persönlich um Kaffee und Kekse, zeigt Urlaubssouvenirs und Kinderfotos herum und redet endlich einmal Klartext. Später werden Pressereferenten und Hausjuristen jegliche Indiskretion wieder herausredigieren.

Für politische Großereignisse wie den G7-Gipfel werden riesige Bühnen benötigt. 2015 war es das Schloss Elmau im Allgäu. Die sieben Staats- und Regierungschefs posierten vor der Alpenkulisse für ein Gruppenfoto. Selbst die Sonne strahlte wie auf Bestellung. Zuvor hatte Angela Merkel den amerikanischen Präsidenten vorm Rathaus der kleinen Gemeinde Krün begrüßt. Dort war ein Biergarten eigens für diesen Anlass installiert worden. Die Requisiten: Gamsbärte, Janker, Dirndl und weitere urbayerische Utensilien. Obama trank ein alkoholfreies Bier und aß eine Weißwurst. Idyllische Bilder, inszeniert von Kanzleramt und Weißem Haus. Jeder Journalist weiß, dass solche Szenen arrangiert sind. Dennoch werden sie weltweit publiziert. Weil sie so einfach zu lesen und zu verstehen sind. In Sekundenschnelle erfasst jeder Betrachter die Botschaft: Obama, Merkel, harmonische Eintracht, gute Partnerschaft.

Ein weiterer Aspekt des räumlichen Umfelds ist die Sitzordnung. Ihr schenken wir meist wenig Beachtung. Dabei ist sie ein sehr wichtiges Inszenierungsmittel. Wo wir in einem Raum sitzen, hat starken Einfluss auf unsere Wirkung (Leary 1996). Anhand der Sitzplatzwahl können wir Rückschlüsse auf Selbstbild, Status und Motivation der jeweiligen Person ziehen. Ein Alphatier wählt gerne einen zentralen Platz, zum Beispiel am Kopfende des Tisches. Jemand, der sich aus der Diskussion heraushalten möchte – warum auch immer –, setzt sich eher an den Rand des Geschehens. Mischt sich der Vorgesetzte mitten unters Volk, zum Beispiel an einen runden Tisch, signalisiert er dadurch, dass ihm viel an Teamwork liegt. Bei Staatsbanketten, Konferenzen und Verhandlungen ist die Sitzordnung ein Politikum. Am Kabinettstisch ist exakt austariert, wer nahe bei der Kanzlerin sitzen darf und wer nicht.

Meister der Selbstinszenierung haben ihr physisches Umfeld unter Kontrolle. Sie wählen Ort und Umgebung sorgfältig aus, legen Wert auf eine passende Dekoration und stimmiges Licht und nutzen wirkungsvolle Requisiten. Dort, wo andere über diese Bedingungen bestimmen, versuchen sie vorab

Einfluss zu nehmen – etwa bei den Vorbereitungen für einen Staatsbesuch oder bei einem Auftritt in einer TV-Sendung.

Statussymbole

Die Mutter aller Statussymbole ist die Krone. Wer sie oder eine ihrer Varianten wie den Häuptlingsfederschmuck trägt, muss sich nicht mehr groß vorstellen. Sein Status ist weithin sichtbar. Nun leben wir in Zeiten, in denen Kronen entweder keinen legitimen Träger mehr haben oder aus rein praktischen Erwägungen in der Vitrine bleiben. Die heutigen Machthaber schmücken sich auf andere Weise. Sie fahren in Panzerlimousinen und scharen jede Menge Bodyguards und Zuträger um sich. Statussymbole auch dieser Art demonstrieren Macht. Ist die Größe der Delegation des US-Präsidenten nicht immer auch ein Beweis seiner Bedeutung und seines Einflusses? Obama hatte 2015 beim G7-Gipfel in Deutschland natürlich die größte Entourage. Die ›Bild‹-Zeitung sprach von rund 1000, die ›Süddeutsche‹ sogar von 2000 Begleitern. Allein diese Zahl und das Geheimnis, das um sie gemacht wird, wirken beeindruckend.

Mächtige und Berühmte pflegen Freundschaften zu anderen Mächtigen und Berühmten. Sie sammeln Ehrendoktortitel, Friedenspreise und Verdienstorden. Sie residieren in historischen Gebäuden oder von Stararchitekten entworfenen Schaltzentralen der Macht. Maßanzüge, Armbanduhren und anderen Schmuck lassen wir hier außen vor, dies sind Prestigesymbole, die vorrangig materiellen Wohlstand signalisieren. So mag ein Vorstadtganove sich vielleicht eine goldene Rolex leisten, sein gesellschaftlicher Status steigt durch sie nicht. Interessanterweise verzichtet manch Mächtiger mit Vermögen bewusst auf solche Symbole. Mit Plastik-Swatch am Handgelenk wurden schon der britische Expremier Tony Blair ebenso wie Lloyd Blankfein, CEO von Goldman Sachs, gesichtet.

Wirkung ist Macht, aber keine Allmacht

Die Meister der Selbstinszenierung steuern ihre Wirkung mit Hilfe der genannten nonverbalen Wirkungsfaktoren. Sie setzen ihre Körpersprache (Körperhaltung, Bewegung, Gestik und Mimik) gekonnt ein und spielen ihr physisches Kapital, also Größe, Figur und Attraktivität, situationsgerecht aus. Sie kommunizieren mit Blicken, formen ihre Stimme zum Instrument und stylen ihr Äußeres passend zum erstrebten Image. Ihr physisches Umfeld begreifen sie als Bühne, auf der sie sich in Szene setzen. Requisiten, Licht und Statussymbole runden ihren Auftritt ab.

Das Beherrschen dieser Wirkungsfaktoren nenne ich Wirkungskompetenz. Nicht nur die Mächtigen und Berühmten haben sie, jeder von uns hat sie. Die eine mehr, der andere weniger. Wir alle inszenieren uns. Nur sind die Meister der Selbstinszenierung darin viel, viel besser als der Rest der Menschheit. Sie verfügen über größere Ressourcen und beste Medienkontakte, sie leisten sich Berater und Helfer. Wirkung ist für sie ein Machtmittel. Aufgrund ihrer Wirkung spielen sie in unserem Leben eine Rolle. Aufgrund ihrer Wirkung haben wir sie gewählt, geliked, gekauft. Ohne entsprechend hohe Wirkung hätten sie mit großer Wahrscheinlichkeit nur noch Ämter, Posten, Filmrollen, Konzertbuchungen – und selbst das nicht mehr lange.

Deshalb feilen sie ständig an ihr. Das Erreichte ist stets in Gefahr, denn Wirkung ist Macht, aber keine Allmacht. Was heute in den Medien bejubelt wird, kann morgen total out sein. Inszenierungen, noch so gut geplant, können völlig in die Hose gehen. Wenn durch einen Zwischenfall das Räderwerk dahinter sichtbar wird, ist der Zauber dahin. Simone de Beauvoir führt hier das wunderbare Beispiel einer Dame in eleganter Abendrobe an, die sich beschwingt auf einer Party vergnügt. Dann fällt ein Tropfen Wein aufs Kleid und die Dame wird zur besorgten Hausfrau. Ihr ernster Blick verrät allen: Das schöne Kleid, es ist doch nur eine Geldanlage, die Opfer gekostet hat (Goffman 1990). Und auch die allzu perfekte Show bringt nicht die erhoffte Wirkung: Sie wird als steril und glatt wahrgenommen.

Wirkungsmeister bleiben daher immer Lernende. Sie wissen, dass ihre Macht über uns zerbrechlich und vergänglich ist. Unsere digitalisierte Mediengesellschaft beobachtet genau, erinnert sich an alles und verzeiht wenig. Aus eigenen Fehlern und denen anderer zu lernen, ist deshalb unverzichtbar. Wirkungskompetenz ist komplex, sie lässt sich in kein Trainingsprogramm pressen. Es strengt enorm an, sie auf ein hohes Niveau zu bringen. Das wissen ihre Meisterinnen und Meister nur allzu gut. Doch wer behauptet, dass es jemals einfach gewesen ist, Macht zu erlangen und sie zu erhalten?

2 Überzeugungsmacht –
Wirkung in der Politik

Es war an einem Sonntag im Sommer, Ende der 90er Jahre. Ich war bei meiner Familie im schönen Kärnten. Mit meiner Schwester schlenderte ich durchs Dorf, in der Ferne lockte das dumpfe Humtata einer Musikkapelle. Sommer ist bei uns Hochsaison für Zeltfeste. Ob Sportverein oder Feuerwehr, in Kärnten findet sich immer ein Anlass zum Feiern. »Komm, lass uns was trinken«, sagte meine Schwester. Gesagt, getan. Das Zelt war rappelvoll, die Luft stickig, der Lärmpegel hoch. Wir saßen kaum, da wurde es auf einen Schlag leise. Ich blickte mich um und verstand warum. Dort im Zelteingang stand er, der »Robin Hood Österreichs« und »Bierzelt-Bruder« Jörg Haider, der damals bekannteste Rechtspopulist Österreichs. Lässig in Jeans und T-Shirt, Pullover um den Hals gebunden, strahlendes Gesicht. Er klopfte auf Schultern, spendierte Bier. Dann griff er sich ein Mikro und hielt eine scheinbar spontane Rede. Er sprach weder klar und logisch noch brachte er Sätze zu Ende, doch die Menschen verstanden ihn auch so: ausdrucksstarke Haltung, gezielte Handbewegungen, ein schadenfrohes Grinsen hier, ein aggressiver Blick da. Um dann im nächsten Atemzug wieder herzhaft zu lachen und Leichtigkeit auszustrahlen. Seine platten Parolen erledigten den Rest. Die Masse tobte. Mir wurde klar, warum es so viele Haider-Fans gab. Eine Schande.

Wirkungskompetenz in der Politik, sie hat ihre hellen und ihre dunklen Momente. Man kann sie nutzen, um Sinnvolles und Intelligentes zu erreichen – oder um böse Dummheiten zu verbreiten. Haiders flache Botschaft war: Hier steh ich, so denk ich halt, wählt mich!

In der Politik geht es bei Wirkung immer darum, Menschen zu überzeugen. Überzeugend müssen die Argumente und Positionen sein, in erster Linie jedoch die Personen, die sie vertreten. Ist das Auftreten einer Politikerin glaubwürdig? Kann ein Politiker Nähe zum Wähler herstellen? Körpersprache ist hier das stärkste Ausdrucksmittel. Durch Gesten, Mimik und Körperhaltung versuchen Politiker, ihren Aussagen gezielt Nachdruck zu verleihen oder ein bestimmtes Image aufzubauen. Je stimmiger ihr Verhalten wirkt, je mehr Emotionen überspringen, desto stärker identifizieren sich die Menschen mit ihnen (Sollmann 2006). Politiker mit hoher Wirkungskompetenz sind dabei klar im Vorteil, im Wahlkampf wie in der täglichen Arbeit. Die Überzeugungsmacht ist stärker als die formale Macht eines Amtes. Und wie jede Macht kann sie missbraucht werden – etwa wenn, wie im Fall von Jörg Haider, ein perfekter Auftritt mit einer fragwürdigen Botschaft verknüpft wird. Aber von solchen Auswüchsen mal ganz abgesehen, greift die sogenannte »Amerikanisierung der Politik« immer stärker um sich: Die Person steht im Mittelpunkt, nur das Image zählt.

»Images«, sprich Bilder, haben in der Politik meist mehr Gewicht als »Issues«, die Themen (Holtz-Bacha 2003). Wer beim Wähler ankommen will, setzt auf suggestive Bilder, auf Emotionalisierung und das Erzählen von spannenden Geschichten. Die politischen Akteure professionalisieren deshalb den Umgang mit den Medien. Den Wahlkampf legen sie in die Hände von Kommunikationsspezialisten. Experten aus Media-, PR- und Werbeagenturen erstellen genaue Analysen der Wählergruppen und entwickeln eine Marketingstrategie, um ihre Klienten ins rechte Licht zu rücken.

Personalisierung und Professionalisierung, beides prägt die mediale Selbstinszenierung von Politikern immens. Schauen wir uns fünf ganz unterschiedliche Vertreter dieser

Berufsgruppe an. Als Meister der Selbstinszenierung ist das Überzeugen von Menschen ihr tägliches Handwerk. Mal mit fairen, mal mit zweifelhaften Mitteln.

Angela Merkel: Viel Macht um nichts

Nichts. Nichts hat sie zu bedeuten, die berühmte Merkel-Raute. Das ist meine Standardantwort, wann immer mich ein Journalist, ein Zuhörer oder ein Seminarteilnehmer fragt, warum die Kanzlerin ihre Hände gerne in Rautenform vorm Körper faltet. Nichts? Natürlich ist diese Antwort nicht ganz korrekt. Körpersprache hat stets eine Bedeutung, keine Geste ist bedeutungslos. Mit »nichts« schmettere ich lediglich all die in die Raute hineininterpretierten Deutungen ab. Was manche Menschen in ihr zu erkennen glauben, ist zum Teil schreiend komisch. Eine Raute der Macht etwa. Oder sogar eine Kamasutra-Haltung. Angela Merkel selbst erklärte in einem Interview, was die Raute bedeutet: »Nichts. Diese Haltung ist die Position, in der ich automatisch den Oberkörper aufrecht halte. Normalerweise bin ich ja mehr so ... (sie zieht die Schultern nach vorn, macht einen leichten Buckel). Nichts anderes heißt das.« (von Stuckrad-Barre 2009).

Die Kanzlerin führt einen sachlichen Grund für die Geste an: bessere Körperhaltung. Das stimmt, und doch ist es nicht die ganze Wahrheit. Als Geste passt die Raute hervorragend zu ihrem Image der besonnen handelnden Regierungschefin. Früher sah sie noch anders aus. Die Fingerspitzen zeigten nach vorne, sie formte sie zu einem Spitzdach. Im Fachjargon nennt man das eine Konzentrationshaltung. Konzentriert musste die noch unerfahrene Kanzlerin sein, wenn sie in den Medien Statements abgab. Mittlerweile, dank mehr Erfahrung und Selbstvertrauen, sind ihre Fingerspitzen nach unten gewandert. Aus der Konzentrationsgeste ist jetzt ein Markenzeichen geworden. Zur Bundestagswahl 2013 war die »Merkelizer-Haltung« in Berlin auf einem überdimensionalen Poster, 70 mal 20 Meter, zu sehen. Die Kanzlerin hatte es geschafft, eine Schwäche in eine Stärke zu verwandeln.

Wie kann eine kleine, eher nichtssagende Geste zum Markenzeichen werden? Fast scheint es so, als seien Medien und Öffentlichkeit froh, zumindest einen Punkt zu haben, an dem sie die Kanzlerin, die wie nur wenige Menschen im öffentlichen Leben für Nicht-Inszenierung steht, festmachen können. Alles an Angela Merkel ist echt. Sie lässt sich kein Image aufzwängen. Sie folgt keinen Regieanweisungen. Sie bleibt sich treu. Sie ist eigentlich wie wir, nur eben Kanzlerin von Beruf. Glauben wir ihr das wirklich? Dann sind wir ihr auf den Leim gegangen.

Keine Inszenierung ist auch eine

Die Uninszeniertheit von Angela Merkel ist geschickt inszeniert. Hinter so viel Normalsein steckt viel harte Arbeit. Nicht nur von ihr, sondern von zahlreichen Beratern und Helfern. Den weisen Spruch »Nur wer sich ändert, bleibt sich treu« von Wolf Biermann – die Kanzlerin beherzigt ihn. Angela Merkel hat sich massiv geändert, ihre Transformation vom ostdeutschen Mauerblümchen zur globalen Power-Queen erfolgte aber in so vielen kleinen Schritten, dass man sie kaum bewusst wahrnehmen konnte. Erst im Rückblick erschließt sich das ganze Ausmaß der Verwandlung – und die kunstvolle Selbstinszenierung, die dazugehört. Blicken wir also zurück.

Anfang der 90er Jahre tritt Angela Merkel ins Bundeskabinett ein, erst ist sie Ministerin für Frauen und Jugend, dann ab 1994 Umweltministerin. Schnell gilt sie als Antiheldin der Mediengesellschaft. Sie hat eine ausgesprochene Abneigung, sich fotografieren und filmen zu lassen, was man ihr deutlich anmerkt – für den ›FAZ‹-Redakteur Nils Minkmar ein Alptraum. »Beim Gehen winkelt sie die Arme nach oben ab und wirkt trotz energischen Auftretens wie von einem Elektromotor angetrieben. Ihre optische Erscheinung ist ganz und gar der Laune der Fotografen anheimgestellt. Homestorys sind undenkbar. Hält sie eine wichtige Rede, verspricht sie sich. Geht sie zu einem festlichen Empfang, hat ihr Kleid einen Fleck. Kommt ihr ein Gegner in einer Debatte frech, verstummt sie.«

Die Ministerin wird derart mit Spott und Häme überschüttet, dass sie einem leidtun kann. Angriffsfläche ist meist ihr Äußeres: ihre strähnige Frisur, ihre hängenden Mundwinkel, ihre Augenlider, ihre Kleidung, ihre »zu männliche« Erscheinung. Sie entspricht nicht dem Schönheitsideal und ist somit wunderbar geeignet, um sie zu karikieren. Das Satiremagazin ›Titanic‹ titelt: »Ein neues Gesicht für Angela Merkel«. Den Lesern werden acht Varianten angeboten, das letzte Gesicht stellt ein blankes Hinterteil dar. Die ›taz‹ treibt die Geschmacklosigkeit auf den Gipfel mit einem Button: Merkel als Miss Piggy, dazu das Motto »Ferkel muss weg!« Und jeder erinnert sich wohl noch an die Werbeanzeige der Leihwagenfirma Sixt. Zwei Portraitfotos von Angela Merkel: links mit Pagenschnitt und der Bildunterschrift »Lust auf eine neue Frisur?«, rechts mit wild nach oben stehenden Haaren und der Textzeile »Mieten Sie sich ein Cabrio«. Obwohl das Unternehmen überhaupt nur zwei Anzeigen in der ›Süddeutschen‹ und im ›Focus‹ schaltet, ist die Kampagne in aller Munde. Angela Merkel kommentiert die Sache ganz gelassen: »Ein interessanter Stylingvorschlag.«

Angela Merkel modernisiert die CDU und sich selbst

Während ihrer Ministerjahre gilt Angela Merkel als beratungsresistent. Spätestens als sie CDU-Generalsekretärin wird, setzt aber ein Umdenken bei ihr ein. Ihr Aussehen und Auftreten wandeln sich. Die Veränderung beginnt langsam ab 2002. Ziel ist es, sie als politische Marke aufzubauen. Maßgeblichen Einfluss hat die Werbeagentur McCann Erickson. Auf Empfehlung der Agentur soll Angela Merkel schon durch ihr äußeres Erscheinungsbild vermitteln, dass sie für Kompetenz, Modernisierung und Hoffnung steht. Intensiv feilt man an ihrer öffentlichen Wirkung: ruhige Stimme, wohldosierter Einsatz von Gestik, Mimik und Körperbewegungen sowie ein offener, kamerazentrierter Blick. Dadurch wirkt sie aufrichtig, bürgernah und sympathisch. Ein Auftritt, der ganz ihrem Typus entspricht.

2005 wandelt sie sich ein weiteres Mal sichtbar. Sie verabschiedet sich von ihrer Prinz-Eisenherz-Frisur und geht freitags zu Promifriseur Udo Walz. »Merkel wirkt mit ihrem Bobschnitt fortan dynamischer und angriffslustiger«, so Walz. Auch ihre Outfits ändern sich: Noch zu Kohls Zeiten war sie nicht selten in Strickjacke und Pullover zu sehen, und auch danach alles andere als modisch gekleidet: »Jahrelang war Merkel in Anzughosen herumgelaufen, die in Knöchelhöhe endeten und deren Karottenschnitt alles hervorhob, was die Abweichung von der Idealfigur betonte. Die kastenförmigen Blazer und die flachen, bequemen Pumps vervollständigten den Eindruck einer gestauchten Silhouette«, schrieb Marianne Wellershoff 2005 im ›KulturSpiegel‹.

Doch das ist lange vorbei. Nun trägt sie schwarze Hose mit einem Drei- oder Vierknopf-Blazer der Designerinnen Bettina Schoenbach oder Anna von Griesheim. Die Hosenanzüge wirken feiner und edler, ähneln einander allerdings auch immer. Im Kanzleramt lässt sie ein kleines Schminkzimmer einrichten, Visagistin Petra Keller begleitet sie auf Reisen. Sie verzichtet auf Parfüm und trägt weder Ringe – auch nicht den Ehering – noch Armreifen oder Ohrringe. Nur mit Halsketten schmückt sie sich. Mit einer Kette in den Farben Schwarz, Rot, Gold landet sie im Kanzlerduell mit Peer Steinbrück einen Coup. Über die »Schlandkette« wird schon während der Sendung eifrig getwittert, das Medienecho ist enorm.

Betrachten wir ihren Körperausdruck, der in den ersten

Jahren ihrer Kanzlerschaft in der ›FAZ‹ als mechanisch bezeichnet wurde, fällt auf, dass sie sich ungelenk bewegt, oftmals unkoordinierte Gesten einsetzt, mit gespreizten Fingern klatscht und auf Bühnen zurückhaltend und unsicher wirkt. Der Körper-Psychotherapeut Ulrich Sollmann (2006) führt dies darauf zurück, dass ihre Bewegungs- und Koordinationsfähigkeit in jungen Jahren eingeschränkt war. Sie war länger als andere Kinder im Laufstall und hat erst mit fünf Jahren gelernt, bergabwärts zu gehen. Das wirke bis heute nach. Aus der Forschung ist jedenfalls bekannt, dass Menschen sich in stressigen, konfliktreichen und belastenden Situationen auf die ursprünglich erlernten Bewegungs-, Reaktions- und Verhaltensmuster beziehen. Gerade in den Anfängen ihrer politischen Karriere sind die motorischen Mängel von Angela Merkel ein gefundenes Fressen für die Medien. Selbst Helmut Kohl, ihr Ziehvater, hält sich mit Spott nicht zurück. Er habe ihr das Essen mit Messer und Gabel erst beibringen müssen, feixte der Altkanzler gegenüber seinem Biografen Heribert Schwan.

Und sie bewegt sich doch (wenn auch ungelenk)

Man mag sich über ihre Tapsigkeit amüsieren. Ihre Lernfähigkeit und Bereitschaft zur Veränderung verdienen hohen Respekt. Manche Kritik oder Beleidigung war sicher schmerzhaft für sie, und nicht immer wird sie begeistert über Vorschläge ihrer Berater gewesen sein. Doch sie hat sich entwickelt. Sie hat akzeptiert, dass Mimik, Gestik, Bewegung und das äußere Erscheinungsbild zum Image eines Politikers beitragen. Aus einer biederen, unvorteilhaft gekleideten und eher männlich wirkenden Politikerin ist eine stilsichere, unprätentiöse, schnörkellos elegante und moderat eloquente Machtinhaberin geworden. Sie hat ihr Erscheinungsbild an die Rolle der Bundeskanzlerin angepasst, um den Erwartungshaltungen der Medien und Wähler gerecht zu werden. Sie absolvierte sogar ein spezielles Mimiktraining, das sie weicher und weiblicher wirken lässt (Paul 2009).

Angela Merkel ist sachlich und kontrolliert. Wutausbrüche von ihr wird man in der Öffentlichkeit nicht erleben. Nur im kleinen Kreis flucht sie und gebraucht auch schon mal Kraftausdrücke. Und nur im Fußballstadion zeigt sie offen ihre Begeisterung und Freude. Schießt die deutsche Nationalelf ein Tor, springt sie vom Stuhl, reißt die geballten Fäuste in die Höhe, ihr Gesicht voller Lebendigkeit. Das war nicht immer so. Am Anfang ihrer Kanzlerschaft jubelte sie zwar auch, aber die erhobenen Fäuste erreichten bestenfalls Schulterhöhe und die Arme waren fest an den Körper gepresst, eine Hamsterpose. Mit der Zeit stieg ihre Selbstsicherheit, ihre Körpersprache wurde raumgreifender, zumindest beim Fußball. Echte Leidenschaft oder klug inszeniertes Gefühl fürs Wählervolk? Vermutlich eine Mischung aus beidem.

Warum diese starke Selbstkontrolle? Sie ist Physikerin, rational und logisch, und wird nie so emotional wirken wie ein Barack Obama. Die kühle Nüchternheit passt zu ihrem Naturell. Sie weiß, dass Paparazzi nur auf das eine unvorteilhafte Foto warten. Also lernt sie im Laufe der Jahre, ihre Mimik unter Kontrolle zu behalten und zu lächeln, auch wenn ihr die Wut im Hals steckt. Einst kanzelte Helmut Kohl die junge Umweltpolitikerin bezüglich ihrer Vorschläge im Kampf gegen den Sommersmog vor dem gesamten Kabinett ab. Sie brach in Tränen aus und stand in den Medien als Heulsuse da. Ein Tiefschlag, nach dem sie sich schwor, sich nie wieder eine solche Blöße zu geben (von Ackeren 2015). Was ihr gelang: Als Horst Seehofer sie Ende 2015 beim CSU-Parteitag nach ihrer Rede abkanzelte, stand sie 15 Minuten auf der Bühne, mitten im Rampenlicht, verzog keine Miene und wartete scheinbar gelassen auf das letzte Wort des bayerischen Ministerpräsidenten, obwohl es in ihr mit Sicherheit brodelte.

Kanzlerin bitte nicht berühren

Angela Merkel bleibt auf Distanz. Küsschen mit Staatsober-
häuptern und Kollegen sind ihr unangenehm. Ihr Oberkörper schiebt sich nach vorne, um die Distanz aufrechtzuerhal-
ten. Amerikaner haben allgemein eine geringere Distanzzone
als Deutsche und sind gerne »touchy«: Sie neigen dazu, den
Gesprächspartner zu berühren. Spannend sind daher immer
die Treffen mit Barack Obama. Bilder dokumentieren, dass
sich die Kanzlerin bei seinen Umarmungen nicht wohlfühlt,
ihr Lächeln wirkt gequält. Sie weiß sich aber gegen zu viel
Nähe zu wehren. Bei Umarmungen legt sie ihre linke Hand-
fläche auf die rechte Brust des Gegenübers, um im Notfall
durch »Wegschieben« wieder die gewünschte Distanz herzustellen. Nicolas Sarkozy, Wladimir Putin, Jacques Chirac haben es alle schon erlebt. Unbewusst spürt das Gegenüber die
Barriere und tritt den Rückzug an.

In bestimmten Situationen muss (und will) aber auch eine
kontrollierte Kanzlerin Gefühle zeigen. Nach Ereignissen wie
dem Amoklauf von Winnenden 2009 etwa oder dem Flug-
zeugabsturz der German Wings mit 150 Toten in den französi-
schen Alpen. Damals flog sie nach Paris und traf dort François
Hollande. Das Bild ging durch die Medien: Sie lehnt ihre Wan-
ge an die Stirn von Hollande, die Augen geschlossen, ein inni-
ger Moment, Deutschland und Frankreich in Trauer vereint.
War das emotionale Bild inszeniert? Das Video von der Begegnung gibt die Antwort. Man sieht Angela Merkel, die mit abge-
klärtem Gesichtsausdruck erträgt, wie Hollande seine Hand
auf ihre Schulter legt. Sie nickt in Richtung Kamera, als wolle
sie sagen: Jetzt reicht es mal. Erst ganz zum Schluss neigt sie
Hollande den Kopf zu. Dann schließt sie für einen Moment
die Augen und der Fotograf drückt ab. Die Inszenierung besteht hier in der Bildauswahl. Offenbar versprach sich die
Bildagentur von genau dieser Momentaufnahme den größten

Erfolg: Das Kanzleramt weist auf die emotionale Seite von Angela Merkel hin und Forsa-Chef Manfred Güllner spricht von einer »Kanzlerin, die sich kümmert« (von Ackeren 2015).

Ein eher unglücklicher Auftritt von Merkel im Rahmen des Bürgerdialogs »Gut leben« liefert im Sommer 2015 viel Stoff für Kritik an ihren sozialen Kompetenzen. Die Kanzlerin wird mit dem Schicksal der 14-jährigen Reem konfrontiert, einem Flüchtlingsmädchen aus dem Libanon. Merkel bemüht sich, sachlich zu bleiben, doch ihre übliche Rhetorik wirkt in diesem Umfeld – um sie herum sitzen Schüler – noch kantiger und bürokratischer als sonst. Als die kleine Reem zu weinen anfängt, hält Merkel inne. Jetzt muss sie sich entscheiden: Gefühl zeigen oder nicht? Instinktiv tut sie das Richtige. Sie geht zu dem Mädchen hin, um es zu trösten. Allerdings beugt sie sich von oben zu Reem herab, statt sich neben sie zu setzen und ihr auf Augenhöhe zu begegnen.

An dieser rund zehnminütigen Begegnung, von Kameras festgehalten, entzünden sich die Gemüter. Die einen sehen darin das Spiegelbild einer vermeintlich herzlosen Flüchtlingspolitik. Die anderen empfinden die Kanzlerin als ehrlich, weil sie ohne Rücksicht auf ein Einzelschicksal die Zwänge der Politik erklärt habe. Ob man nun die eine oder andere Meinung teilt, ein gewisses Unbehagen hat der Betrachter dieser Szene allemal. Wieder einmal bestätigte sich, dass Angela Merkel im Umgang mit Menschen unbeholfen ist.

Die Kanzlerin punktet dagegen in Situationen, in denen sie sich sicher fühlt: durch stoische Gelassenheit, dezentes Mienenspiel, symmetrische oder gar fehlende Gestik, ruhige Körperbewegungen. Das signalisiert Stabilität. Durch konsistentes Auftreten erzeugt sie Vertrauen.

In der zweiten Hälfte des Jahres 2015 wandelt sich das gewohnte Merkel-Bild, es bekommt Risse und neue Facetten treten hervor. Die Flüchtlingskrise bewegt das Land und offenbar auch seine Kanzlerin. Einerseits werfen Kritiker ihr vor, Mitgefühl vor Verstand zu setzen. Ihre Popularitätswerte sinken, selbst parteiintern wird sie heftig attackiert. Andererseits hegen Menschen, die nie viel mit ihr anfangen konnten, plötzlich Sympathie für ihr besonnenes Auftreten und loben ihre Haltung. Statt »Weiter so« heißt es bei ihr nun »Wir schaffen das«. Zeigt sich hier eine andere Merkel oder haben wir bislang nicht richtig hingeschaut? Wir werden sehen.

> **Auf den Punkt gebracht:**
> *Angela Merkel, die großartige Kleinmacherin*

Sie ist eine Meisterin der Wirkungsreduktion. Alles gerät bei ihr minimalistisch, sparsam dosiert, unauffällig. Nur keine Angriffsfläche bieten durch aggressive Äußerungen, wenig Ausdruck zeigen, um Gefühlsinterpretationen zu unterbinden, besser schweigen, um nichts Falsches zu sagen, keine Debatten eröffnen, sondern neutrale Botschaften aussenden. Angela Merkel tritt als Regentin auf, die über den Dingen steht. Das ist Inszenierung auf höchstem Niveau, großes Theater. Eine inszenierte Nicht-Inszenierung, die von den Wählern kaum erkannt wird. Eine Kanzlerin wie du und ich, die gerne Kartoffelsuppe kocht, zur Miete wohnt und im Wanderurlaub Jack-Wolfskin-Jacken trägt. Sie hat nicht das Testosteron-Gehabe eines Gerhard Schröder, die großen Gesten eines Willy Brandt, das Pathos eines Helmut Kohl, die rhetorische Brillanz eines Helmut Schmidt. Sie ist eine Frau, die ihre Schwächen in Stärken verwandelt hat und damit eine Wirkung erzielt, die bei vielen ankommt.

Wirkung à la Merkel – was lernen wir?

- Am eigenen Auftritt arbeiten, auch wenn es schwerfällt
- Schwächen kann man in Stärken oder sogar Markenzeichen verwandeln
- Vertrauen schaffen durch gezielte Körpersprache: ruhige Gestik, passende Mimik und Haltung

Wladimir Putin: Eiskalte Volksnähe

Wenn man für einen Hollywood-Film die Rolle eines macht-vollen Staatenlenkers zu besetzen hätte, würde man dann auf jemanden wie Wladimir Putin kommen? Wohl kaum, denn er wäre eine glatte Fehlbesetzung. Viel zu klein, zu blass, zu emotionslos. Wenn er geht, schlenkert er komisch mit den Armen, wenn er spricht, kommen die Worte meist brüsk über seine Lippen. Hat dieser Mensch denn überhaupt so et-was wie Gefühle, kommen die irgendwann auch einmal zum Vorschein?

Vorsprechen in einem Casting muss Putin nicht mehr, er ist ja längst russischer Präsident und damit einer der mäch-tigsten Menschen der Welt. Er spielt seine Rolle und scheint bislang großen Erfolg bei seinem Stammpublikum, dem rus-sischen Volk, zu haben. Beliebt und gefürchtet ist er, weltweit polarisiert er wie kein anderer Mächtiger. Nina Khrushcheva, die US-Politologin mit russischen Wurzeln, nennt ihn den »James Bond des neuen Russlands«, Barack Obama sieht in ihm eine »Gefahr für die Welt«.

Frappierend ist, dass Putin in Russland ganz anders wahr-genommen zu werden scheint als vom Rest der Welt. Woran liegt das? Journalisten und andere Beobachter vermuten, dass dies mit der berühmten – Achtung, Klischee! – russischen Seele zu tun hat. Putin bediene den Wunsch nach einer star-ken Hand, die das Land zusammenhält und führt. Früher sei es der Zar gewesen, heute ist es eben der gewählte Präsident. Tatsächlich hat eine autokratische, zentralistische Führung in Russland eine lange Tradition. Die entsprechenden Ver-haltensnormen, Spielregeln, Stereotypen werden auch heute noch von vielen Russen akzeptiert. Der Autoritätsglaube ist hoch, und Personenkult ist für das russische System von gro-ßer Bedeutung (Gobel u. a. 2014).

Deshalb wundert es kaum, dass Wladimir Putin bei seiner Selbstinszenierung die Tradition seines Landes fortführt und sich als starker Mann geriert – wobei seine Inszenierungen leider oft an Selbstdarstellungen à la Nordkorea erinnern. Denken wir an seine großen Auftritte im Kreml: Fanfaren ertönen, goldene Türflügel öffnen sich, herein kommt der Präsident und marschiert über den roten Teppich zum Podest. Von dort verkündet er seine Botschaften einem geneigten Publikum, das an genau den richtigen Stellen applaudiert. Ein Präsident im Zentrum der Macht. Auch in seinem Amtszimmer lässt sich Putin gerne von ihm wohlgesinnten Medien über die Schulter schauen. An einer Art Katzentisch sitzt ihm zum Beispiel ein Oligarch gegenüber, Putin scheint ihn ins Gebet zu nehmen, sein Blick ist streng und fordernd. Solche Bilder brauchen keinen Kommentar. Jeder sieht: Dies ist ein Präsident, der sich um sein Land kümmert, dem nichts entgeht.

Der Superheld aus dem Kreml

Zum Kult um Putin gehören seine legendären Offroad-Touren. Mal zeigt er sich mit nacktem Oberkörper in wilder Natur, mal rast er auf einer Harley-Davidson durch die Straßen, mal begleitet er Kraniche in einem motorisierten Drachenflieger. Naturbursche, Rocker, Umweltschützer, Entdecker, Brandlöscher, Abenteurer: Diese und viele andere Rollen hatte er schon. Stets geschickt in Szene gesetzt, wenngleich vielen Motiven etwas Komisches anhaftet. Online findet man unzählige Parodien seiner Selbstinszenierungen. Egal. Die Welt mag über ihn lachen, in Russland nimmt man ihn umso ernster. Seine Kritiker bekommen zu spüren, dass er keinen Spaß versteht. Alle relevanten Medien befinden sich unter staatlicher Kontrolle, die Regierung bestimmt, was gesendet und geschrieben wird.

Das russische Staatsfernsehen bietet Putin immer wieder eine ideale Bühne. Um Volksnähe zu demonstrieren, beantwortet er Fragen von Bürgerinnen und Bürgern live – in einer drei bis vier Stunden dauernden, perfekt inszenierten Talkshow. Die Sendezeit wird so gewählt, dass über mehrere Zeitzonen hinweg möglichst viele Menschen erreicht werden können. Putin sitzt im Zentrum des Geschehens. Die Kameraführung ist variantenreich, es finden zahlreiche Ortswechsel statt – vom Aufnahmesaal zur Nachrichtenzentrale, an verschiedene Orte im ganzen Land. Verfolgt man diese Sendungen kritisch, fällt auf, dass vorwiegend solche Bürgerfragen an Putin durchgestellt werden, die positive Attribute des Präsidenten betonen. Zusätzlich fängt die Kamera zustimmende Reaktionen des Publikums ein. Putin blickt beim Reden in die Kamera, er gibt den Bürgern das Gefühl, dass er direkt zu ihnen spricht. Außerdem drückt er damit Selbstbewusstsein und Sicherheit im Umgang mit der jeweiligen Thematik aus. Und dieser Eindruck ist geübt und erprobt worden. Für die 13. Ausgabe der Live-Sendung ›Direkter Draht‹ hat er sich zwei Tage Zeit genommen, um sich darauf vorzubereiten. Der Superheld aus dem Kreml überlässt nichts dem Zufall.

Vom Australier lernen heißt siegen lernen

Die Kontrolle der Medien ermöglicht Zensur. Die wird zum Beispiel dann ausgeübt, wenn das Bild vom harten Kerl Kratzer bekommen könnte. Im September 2014 etwa besucht Putin die Mongolei. Nach den ersten Tönen der russischen Nationalhymne beginnt sein Gesicht zu beben. Seine Augen hat er geschlossen, doch er kann seine Tränen nicht verbergen. Ein weinender Präsident? Offenbar undenkbar für die PR-Leute des Kreml. Den russischen Fernsehzuschauern bleibt diese Szene jedenfalls verwehrt. Und was den plötzlichen Gefühlsausbruch verursacht hat – darüber kann man nur spekulieren.

Schwäche zu zeigen kommt für Putin nicht in Frage. Um nicht Gefahr zu laufen, weich zu erscheinen, hat er seine Körpersprache ganz bewusst auf Härte trainiert. Das »preußische Ideal«, das in Deutschland längst als überholt gilt, ist in Russland noch hochaktuell, und so verstört dort auch niemanden das typische Putin-Gesicht – unbewegliche Miene, kontrollierte Mimik, selten ein Lächeln. In Russland heißt eine Begrüßung mit ernstem, fokussierendem Blick und geschlossenen Lippen: Ich bin dein Freund, du kannst mir vertrauen. In Deutschland oder Amerika wäre das nicht vorstellbar. Putins Körperhaltung ist aufrecht, muskulär angespannt, seine Stimme fest, seine Gesten setzt er gezielt ein. Er weiß, was sein Volk sehen möchte. Woher hat er diese Kompetenz?

Putin setzte sich intensiv mit seiner Körpersprache und Wirkung auseinander. 1991, im Alter von 39 Jahren, trifft er das erste Mal auf den Australier Allan Pease, eine Kapazität in Sachen Körpersprache. Pease soll im Auftrag des Kreml zukünftige Politiker schulen, und Putin erweist sich als cleverer, fähiger Schüler (Byrka 2013). Als Erstes lernt er, sich die aggressiven Gesten aus der Sowjet-Ära abzugewöhnen, zum Beispiel das wilde Herumfuchteln in der Luft oder den Einsatz der Faust. Pease rät ihm, die Fingerspitzen beider Hände aneinanderzulegen, so dass sie ein Dach formen. Diese Geste signalisiert Selbstsicherheit und Konzentration – auch Angela Merkel setzt sie ein, allerdings deutet ihre Raute nach unten. Putin befolgt bis heute einige der Empfehlungen von Pease. Führt er ein Gespräch unter vier Augen, dann neigt er seinen Kopf und nickt dezent. Er weiß: Dreimaliges dezentes Kopfnicken ist ein Zeichen von Interesse und ermuntert das Gegenüber weiterzusprechen. Den unbewegten Gesichtsausdruck, der kaum Interpretationen zulässt, konnte Pease ihm allerdings nicht abgewöhnen. Besonders in angespannten Situationen ist er zu beobachten. Angeblich hat das Pentagon jahrelang versucht, die schwer zu entschlüsselnde Körpersprache von Wladimir Putin zu deuten (Conners 2014). Reine Geldverschwendung. Rückschlüsse auf sein politisches Handeln ließen sich nicht ziehen. Warum? Putin ist nicht irgendein Politiker, sondern ein Ex-KGBler. Er hat sich darin trainiert, Informationen zurückzuhalten, zu manipulieren und sich selbst zu kontrollieren. Seine Augen wirken kalt und emotionslos, und durch seine Haltung (breiter, geerdeter Stand, angehobenes Brustbein, eng am Körper gehaltene Arme, nach hinten weisende Handinnenflächen) vermittelt er den Eindruck, als sei er jederzeit bereit zu agieren und zu reagieren. So schafft er Präsenz und signalisiert (Durchsetzungs-)Stärke und Zielstrebigkeit. Gesten setzt Putin gezielt ein.

Wie um viele Mächtige ranken sich auch um Wladimir Putin Gerüchte und Legenden. Rührt sein ungleichmäßiger Gang von einer unzureichend behandelten Kinderlähmung her? Hat diese körperliche Schwäche in ihm den Willen hervorgerufen, seinen Körper zu stärken, um überleben zu können? Die amerikanische Körpersprache-Forscherin Brenda Connors (2014) mutmaßt dies. Lässt er sich regelmäßig Botox spritzen, wurden seine Augenlider gestrafft, wie es der Schönheitschirurg Markus-Johannes Handl behauptet? Glaubwürdige Belege hierfür gibt es nicht.

Machtmensch ohne Manieren

Bei seinen Machtinszenierungen geht Putin bis an die Grenze des Erträglichen. Er erinnert dann an einen Rüpel in der Schule, der anderen gern das Leben schwer macht. Angela Merkel bekommt dies zu spüren, als sie ihn 2007 in seiner

Sommerresidenz besucht. Beim Treffen mit der Kanzlerin ist auch seine Labradorhündin Koni dabei, die sogleich an der Besucherin aus Deutschland schnuppert. Merkel hat Angst vor Hunden, das weiß Putin wohl zu genau. Er sitzt gelassen mit zynischer Miene im Stuhl und scheint die Situation zu genießen. Diese Episode wird in den deutschen Medien als mehr oder weniger sadistisches Machtspielchen Putins gewertet.

Verstöße gegen Etikette und Höflichkeit scheinen zu Putins Repertoire im Umgang mit Untergebenen, aber auch mit ausländischen Staatsführern zu gehören. Um seine Wichtigkeit zu demonstrieren, lässt er andere Menschen warten. Er kommt zu spät, manchmal erst nach einigen Stunden, oder er gibt den Zeitpunkt seines Eintreffens erst gar nicht vorher bekannt. Die deutsche Kanzlerin wartet im Oktober 2007 in Sankt Petersburg, um mit ihm gemeinsam den Petersburger Dialog zu eröffnen. Putins Maschine ist zu diesem Zeitpunkt noch nicht einmal vom Moskauer Flughafen gestartet. Anfang Januar 2015 warten bei der Gedenkfeier zur Befreiung von Auschwitz im Jüdischen Museum in Moskau Dutzende Holocaust-Überlebende, Veteranen des Zweiten Weltkrieges und Diplomaten zwei Stunden lang auf den Präsidenten. Dann erst darf die Feier beginnen. Bei Auftritten in der Provinz sollen stundenlange Wartezeiten für die Empfangskomitees nicht ungewöhnlich sein. Die Botschaft an die Wartenden ist eindeutig: Der Präsident ist Herr über seine – und ihre! – Zeit.

Putins unbewegliche Miene, das betont männliche Auftreten, die pompösen Inszenierungen, sie würden hierzulande nur belächelt werden oder gänzlich unkommentiert bleiben, wenn man sie nicht unwillkürlich in Verbindung zu seinem rücksichtslosen machtpolitischen Handeln setzen würde. Die Annexion der Krim, die Unterstützung der Separatisten in der Ukraine, die Verbindung mit Assad: Putin, 2001 bei seiner Rede im Bundestag noch als hoffnungsvoller Demokrat beklatscht, ist mittlerweile der Bad Boy der internationalen Politik. Ein freier, unverstellter Blick auf seine Körpersprache scheint unmöglich geworden zu sein. Eine Mimik, die man bei anderen vielleicht als teilnahmslose Müdigkeit werten würde, deutet man bei ihm als Ausdruck eiskalter Entschlossenheit. Ist das fair? Und warum verhält es sich so? Putins Inszenierungen der Macht sind für die Medien wertvoll, bieten sie doch delikaten Stoff für Klatsch und Tratsch. Doch hat er sie zu häufig auf die Spitze getrieben. Mittlerweile hinterlassen sie außerhalb Russlands einen schalen Nachgeschmack, werden belächelt oder spöttisch kommentiert und haben häufig alles andere als den von ihm erwünschten Effekt. So hat er unsere Gunst längst verspielt.

▶ **Auf den Punkt gebracht:**
Wladimir Putin, der unheimliche Überinszenierer

Der russische Präsident ist ein Mann der Geheimnisse und lässt sich daher ungern in die Karten blicken – weder als Mensch noch als Politiker. Sein Gesicht spiegelt dies wider. Dieser Mann hat seine Gefühle so gut unter Kontrolle wie das Land, das er regiert. Das sollen wir jedenfalls denken, darauf zielt seine Inszenierung ab. Doch er übertreibt in allem, was er tut. Mit seiner starren Miene erinnert er an ein beleidigtes Kind. Sein markig-männliches Auftreten wirkt aufgesetzt und aus der Zeit gefallen. Seine Auftritte als demokratischer Zar haben B-Movie-Qualität. Da inszeniert sich jemand, den die Welt nicht mehr versteht. Versteht er sie noch? Man könnte darüber lachen, wenn es nicht so ernst wäre.

Wirkung à la Putin – was lernen wir?

- Alphatiere kontrollieren ihren Auftritt – nicht immer zu ihrem Vorteil
- Wer sich übergroß inszeniert, sieht schnell ganz klein aus
- Härte zeigen: Ein Pokerface schüchtert ein und schafft Distanz

Ursula von der Leyen: Auftrag übererfüllt

Sie ist die erste Verteidigungsministerin Deutschlands, aber an ihr haftet noch das Image der Frau mit den sieben Kindern. Das wird sie schwer los. Stichwort Supermutti. Für viele Bürger ist es nach wie vor eine ungewohnte Vorstellung, dass eine zierliche Frau, noch dazu blond, das Oberkommando über das deutsche Militär führt. Mit Taktik und Kalkül hat sie sich nach oben geboxt. Es wird sich zeigen, ob sie sich in dieser Position bewährt. Behauptet sie sich in diesem Amt, hat sie gute Chancen, eines Tages als Nachfolgerin von Angela Merkel anzutreten. Bislang weicht sie der Kanzlerfrage aus, was sehr schlau ist. Über die fürs Kanzleramt nötigen Kompetenzen verfügt sie jedenfalls, und das Spiel der Selbstinszenierung hat sie schon in jungen Jahren von ihrem Vater Ernst Albrecht, dem früheren niedersächsischen Ministerpräsidenten, erlernt. Von Kindesbeinen an stand »Röschen« – so ihr Spitzname – mit ihren Eltern und sechs Geschwistern im Rampenlicht der Öffentlichkeit. Bereits damals wurde eine heile Familienwelt beschworen.

Von der Leyen war schon immer eine Meisterin des Eigenmarketings. Sie hat es von Anfang an verstanden, ihre Person zur Geltung zu bringen, ja zu überzeichnen und mit einem positiven Inhalt zu verknüpfen. Ihre Karriere ist das Produkt einer erfolgreichen politischen Öffentlichkeitsarbeit. Um ins Familienministerium zu gelangen, inszeniert sie ihr Familienleben über zwei Jahre hinweg in den Medien: die gesamte Familie in fröhlicher Runde, im Freibad, beim Plätzchenessen, versammelt um einen Tisch, bei der Hausmusik, beim Beten. Worte wie Schätzchen oder Herzchen kommen nicht zu kurz, es wird gestrahlt, gelacht und gekuschelt – mittendrin von der Leyen als perfekte Mutter, die es schafft, Arbeit und Familie mit einer unvorstellbaren Leichtigkeit in

Einklang zu bringen und alle zu begeistern. Ihre Kritiker wettern, dass sie all diese Inszenierungen nur veranstalte, um ihre Karriere voranzutreiben. Doch die Bevölkerung nimmt die Bilder von der idealen Ehefrau, Ärztin, Mutter, Vollzeit-Politikerin und Pferdebesitzerin wohlwollend auf. Von der Leyen trifft den Nerv der Zeit, denn viele Menschen sehnen sich nach dieser heilen Familienwelt und der Vereinbarkeit von Familie und Beruf.

Nobody's perfect? Nicht mit ihr

Ursula von der Leyen mag das Rampenlicht. Sie kann jederzeit ihr verbindliches Lächeln anknipsen und Präsenz erzeugen. Zusätzlich besitzt sie die Fähigkeit, ihrem Gesprächspartner das Gefühl zu vermitteln, nur für ihn da zu sein. Zu Auftritten erscheint sie bestens vorbereitet, stets an ihrer Seite ihr Mediencoach und Sprecher Jens Flosdorff. Sie ist zwar selbst ein medialer Profi, doch er behält in stressigen Zeiten den Überblick und übernimmt die Detailarbeit. Vor Interviews in ›Morgenmagazin‹, ›heute journal‹ oder ›Deutschlandfunk‹ telefoniert er mit der jeweiligen Redaktion, erarbeitet die möglichen Fragen und formuliert überzeugende und provokante Botschaften vor. So gibt es immer einen genauen Ablaufplan. Nichts wird dem Zufall überlassen. Seine Grundphilosophie beim Coaching lautet »Agieren statt reagieren«.

Kein Wunder also, dass jeder Auftritt von Ursula von der Leyen sitzt. Sie reagiert empathisch auf andere und beherrscht das Spiel mit der Kamera. Niemals wird man sie aufgebracht oder aggressiv erleben, sie hat sich immer unter Kontrolle und passt sich phänomenal an die jeweilige Situation an. Spricht sie mit Kindern, dann kniet sie sich auf den Boden, tritt sie vor dem Militär auf, dann sieht man förmlich die Krone auf ihrem Kopf, steht sie im Bundestag am Rednerpult, gestikuliert sie souverän und stimmig, und spricht sie mit Wählern, dann blitzt die passende Emotion situationsgenau im Gesicht auf.

Perfektionismus und Disziplin scheinen ihre obersten Gebote zu sein. Sie trinkt keinen Alkohol, sie raucht nicht, sie joggt regelmäßig und isst viel Obst und Gemüse, mundgerecht geschnippelt und stets griffbereit. Ihr einziges Laster ist Kaffee. Den trinkt sie jederzeit und überall. So verkauft sie sich als Vorbildpolitikerin der Nation. Doch wie sagt man so schön: Perfektion schafft Aggression. Das Aalglatte macht unnahbar und löst bei nicht wenigen Menschen eine Antipathie aus. Denn so bewunderns- und beneidenswert für sie die Fähigkeit, den unterschiedlichsten Anforderungen gerecht zu werden, auch sein mag, sie führt ihnen doch auch gleichzeitig das eigene Unvermögen vor Augen. Die Identifizierung fällt schwer, wenn man sich bei einem Vergleich der eigenen Schwächen nur umso bewusster wird.

In Interviews oder Talkshows wirkt sie gelassen, aber konzentriert. Sie hört zu, hält Blickkontakt, nickt bei Fragen, schaltet ein professionelles Dauerlächeln an. Wird sie attackiert, so reagiert sie stets sachlich und gefasst. Ihre Haltung bleibt aufrecht und souverän. Die Gesten passen zu den Aussagen, sie verstärkt sie mit den Händen und ihrer starken Mimik. Verlegenheitsgesten bemerkt man bei ihr kaum – anders als etwa bei Angela Merkel, die oft nicht weiß, wohin mit ihren Händen.

Trotz zarter 45 Kilo Kampfgewicht geht von der Leyen keiner Auseinandersetzung aus dem Weg: Im Bundestag oder bei Debatten greift sie offen an, bäumt sich auf, argumentiert geschliffen und bringt ihre Botschaft auf den Punkt. Dafür setzt sie ihren ganzen Körper ein: hackende Armbewegungen, erhobener Zeigefinger, ernster Gesichtsausdruck, und so manches Mal quellen auch die Pulsadern hervor. Sie beherrscht die körpersprachlichen Machtspielchen der Männer. Doch kann sie auch ganz anders: In Talkshows neigt sie gerne mal den Kopf, berührt den Arm des anderen und erscheint dadurch weich und harmlos. Diese Pose mag auf den ersten Blick schwach wirken, doch in Wirklichkeit ist sie sehr stark. Zum einen gilt der zur Seite geneigte Kopf als Zeichen von Vertrauen, zum anderen fördert eine sublime Berührung die Sympathie und unterstreicht zugleich ihre Macht, denn gemeinhin darf nur der Statushöhere den Statusniedrigeren berühren. Durch diese Geste macht sich von der Leyen also indirekt größer und mächtiger und den Gesprächspartner kleiner und schwächer, doch sie setzt sie so freundschaftlich ein, dass niemand sie ihr verübeln wird. Kein Zweifel, diese Frau liebt die Macht. Und sie liebt es noch mehr, diese Macht zu zeigen. Wer sie zum ersten Mal sieht, wird das bei dieser adretten und zierlichen Frau kaum vermuten.

Eine Frau für alle Fälle (und Ämter)

Beobachtet man ihre politische Laufbahn, erkennt man einen Chamäleon-Effekt: Als Familienministerin wirkte sie immer sehr zugänglich, freundlich, und sie hatte eine offene Körpersprache. Häufig sah man sie in Kitas mit Kindern spielen oder mit besorgten Eltern reden und es erschien glaubhaft, dass sie mit ihnen mitfühlte. Als Arbeitsministerin verschwand diese Zugänglichkeit, sie wurde ernster und strenger, und ihr Gesichtsausdruck spiegelte öfter Sorge und Nachdenklichkeit wider. Heute, als Verteidigungsministerin, tritt sie machtvoller und stärker auf, als würde sie die Feldwebelhose tragen. Nur vor Soldaten setzt sie häufig und sehr bewusst offene Gesten ein, um die Distanz zu verringern.

Sie weiß genau, dass sie unterschiedliche Ressorts auch unterschiedlich repräsentieren muss. Das, was sie darstellt, muss mit dem jeweiligen Amt in Einklang stehen, sonst wirkt es inkongruent und somit nicht glaubwürdig. Und doch: Auch wenn sich ihr Auftreten von Ressort zu Ressort ändert, ihr individuelles Muster behält sie bei. Dazu gehören der pointierte Einsatz der Gestik, der stark arbeitende Gesichtsausdruck, ihre blonde halblange Fönfrisur, das dezente Make-up und ein Kleidungsstil, der ihren Typus unterstreicht sowie Seriosität und Weiblichkeit vermittelt. Mit Kleidergröße 36, mädchenhaften Proportionen und fast 60 Jahren versteht sie es, die richtige Mischung aus einem modernen und konservativen Stil zu finden. Mal sieht man sie im klassischen Hosenanzug, mal im Blazer, kombiniert mit passender Hose oder Rock, eleganten Blusen, hellen, kragenlosen Shirts oder Twinsets und meist mit Schuhen, die einen flachen Absatz haben. Sie legt Wert auf gute Qualität, aber zu teuer darf es nicht werden. Ein Kleidungsstück über 800 Euro würde sie nur kaufen, wenn sie es über einen langen Zeitraum tragen könne, verriet sie 2007 dem Magazin ›Focus‹. Im selben Jahr ließ sie sich honorarfrei für ›Frau im Spiegel‹ in einer 1000-Euro-Abendrobe der Berliner Designerin Anna von Griesheim ablichten. Zum Missfallen der Opposition. Aber natürlich sah sie auch in diesem Kleid blendend aus.

All das klingt nach einer nahezu perfekten Selbstinszenierung. Außer in einem Punkt. Hält sie eine Rede oder argumentiert sie in einer Talkshow, ist es ihre unverkennbare Sprachmelodie, die auf Dauer die Nerven reizt. Sie liest die Reden zwar einwandfrei ab, doch betont sie oft die falschen Wörter oder setzt Kunstpausen an unpassenden Stellen. Hinzu kommt ihre pathetische Sprechweise. Es klingt in Ansätzen so, als würde sie singen. Zum Teil spricht sie sehr langsam und akzentuiert so stark, als sei ihr Gegenüber schwer von Begriff. All das führt unter Umständen dazu, dass sie ehrlich gemeinte Emotionen nicht transportieren kann und somit den Kontakt zum Gegenüber verliert.

Kontrolliert und diszipliniert, wie sie ist, könnte man vermuten, die Ministerin sei eine Spaßbremse. Von wegen! Sie bewies schon bei einigen TV-Auftritten, dass sie sehr wohl Witz und Sinn für Humor hat und auch spontan sein kann. 2008 etwa ist sie bei ›Wetten, dass ...‹ eingeladen und sitzt neben Thomas Gottschalk, den Filmstars Hugh Jackman, Til Schweiger und Nicole Kidman sowie Formel-1-Weltmeister Lewis Hamilton. Ihr Wettpate ist der neunjährige Dennis, der einen Handstand in einer Mülltonne absolvieren soll. Nachdem die Wette gewonnen ist, kickt sie ihre Highheels weg und steigt zu Dennis in die Tonne, um gleich danach vom »sexiest man alive«, Hugh Jackman, auf Händen zurückgetragen zu werden. Das Publikum johlt.

Zwischen machtvoller Geste und dramatischer Pose

Seit Übernahme des Verteidigungsministeriums ist Ursula von der Leyen in keinen Unterhaltungsshows mehr zu sehen. VIP-Veranstaltungen bleibt sie fern, sie lässt sich weder auf roten Teppichen noch bei Mode-Shootings ablichten. Sie weiß, dass so etwas nicht passen würde zu ihrem Amt und den Themen, die mit ihm verbunden sind: Afghanistan-Einsatz, Ukraine-Krise, IS-Terror. Glamouröses Auftreten verbietet sich für dieses Ressort.

Zwei ganz unterschiedliche Szenen geben ihren Alltag als Ministerin wieder. Die eine zeigt ihre Wirkungskompetenz in Sachen Selbstinszenierung. Die andere führt vor Augen, wie leicht selbst einer Inszenierungsmeisterin die Kontrolle über die eigene Wirkung entgleiten kann.

Die erste Szene: Die Verteidigungsministerin sitzt in einem Militärflugzeug, hinter ihr Männer in Uniform, die mitreisenden Journalisten ruhen sich aus. Sie hat dazu keine Zeit. Ihr Sprecher, Berater und engster Vertrauter Jens Flosdorff bereitet sie auf den Besuch der härtesten Truppe der deutschen Bundeswehr vor – das Kommando Spezialkräfte (KSK). Beiden ist bewusst, dass eine solche Visite starke Bilder liefern kann. Und dann steht die kleine, zierliche Frau vor den Soldaten. Im Halbkreis haben sie sich mit großer Distanz aufgestellt. Lauter starke Männer und Frauen, die meisten mindestens einen Kopf größer als sie, breiter Stand, Hände hinter dem Rücken. Bevor die Ministerin zu sprechen beginnt, übernimmt sie geschickt das Kommando und winkt die Truppe näher zu sich heran. Verdutzt schauen sich die Soldaten an, dann bewegen sie sich, kommen einige Schritte näher, werden in ihrer Haltung lockerer. Ernste Mienen verwandeln sich in lächelnde Gesichter. Die Kamera hält diese Szene für die ARD-Doku ›Frontfrau – Deutschlands erste Verteidigungsministerin: Ursula von der Leyen‹ fest. Punkt, Satz, Sieg für Ursula von der Leyen. Sie sammelt nicht nur Sympathiepunkte bei den Spezialkräften, sondern liefert den Journalisten Bilder, die zeigen, dass sie »ihre« Truppe im Griff hat und ohne rauen Ton führen kann.

Die zweite Szene: Es ist mitten in der Nacht, draußen noch kalt. Sie schnappt sich eine schwarze Jeansjacke. Dem ›Morgenmagazin‹ der ARD soll sie ein Interview geben. Sie kommt am Rollfeld an, das frühe Morgenlicht kämpft sich durch die dicken, dunklen Wolken, hinter ihr rollt ein Transall-Transportflugzeug vorbei. Sie friert und verschränkt die Arme, während sie wartend mit ein paar Soldaten plaudert. Vor Ort ist der dpa-Fotograf Axel Heimken, der diese Szene beobachtet und im richtigen Moment abdrückt. Um das Bild noch dramatischer wirken zu lassen, schneidet er die Soldaten am Rand der Aufnahme einfach weg. So geht der Blick der Ministerin scheinbar in die Ferne. Und schwupp ist ein Bild entstanden, das heftige Emotionen auslöst. Die Journalisten Dausen und Niejahr kommentieren die Aufnahme wie folgt: »Die Lage ist dramatisch (Himmel), doch ich, die Verteidigungsministerin, bin bereit (Pose), die Last der schweren Entscheidungen (Transall) auf meinen schmalen Schultern zu tragen. Hier stehe ich und kann nicht anders (Blick in die Ferne).« Ein perfekter Titel für dieses Bild wäre nach Ansicht der beiden: »Ursula von der Leyen schaut in das Morgen ihrer eigenen Bedeutung.«

Hier ist sie nun endlich, die Guttenberg-Pose. Das Foto ist in allen Medien zu sehen und Axel Heimken darf sich freuen. Die Reaktion der Ministerin: »Das musst du nun aushalten.« Viele Kommentatoren gehen davon aus, dass die Aufnahme bewusst inszeniert ist, um Entschlossenheit zu demonstrieren. Eine Frau, die anpackt und genau weiß, was zu tun ist. Doch es ist ein Schnappschuss, das manipulative Werk eines fixen Fotografen. Selbst eine Ursula von der Leyen kann die Medien nicht kontrollieren.

Top Gun spielen, wie es einst Karl-Theodor zu Guttenberg tat, der in khakifarbener Montur zu einer Talkshow nach Afghanistan kam, will sie nicht. Seit dem Transall-Foto hat sie die Pressefahrten anscheinend reduziert, denn ähnlich gestellt wirkende Fotos sind nicht mehr zu sehen. Bei einem weiteren Besuch bei der Elitetruppe KSK im baden-württembergischen Calw springt sie mit einem Fallschirm aus einem Hubschrauber. Von dem Tandemsprung wird kein Bild veröffentlicht. Jedoch berichten die Zeitungen davon. Und die Menschen sprechen darüber. Eine solche vermeintliche Nicht-Inszenierung scheint zu ihrer neuen Medienstrategie zu gehören (Dausen & Niejahr 2015).

► **Auf den Punkt gebracht:**

Ursula von der Leyen, die leidenschaftliche Streberin

Was Selbstinszenierung und Wirkung anbetrifft, hat Ursula von der Leyen in ihrer Partei die besten Voraussetzungen für eine Kanzlerkandidatur. Im Vergleich zu Angela Merkel wäre sie alles andere als eine Teflon-Kanzlerin, an der jeder Vorwurf abperlt. Ihr Credo heißt nicht abwarten, sondern Angriff. Sie geht in die Offensive. In Sachen Wirkung ist sie kein graues Mäuschen, sondern ein strahlend weißer Schwan. Sie erzeugt Stimmung. Wenn sich von der Leyen für ein Thema engagiert, kämpft sie dafür, auch wenn es Kritik aus den eigenen Reihen hagelt. Wo Merkel sachlich und nüchtern rüberkommt, gelingt es ihr, Emotionen und Leidenschaft zu verbreiten. Das verschafft ihr Popularität und Medienpräsenz. Sie kann sich gezielt inszenieren, versteht sich auf die Ränkespiele der Macht, ist immer bestens vorbereitet, kann sich kontrollieren und durchboxen – und das Volk könnte sich an sie gewöhnen. Wird das reichen? Oder ist gerade dieses »zu viel des Guten« ihre wahre Schwäche?

Wirkung à la von der Leyen – was lernen wir?

- Üben, üben, üben macht die Meisterin
- Emotionen sind da, um sie gezielt einzusetzen
- Eis brechen oder Kritik abwehren? Einfach Lächeln anknipsen

Joachim Gauck: Lass das mal den Papa machen

Er springt nicht auf, er jubelt nicht. Mit ernster Miene sitzt er an seinem Platz und blickt auf den Boden. Um ihn herum Klatschen und Lachen. Mit 79,9 Prozent der Stimmen ist er gerade zum Bundespräsidenten der Bundesrepublik Deutschland gewählt worden. An diesem 18. März 2012. Nach gefühlten Minuten steht er langsam auf und schreitet demütig zum Podest und hält seine Dankesrede. Im Plenum des Bundestags, als Mitglied der Bundesversammlung, sitzt Mevlüde Genç. Sie verlor 1993 beim Brandanschlag von Solingen zwei Töchter, zwei Enkelinnen und eine Nichte. Sie versteht Joachim Gauck kaum, aber sie versucht zu fühlen, was er sagt. Am Tag zuvor stand sie am Fahrstuhl im Reichstag und ein Mann kam ihr entgegen, den sie nicht erkannte. Er blickte sie an und reichte ihr, der Deutsch-Türkin mit Kopftuch, die Hand. Es war ein kurzer Augenblick, in dem er ihr die volle Aufmerksamkeit schenkte. Dann erst bemerkte sie, dass es Gauck war. Und jetzt steht er dort als neu gewählter Präsident und spricht. Sie braucht keine Worte, um ihn zu verstehen. Sie vertraut ihm. Seine Ausstrahlung wirkt bescheiden, emotional und ehrlich. Sie hat ein gutes Gefühl. (Repinski 2012)

Joachim Gauck ist anders als seine Vorgänger im Präsidentenamt. Er denkt emotionaler, er ist eigensinniger, er eckt an durch politisch Inkorrektes. Daher ist auch seine Inszenierung eine andere. Er rückt nahe an die Menschen heran, er zeigt Gefühle, er sagt offen seine Meinung, was bei politischen Kommentatoren, Regierung und Opposition nicht immer gut ankommt, vielen Bürgern aber zu gefallen scheint.

Als Bundespräsident schöpft er sein Rederecht voll aus. Wann und wo immer er spricht, sein großes Thema ist die Freiheit. Seine Biografie steht dafür. Er ist Theologe und kommt aus der Bürgerrechtsbewegung der DDR. Ein autonomer Kopf ist er geblieben und er nimmt kein Blatt vor den Mund, wenn ihm eine Sache nicht passt. Vor seiner Wahl zum Präsidenten ist er zehn Jahre lang durchs Land gezogen, um als Vortragender über Freiheit zu philosophieren, und das für angeblich rund 25 000 Euro pro Rede. Klar und deutlich spricht er nun als Präsident Dinge an, die ihm als unmoralisch erscheinen. So scheut er sich nicht, dem chinesischen Staatschef Xi Jinping gleich zum Auftakt seines Staatsbesuches in Deutschland Nachhilfe in Sachen Menschenrechte zu geben. Bei einer Rede im Berliner Dom spricht Gauck vom Völkermord an den Armeniern, was für scharfe Resonanz aus der Türkei sorgt. Wladimir Putin wirft er im Rahmen einer Gedenkrede die Krim-Annexion vor. Haarscharf schrammt der Präsident dabei an einem diplomatischen Fauxpas vorbei – doch seine Beliebtheitswerte steigen. Nicht umsonst urteilen viele Kommentatoren, er sei der beste Präsident seit Weizsäcker und durch ihn habe das höchste Staatsamt in Deutschland Würde und Respekt zurückerlangt. Die Eskapaden seines Vorgängers Christian Wulff, die zu einem Ansehensverlust des Präsidentenamts führten, scheinen vergessen zu sein.

Konservativ, aber ganz anders

Wulff und seine Gattin Bettina stellten sich gerne als perfekte Kleinfamilie dar. Gauck verkörpert auch hier ein Gegenmodell. Das klassische konservative Familienbild lebt er nicht. Zwar ist er verheiratet und hat vier Kinder, doch besteht die Beziehung zu seiner Ehefrau seit vielen Jahren nur noch auf dem Papier. Die Frau an seiner Seite ist vielmehr seine Lebensgefährtin Daniela Schadt. Wilde Ehe in Schloss Bellevue? Vor zwei, drei Jahrzehnten wäre das gesellschaftlich undenkbar gewesen. Dieses Lebensmodell steht in Kontrast zum eher konservativen Weltbild, das Joachim Gauck ansonsten vertritt. Aber ähnlich wie bei Angela Merkel sind es wohl die ostdeutsche Herkunft und die in der Wendezeit erlebten Umbrüche, die einen ungezwungenen Umgang mit vermeintlich starren Regeln ermöglichen. Als jemand, der weiß, wie schnell einem die Freiheit genommen werden kann, genießt Gauck es, sein Leben und seine Rolle als Präsident frei zu gestalten.

Diese unkonventionelle Seite an ihm und sein Engagement für Menschenrechte sind es, die Menschen aus dem eher linken politischen Spektrum für ihn einnehmen. Konservative Bürgerinnen und Bürger erfreuen sich an seiner traditionellen Staatsauffassung, seiner Vaterlandsliebe. Und gänzlich unpolitische Menschen gewinnt er durch seine Fähigkeit, Gefühle zu kommunizieren und einer schwer greifbaren Politik ein erkennbares Gesicht zu geben.

Seine Inszenierung im Amt ist weder weihevoll wie bei Weizsäcker noch volkstümelnd wie bei Carstens und Scheel oder populistisch wie bei Köhler. Er setzt auf eine politisch inkorrekte Inszenierung, die bewusst vom Erwarteten abweicht. So auch beim Amtsantritt. Wo seine Vorgänger im Schloss Bellevue zuerst Politiker und Prominenz empfingen, öffnete er die Türen für das Volk. Die Schlange der wartenden Personen wurde länger und länger, alle wollten einen Blick auf das Schloss und den Präsidenten erhaschen und vielleicht sogar ein paar Worte mit ihm wechseln. Am Ende kamen 10 000 neugierige Bürger. »Er macht einiges anders als seine Vorgänger und das macht ihn schon mal sympathisch«, so einer von ihnen. Und genau das ist es. Gauck denkt jenseits der Norm und sagt dies dann auch. Schon mal zwei wesentliche Faktoren, die für Popularität sorgen. Er mischt sich gern unters Volk, schüttelt Hände, umarmt, zeigt Gefühle und wirkt empathisch. Dass er nahe am Menschen sein will, äußerte sich auch an diesem Tag beim Bürgerfest des Bundespräsidenten. Gauck stürzte sich in die Menge und sagte mit viel Sinn für Humor: »Daniela und ich versuchen das wirklich mit Gelassenheit zu ertragen, wenn Sie uns am Leben lassen dabei, wäre vieles einfacher.« Eine ziemlich untypische Sprache für einen Bundespräsidenten, aber wohl gerade deshalb erntete er Applaus.

Auch Präsidenten müssen sich aufwärmen

Anfangs fremdelt er schon noch etwas mit dem hohen Amt und seinen Anforderungen. Er muss sich an die neue Rolle gewöhnen, an die Kleidung, die teils recht steifen Rituale. Für den Auftritt bei Militärparaden bekommt er Nachhilfe vom Verteidigungsminister – wie er gehen und wo er sich verbeugen muss. Ungewohnt ernst und konzentriert wirkt er da zu Beginn. Nach anfänglicher Nervosität lernt er jedoch, sein Mienenspiel der jeweiligen Situation anzupassen – wenn es auch manches Mal ein wenig zu viel des Guten ist. Auch First Lady Daniela Schadt wirkt am Anfang noch etwas unsicher. Bei der Begrüßung von Wolfgang Schäuble geht sie in die Knie, sie begrüßt Menschen mit beiden Händen, tätschelt, umarmt, küsst, ist zu fahrig in ihren Körperbewegungen. Ihre Kleidung hat einen bodenständigen Touch. Kein Vergleich zu Glanz und Glamour einer Bettina Wulff. Muss sie eine Robe anlegen, merkt man, dass sie sich darin unwohl fühlt. Kurzum, der neue Präsident und seine Partnerin zeigen nicht unbedingt staatsmännisches Format. Doch gerade das Nicht-Perfekte der beiden wirkt sympathisch. Das sind ja Menschen wie wir, denkt sich der Normalbürger. Nach all den Querelen in der Amtszeit von Christian Wulff ist man froh über die Neuen im Bellevue. Übrigens: Mittlerweile können sich Gauck und Schadt auf nationalem und internationalem Parkett stilsicher bewegen.

Gleich in seinem ersten Amtsjahr wird Gauck politisch und persönlich auf den Prüfstand gestellt, als er seine Reise nach Israel antritt. Nach dem Mund redet er auch dort niemandem. Er zweifelt am Siedlungsbau und äußert Bedenken, ob das Existenzrecht Israels wirklich Teil deutscher Staatsräson sei, wie Angela Merkel vier Jahre zuvor verkündet hat. Doch er trifft den richtigen Ton und zeigt die richtigen Gesten, alles natürlich mit einer großen Portion Gefühl. In der Gedenkstätte Yad Vashem trägt er sich acht Minuten lang ins Gedenkbuch ein und liest seine Worte laut vor. Es sind Worte voller Emotion, fast schon Poesie. Ein Auszug: »So wirst du dann hier stehen und dein Gefühl, dein Verstand und dein Gewissen werden dir sagen: Vergiss nicht! Niemals. Und steh zu dem Land, das hier derer gedenkt, die nicht leben durften.«

Ein bewegter Mann, der bewegt

Sein Inneres nach außen kehren – dieser Präsident scheut sich nicht, in der Öffentlichkeit zu zeigen, was ihn bewegt. So reagiert er tief betroffen auf die Nachricht vom Absturz der Germanwings-Maschine, bei dem 150 Passagiere ums Leben kamen. Auf Staatsbesuch in Südamerika gibt er dem Sender N24 ein Interview. Mit Pastorenstimme und erschütterter Miene spricht er sein tiefes Mitgefühl aus. Er ist den Tränen nahe. Ein weiterer Moment, in dem er gerührt ist: Er steht neben Präsident Obama, die US-Hymne erklingt und er, der deutsche Bundespräsident aus dem Osten, muss weinen. Die Tränen, die Begeisterung, die Wut, die Trauer setzt er bewusst ein. Doch er ist kein Schauspieler. Es ist sein Wesen. Gauck zeigt, was er fühlt, und spricht gerne aus, was er denkt. Das wirkt authentisch und kommt an. »Joachim Gauck ist ein Gedankenverflüssiger. Er kann eine politische Idee in ein tiefes Gefühl verwandeln und sich in dieses Gefühl so hemmungslos fallen lassen, dass es ihn am Ende selbst überwältigt«, schreibt Stefan Willeke in der ›Zeit‹ über ihn. Er ist der emotionale und pastorale Präsident.

Er kann sich aber auch in andere Menschen hineinversetzen und eine entspannte Atmosphäre schaffen. »Jochen ist ein Beziehungshersteller«, so sein ehemaliger Seminarleiter und bester Freund Klaus-Dieter Cyranka. »Wenn Jochen keine Beziehung zu einem Menschen herstellen kann, wird er hilflos.« (Willeke 2014) Diesbezüglich ist er eitel und möchte der Mehrheit gefallen. Er mag es, im Rampenlicht zu stehen und sich emotional zu inszenieren. Dabei scheut er sich auch nicht, seine Verbundenheit mit seiner Lebenspartnerin öffentlich zu zeigen. Ehepartner von Politikern sind häufig nicht mehr als ein dekoratives Anhängsel. Doch bei Gauck und Schadt ist es anders. Sie sitzen im Kino und schauen sich mit 690 Schülern einen Film über den Hitler-Attentäter Georg Elser an. Sie halten Händchen, es wirkt vertraut und zugewandt. Der Zeitschrift ›Bunte‹ ist dieses Bild eine ganze Seite wert.

Gauck weiß um die Wirkung solcher Szenen. In der ZDF-Dokumentation ›Joachim Gauck – Der gewünschte Präsident‹ sieht man ihn bei der letzten Lesung seiner Memoiren in einer kleinen Kirche auf Rügen. Er schüttelt Kinderhände, gibt Autogramme und dann entdeckt er eine ehemalige Vikarin – sofort springt er auf und umarmt sie herzlich. Mit dabei immer die Kamera. Solche Bilder sind stark. Das weiß er und sorgt dafür, dass sie verbreitet werden. Er schnipst mit den Fingern einen Lokalreporter herbei und sagt augenzwinkernd: »Gucken Sie sich diese Dame an, die habe ich soeben gedrückt und Sie haben es versäumt.«

Winken und Wirken als Großvater der Nation

Sein Auftreten und seine Devise »Mensch sein und bleiben« führt er bewusst auf seine Vergangenheit zurück – die Bürger sollen wissen, woher er kommt und warum er ist, wie er ist. Er hat eine Story, die er immer wieder verbreiten kann und die ihm auch Schutz bietet. Somit kann er anecken und Kante zeigen, während seine Vorgänger durch Nüchternheit, Anpassung und politische Korrektheit bestechen wollten und mussten. Er hat seine Rolle gefunden. Die großen Fehler, die mancher befürchtet oder gar erhofft hatte, sind ihm nicht unterlaufen. Vieles wird ihm auch verziehen, weil er als ein Mensch wahrgenommen wird, der seine Überzeugungen und Wertvorstellungen lebt, der zu seinen Schwächen steht, kurz: menschlich wirkt.

Sein Lebensalter verleiht ihm zusätzliche Autorität. Erinnert er nicht an einen Großvater, der manchmal seinen Sturkopf hat, im Grunde aber ein netter, umgänglicher Kerl ist? Der macht das schon, und was er macht, das macht er richtig gut. Diesen Eindruck vermittelt er.

Eine zweite Amtszeit schließen politische Beobachter zur Zeit aus. Gaucks Alter wird als Hauptgrund genannt. Er selbst hat sich dazu noch nicht geäußert. Spaß scheint ihm das Amt zu machen, doch es strengt ihn auch an. Ob er sich weitere fünf Jahre zumuten möchte? Als 2015 die Queen in Deutschland war, konnte er aus nächster Nähe erleben, wie es ist, im hohen Alter noch Repräsentationspflichten zu erfüllen. Ist die alte Dame wohl ein Vorbild für ihn? Jedenfalls konnten Daniela Schadt und er unter Beweis stellen, wie gut sie mittlerweile ihre Rollen beherrschen. Während Frau Schadt bei einer Bootsfahrt auf der Spree mit der Queen plauderte, winkte der Präsident eifrig den jubelnden Berlinern am Ufer zu. Ein treffendes Bild. Wenn Menschen begeistert sind, blüht der Mensch Gauck auf, selbst wenn der Jubel gar nicht ihm gilt.

➤ Auf den Punkt gebracht:

Joachim Gauck, der unruhige Emotionalisierer

Der Bundespräsident ist ein absoluter Gefühlsmensch. Er gibt sich Launen, Stimmungen hin. Im Amt musste er lernen, sie zu kontrollieren. Leicht fällt ihm das nicht. Sein Tonfall wird öfters mit dem eines Pastors verglichen. Da predige jemand gerne, wirft man ihm vor. Solche Kritik belegt wieder einmal: Wer Gefühle zeigt und in Worte fasst, der eckt an und provoziert. Das lässt sich kaum vermeiden. Gauck nimmt das gerne in Kauf. Er rüttelt lieber auf, statt einzulullen. Seine gefühlige Art inszeniert er gekonnt: warmes Lächeln, Berührungen, Umarmungen.

Wirkung à la Gauck – was lernen wir?

- Mehr Mut zum Gefühl, das macht menschlicher
- Auch mal anecken, von der Norm abweichen – so hebt man sich ab
- Interesse fürs Gegenüber zeigen: durch Blickkontakt und offene Haltung

Hillary Clinton: Langstreckenlauf an die Macht

Für den Weg nach oben braucht man einen langen Atem. Für den Weg ins Oval Office noch weit mehr als das. Zum Beispiel einen unbeirrbaren Glauben an sich selbst. Hillary Diane Rodham hat ihn von Kindheit an. Sie wuchs in Illinois auf, in einer wohlhabenden, methodistisch orientierten Familie. Ihre Erziehung beruhte nicht auf Meinungen und Belehrungen, sondern auf Gesinnung und Lebensführung. Und so wollten ihre Eltern, dass sie eine unabhängige, professionelle Laufbahn einschlägt und sich nicht in die klassischen Geschlechterrollen drängen lässt. Die kleine Hillary war kein normales Mädchen, sie war schlauer und ambitionierter als nahezu alle anderen in ihrem Umfeld. »Und schon mit acht oder zehn Jahren sah sie sich als Star«, so Gail Sheehy, Autorin von ›Hillary's Choice‹ in einer Dokumentation über Clintons Leben. »Sie stand stundenlang in der Sonne, spielte und tanzte mit den Strahlen, drehte sich im Kreis und stellte sich vor, dass Gott all seine Strahlen auf sie legte und nur auf sie und dass himmlische Kameras jede ihrer Bewegungen filmten – denn sie war der Star.« Was immer man von solchen kindlichen Fantasien halten mag, Hillary lernte und arbeitete dafür, sie wahr werden zu lassen. Und das tut sie bis heute.

Die Juristin, ehemalige First Lady, US-Senatorin und Außenministerin unter Präsident Barack Obama unternimmt nun einen erneuten Anlauf auf das Präsidentenamt. Im November 2016 will sie als erste Frau ins Weiße Haus einziehen. Es wäre der Triumph der kleinen Hillary, die in der Sonne tanzte. Die Chancen stehen auch diesmal wieder gut. Doch übergroßer Optimismus ließ sie schon einmal straucheln. 2008 kam ihr Obama in die Quere. Er war jünger, schneller und hatte den Zeitgeist auf seiner Seite. Diesmal ist die große Frage: Will man eine 67-jährige Frau, die seit rund 25 Jahren auf dem politischen Parkett aktiv ist und dabei kühl und sachlich wirkt, nun noch einmal für mindestens vier Jahre im Weißen Haus sehen? Jeder kennt Hillary Clinton und jeder hat ein bestimmtes Bild von ihr. Nicht schon wieder Clinton, denken die einen. Sie halten sie wahlweise für zu liberal, zu konservativ, zu verbraucht, zu undurchschaubar oder zu sehr Teil des Establishments. Auf jeden Fall Clinton, meinen die anderen. Ihrer Meinung nach hat sie die meiste Erfahrung und ist daher die Beste für den Job.

Hillary Clinton muss nun alles dafür tun, um ihre Anhänger zu mobilisieren, vor allem aber, um ihren Kritikern den Wind aus den Segeln zu nehmen. Einer von amerikanischen Demoskopen im Jahr 2015 durchgeführten Umfrage zufolge assoziieren die nämlich die Merkmale verlogen, unehrlich, nicht vertrauenswürdig mit ihr. Diesen Vorwürfen will sie begegnen. Das bedeutet Selbstinszenierung bis in die kleinste Faser.

Eine Kandidatin, die keine sein will

Die Vorbereitungen für die Präsidentschaftskandidatur beginnen bereits 2014, als ihre Autobiografie ›Hard Choices‹ auf den Markt kommt. Die PR-Maschine für die Buchvorstellung läuft auf Hochtouren. Das Buch erscheint weltweit am selben Tag, Clinton macht eine Lesereise durch die USA, gibt Exklusiv-Interviews, ist auf den Titelseiten von bekannten Magazinen. In vielen Zeitungen gibt es Vorabdrucke. Boulevardmedien berichten über ihre Outfits. Auch nach Deutschland kommt sie, in die ARD-Talkshow von Günther Jauch. Sie erreicht ihr Ziel: Sie ist die Frau, über die alle sprechen. Dahinter steht eine zielgruppengerechte Inszenierung. Sebastian Fischer, Washington-Reporter des ›Spiegel‹, schreibt: »Für jeden ist etwas dabei: Für Amerikas Boulevardpostille ›People‹ spaziert Clinton in pinkfarbener Bluse durch ihren grünen

Garten, sitzt mit Pudel Tally auf dem Schoß im Wohnzimmer und erzählt über das dank Tochter Chelsea nahende Großmutterglück (›Ich möchte so oft babysitten wie möglich‹); die Modezeitschrift ›Vogue‹ druckt das Kapitel über Clintons kürzlich verstorbene Mutter Dorothy Rodham ab. Es menschelt. Beim Polit-Magazin ›Politico‹ dagegen kann man vorab Clintons Ausführungen zur Terrorattacke auf die US-Vertretung im libyschen Bengasi und zum gewaltsamen Tod des Botschafters Chris Stevens lesen. Da wurde es politisch.« (Fischer 2014)

All diese Anstrengungen nimmt man nicht in Kauf, wenn nicht eine offensive Absicht dahinter steht: die indirekte Ankündigung der Präsidentschaftskandidatur. Was Hillary zum damaligen Zeitpunkt jedoch offiziell abstreitet. Trotzdem bestimmt sie fortan die Diskussion und schreckt potentielle Bewerber aus dem eigenen Lager ab. Außerdem erhält sie angeblich rund 14 Millionen Dollar Autorenhonorar – Geld, das sie für ihre Wahlkampfkasse gut gebrauchen kann.

Neues Outfit, neues Glück

Bei der inhaltlichen Ausrichtung ihrer Kandidatur setzt Clinton auf Framing – eine gute Methode, um bestimmte politische Themen in den Vordergrund zu stellen und diese im Vorfeld mit bestimmten Merkmalen zu versehen. »Die Thematik wird in den gesellschaftlichen Sachverhalt eingebettet, als Problematik definiert und mögliche Ursachen und zugehörige Problemlösungsansätze werden vorgestellt«, so der Kommunikationswissenschaftler Frank Marcinkowski.

Doch mindestens genauso wichtig sind die Äußerlichkeiten. Hillary Clinton ändert ihr Outfit. Während ihrer Zeit als Außenministerin stand sie häufig wegen ihrer Kleidung und Frisur in der Kritik. Überhaupt ihre Haare. ›Die Welt‹ titelt 2015: »Hillary Clintons Frisur kann die Wahl entscheiden«.

Die wird seit jeher von den Medien beobachtet und streng kommentiert: zu kurz, zu lang, zu brav, zu jungenhaft, zu toupiert. Als Außenministerin ist sie mehr als 300 Tage im Jahr unterwegs, sie besucht 112 Länder und legt fast eine Million Flugmeilen zurück. Ein stets modisches Erscheinungsbild ist da eine echte Herausforderung. Sie lässt die Haare wachsen, damit sie sie ganz pragmatisch zusammenbinden kann. Allerdings verwendet sie dafür sogenannte »Scrunchies«, also klassische Haargummis aus Samt. Seit der Serie ›Sex and the City‹ gelten diese als *die* Modesünde schlechthin – ob man nun US-Außenministerin ist oder nicht. Carrie Bradshaw, die Hauptfigur der Serie, urteilt in einer Folge vernichtend: »Keine New Yorkerin, die sich selbst respektiert, würde sich jemals mit einem Scrunchy zeigen.« Clinton konsultiert ihre Beraterinnen. Der Scrunchy wird durch ein dünnes Zopfgummi ersetzt, das farblich genau zu ihren Haaren passt. Clinton spottet manchmal darüber, wie stark ihre Haare unter Beobachtung stehen: »Immer wenn ich auf der Titelseite eine Geschichte platzieren will, ändere ich meine Frisur«, sagt sie der Zeitung ›Die Welt‹ in einem Interview. Aber nicht nur dann. Von 1992 bis 1996 hat sie insgesamt 43 verschiedene Frisuren. Für ihren neuen Anlauf aufs Weiße Haus wählt sie einen Bouffant, das Markenzeichen von mächtigen Frauen.

Zu ihrer Zeit als Außenministerin sorgt auch ihre rechteckige Hornbrille für Aufsehen, die ihr einen seriösen Touch verleihen soll. Die Brille ist aber nicht nur ein Modeaccessoire. Seit einem Blutgerinnsel im Gehirn leidet sie unter Diplopie, vorübergehendem Doppeltsehen. Eine sogenannte »Fresnel-Linse« soll den Lichteinfall regeln und das Doppeltsehen korrigieren. Wer es darauf anlegt, Negatives zu finden, wird diese Sehschwäche als Zeichen dafür deuten, dass Clinton gesundheitlich angeschlagen ist und somit nicht tauglich als Präsidentin.

Was ihren Kleidungsstil anbelangt, wird nichts dem Zufall überlassen. Bei den konservativen Amerikanern darf bei einer Polit-Lady kein Rock zu kurz, kein Ausschnitt zu tief sein. So sieht man Hillary Clinton in den letzten Jahren in klassischen Hosenanzügen, Schuhen mit leichtem Absatz und dem passenden Schmuck dazu. Ihre Kleidung für den Wahlkampf ist bereits festgelegt. Auf Instagram postet sie das Bild einer Kleiderstange: Ordentlich nebeneinander hängen Blazer, Jacken, Blusen in drei Farben – zufälligerweise sind es die amerikanischen Nationalfarben Rot, Weiß, Blau.

Zusätzlich achtet sie darauf, immer jung und fit auszusehen, um so dem Altersargument ihrer Kontrahenten zu begegnen. Schon im Jahre 2007 hat sie wohl einiges dafür getan. Eine Schönheits-OP? Einige vermuten dies. Jedenfalls fällt auf, dass sie weniger Falten als früher um Nase und Augen hat, auch die Tränensäcke sind verschwunden. Wobei in den USA Schönheits-OPs etwas vollkommen Normales sind. Hauptsache, das Ergebnis stimmt und man sieht zehn Jahre jünger aus.

Die neue Bescheidenheit

Hillary Clinton kassierte für Vorträge oder die Teilnahme an Diskussionen mehr als 300 000 Dollar und forderte einen Privatjet mit 16 Sitzplätzen, wie ›Las Vegas Review Journal‹ berichtet. Bei Hotelübernachtungen musste es eine Präsidentensuite sein. Natürlich mit angrenzenden Zimmern für ihre Begleiter. In der Suite standen wie gewünscht Fruchtsalat, Ginger Ale und Rohgemüse für sie bereit. Dazu zwei Karaffen mit Wasser, mit und ohne Kohlensäure, raumtemperiert und mit Zitronenscheiben. Und natürlich Scanner, Drucker und Computer. Für die Bühne forderte sie zwei Teleprompter, falls einer ausfallen sollte, und für die Stühle zwei Kissen, falls ihre Gesprächspartner größer sein sollten als sie. So könnte sie trotzdem auf Augenhöhe mit ihnen sprechen. All diese Forderungen stellte sie 2013 für eine Rede an der kalifornischen Universität UCLA.

Hillary weiß, dass sie solche Diva-Allüren ablegen und sich demütiger geben muss, will sie nicht als abgehoben wahrgenommen werden. Bei ihren ersten Auftritten als Bewerberin um die Kandidatur der Demokraten fliegt sie nun nicht mehr mit dem Privatjet oder dem Helikopter ein, es reicht ein kleiner schwarzer Bus. Sie beschränkt auch vorläufig ihre Kundgebungen auf einen kleineren Kreis von Personen. Alles mit Strategie und Kalkül.

Frühjahr 2015. Jeder erwartet einen Paukenschlag zur Bekanntgabe der Kandidatur. Doch es kommt anders. Es gibt nur ein Video, bei dem sie erst am Ende auftaucht, unspektakulär und sympathisch. Im Mittelpunkt des Films stehen ihre Zielgruppen: eine klassische Familie, eine alleinerziehende Mutter, eine Schwangere, Homosexuelle, kleine Unternehmer – sie will den durchschnittlichen Amerikaner erreichen, den Everyday American. Und sie betreibt bewusst Imagepflege, um ihre Sympathiewerte zu erhöhen. Amerikaner möchten einen Präsidenten, mit dem man gerne einen Kaffee oder ein Bier trinken gehen würde. Hillary setzt deshalb auf viele kleine Auftritte, sucht die Nähe zum Einzelnen, lässt sich in kleinen Unternehmen, Häusern von Durchschnittsamerikanern und netten Lokalen ablichten. Ihre Botschaft: Ich weiß, was die normalen Menschen bewegt, ich setze mich für sie ein. In kleiner Runde, ohne großen Presseauflauf, schafft sie es scheinbar schnell, Kontakt zu den Menschen aufzubauen. Sie stellt sich nicht in den Mittelpunkt, sondern hört zu, notiert sich wichtige Fakten in ihrem Notizbuch, nickt, fragt nach. Es wirkt aufrichtig, verbindlich und interessiert. So will sie Vertrauen in ihre Person aufbauen. Die Expertin Kristina Schake gibt ihr Tipps, wie sie zurückhaltend, warm und fröhlich wirken und letztlich in den Herzen der Amerikaner landen kann. Bei Michelle Obama haben Schakes Empfehlungen bereits gefruchtet. Sie schickte die First Lady zum Einkaufen, damit jeder sehen konnte: Oh!, sie ist ja eine wie wir.

Brillante Show, matte Wirkung

Das Image einer so bekannten Persönlichkeit wie Hillary Clinton zu ändern, ist schwierig. Ihre enorme Bekanntheit ist Fluch und Segen zugleich. Clinton ist ehrgeizig, beharrlich, in politischen Dingen kann ihr niemand ein X für ein U vormachen, sie ist intelligent und kann sich auf unterschiedlichem Parkett bewegen – hat sie doch schon fast ein Vierteljahrhundert Erfahrung darin. Doch Massen für sich zu erobern, ist nicht ihre Stärke. Sie weiß, dass sie nicht das Charisma ihres Mannes oder eines Barack Obama besitzt. Sie weiß auch, dass sie als Rednerin ihr Publikum nicht von den Stühlen reißen kann. Oft wirkt sie verkrampft, unnahbar, nicht stimmig, maskenhaft. Ein Beispiel: Kurz nach ihrer sogenannten »Zuhörer-Tour« mit dem Kleinbus durch die Provinz folgt der erste größere Auftritt nach Bekanntgabe ihrer Kandidatur. Auf Roosevelt Island, New York City, hält sie eine Rede vor Anhängern. Der Platz rund um die Bühne ist knapp gehalten, die Menschen drängen sich, nicht alle können Hillary sehen. Als sie erscheint, trägt sie einen leuchtend blauen Hosenanzug, geht mitten durch die Menge und schüttelt Hände. Auf der Bühne wirft sie die Arme in die Höhe, um die Menschen mit strahlendem Lächeln zu begrüßen. Sie wirkt ausgeruht, gelassen, frisch – eine 67-jährige Frau voller Energie. Das Drumherum ist meisterhaft inszeniert, und doch: Ihr fehlt das Spontane, Lockere, Begeisternde.

Noch mal Clinton, wenn nichts schiefgeht

Dennoch stehen ihre Chancen auf die Präsidentschaft gut, weil sie unbestreitbare Stärken hat und kein anderer Bewerber über vergleichbare politische Erfahrung verfügt. Ihr Wille zur Macht ist groß, sie ist zu Kompromissen bereit und versteht sich zu wandeln, wenn es die Umstände erfordern. Als sie Bill kennenlernte, war sie eine ehrgeizige, feministisch orientierte Vorzeigestudentin mit dicken Brillengläsern, doch für Bills Präsidentschaftskandidatur nahm sie die Rolle der fürsorglichen Ehefrau ein und stellte ihre eigenen politischen Ambitionen in dieser Zeit zurück. Niemand sollte denken, sie habe die Hosen an. Dazu passte ihr solides, damenhaftes Outfit. Erst nach gewonnener Wahl trauten sich die Clintons wieder, als politisches Paar aufzutreten, und Hillary stand fortan selbstbewusst an seiner Seite. Als die Lewinsky-Affäre Bill ins Straucheln brachte und sogar eine Amtsenthebung drohte, hielt sie eisern zu ihm. Viele Menschen bewundern sie bis heute für ihre Standfestigkeit und Loyalität. Ihr Engagement für eine Gesundheitsreform hingegen sorgte für viel Kritik. Sollte eine First Lady derart in die Arbeit des Präsidenten involviert sein? Später, als Außenministerin, beeindruckte sie auch Konservative. Heute würde kaum jemand ernsthaft bezweifeln, dass sie dem Job als Präsidentin gewachsen ist.

Aus den Erfahrungen von 2008 scheint sie gelernt zu haben. Sie wirkt nicht mehr so, als hätte sie ein Erbrecht auf das hohe Amt. Sie weiß, dass nur noch wenig fehlt bis zum großen Sieg – aber dass mit einem falschen Schritt, einer falschen Bemerkung, einem falschen Bild alles verloren gehen kann. Stolpert sie auf den letzten Metern über einen politischen Skandal, eine investigative Story zu ihrer Vergangenheit oder schafft sie es mit leichten Blessuren über die Ziellinie? Es wird spannend.

Auf den Punkt gebracht:
Hillary Clinton, die tragische Musterschülerin

Sie kann alles, weiß alles und sie tut alles für den Erfolg. Das strahlt sie auch aus – und genau das ist ihr Problem. Hillary arbeitet hart an ihrem Image. Zu hart, wie viele empfinden. Ihre Auftritte wirken einstudiert. Man kann ihre Wandlungs- und Anpassungsfähigkeit bewundern – oder auch komplett ablehnen. Die Kritik an Clinton ist nicht immer fair. Sie wird schärfer beobachtet und bewertet als andere Kandidaten, schließlich wäre sie die erste Frau in diesem Amt. Ihre Mimik, Gestik und Rhetorik werden seziert. Das weiß sie, und das führt zu ihrer Verkrampftheit. Sie spielt die Lockere, ewig Lächelnde. Sie will auf Teufel komm raus die volksnahe Hillary sein. Und gerade das wirkt zu kalkuliert. Wir wissen zu viel über sie, Gutes wie auch Schlechtes, als dass wir ihr diese Rolle wirklich abnehmen würden.

Wirkung à la Hillary – was lernen wir?

- Große Ziele erreicht man in kleinen Schritten
- Ein neuer Look überrascht Freunde wie auch Konkurrenten
- Hartes Image aufweichen: über eigene Schwächen und Fehler Witze machen

Fazit: Überzeugende Wirkung führt – wohin?

Wie hoch mag er sein, der Anteil der Ausstrahlung und Wirkung am politischen Erfolg einer Person? 10, 20, 30, 40 Prozent oder gar mehr? Mit Sicherheit können wir sagen, dass die Wirkungskompetenz eines Politikers heutzutage wichtiger denn je ist – und vermutlich in Zukunft noch entscheidender sein wird. Immer mehr Medienkanäle wollen bedient werden, immer höher steigt der Druck, rasch und effektiv Statements zu liefern, sich in einem positiven Licht zu zeigen, präsenter und wacher als der Kontrahent zu erscheinen. Die seit vielen Jahren schleichend vollzogene Amerikanisierung der Wahlkämpfe – und mithin der Politik an sich – ist Realität geworden in Deutschland. Im Bundestagswahlkampf, der in formeller Hinsicht ein Kampf der Parteien ist, treten in der öffentlichen Arena Politiker gegeneinander an. Schröder gegen Stoiber. Merkel gegen Steinbrück. Den Wählern präsentieren sie sich in sogenannten Kanzlerduellen, in denen es allein um eine Frage geht: Wer wirkt überzeugender? Wie sagte doch Angela Merkel 2013 am Ende ihres Duells mit Steinbrück in die Kamera, direkt an die Bürgerinnen und Bürger vorm heimischen Bildschirm adressiert? »Sie kennen mich ja.« Noch besser konnte sie das Motto ihrer Inszenierung nicht auf den Punkt bringen. Eine große Partei wie die CDU macht sich ganz klein und versteckt sich hinter der Kanzlerin.

Durch die Personalisierung der Politik wird eine gelungene Selbstinszenierung umso wichtiger. Ohne Medien- und Imageberater kommt kein bedeutender Politiker mehr aus. Die Kunst dabei ist es, die Inszenierung nicht als Inszenierung erscheinen zu lassen. Bei Ursula von der Leyen geht dies manchmal schief. Zu sehr scheint sie um ihr gutes Image bemüht zu sein, zu offensichtlich ist die Akribie, mit der sie sich selbst in Szene setzt. Hillary Clinton übertrifft sie in dieser Hinsicht noch um ein Vielfaches, doch stößt in den USA ein derart hoher Grad an gesteuerter Wirkung auf deutlich weniger Kritik als hierzulande. Was wir als pathetisch empfinden, gehört dort einfach zum professionellen Auftreten von Politikern dazu.

Geht der Politik durch mehr Selbstinszenierung die Ernsthaftigkeit verloren? Drohen kompetente Persönlichkeiten mit wenig Hang zu den Medien an deren Gesetzen zu scheitern? Haben wir bald nur noch eitle Selbstdarsteller an den Schaltstellen der Nation, wie von manchen befürchtet wird? Diese negative Sicht teile ich nicht. In solchen Fragen schwingt immer ein Früher-war-alles-besser-Gefühl mit. Damals, da gab es ja noch wackere, bodenständige Politiker mit Rückgrat und klaren Überzeugungen. Ironie des Schicksals: Diese Hochgelobten waren allesamt grandiose Selbstdarsteller, die sich zu inszenieren wussten: der polternde Franz-Josef Strauß, der bildhaft gestikulierende Winston Churchill, der sphärisch abgehobene Willy Brandt. Auch sie waren Kinder ihrer Zeit und kommunizierten so mit der Öffentlichkeit, wie es möglich und nötig war. Ihre Inszenierungen dienten immer ihrer politischen Agenda wie auch ihrem persönlichen Vorankommen. Heute würden sie vermutlich ganz anders auftreten.

Ist Wirkungskompetenz alles? Karrieren wie die von Angela Merkel belegen, dass auch aus grauen Mäusen in Sachen Wirkung etwas werden kann, wenn sie sich lernfähig zeigen. Vor allem wird deutlich: Der Weg zur gelungenen Selbstinszenierung ist immer ein Weg zu uns selbst. Das können wir sehr schön sehen, wenn wir Merkel-Bilder von 2000 und 2015 miteinander vergleichen. Auf Letzteren wirkt Angela Merkel selbstbewusster, offener, glücklicher. Mehr Wirkungskompetenz hat ihr gutgetan.

Politische Macht braucht Kommunikation, um verstanden zu werden. Sie braucht aber auch Werte, Überzeugungen, Ziele. In einer gelungenen Inszenierung kommt alles zusammen. Ein ganz besonders schönes Beispiel hierfür aus den Anfangstagen der Bundesrepublik: Kanzler Konrad Adenauer ist am 21. September 1949 auf den Petersberg bei Bonn eingeladen, um sich den Alliierten Hohen Kommissaren vorzustellen. Das Protokoll ist streng: Die Vertreter der Siegermächte stehen auf einem Teppich, der Bundeskanzler davor. Eine eindeutige Machtinszenierung der Alliierten – die den kecken Adenauer aber reizt, strebt er doch an, dass Deutschland in Zukunft als gleichberechtigter Partner behandelt wird. Prompt stellt er sich deshalb mit auf den Teppich. Die Bilder dieser Szene schreiben Geschichte. Der Kanzler hat seine Haltung und seine Ziele überzeugend inszeniert.

3 Anziehungsmacht –
Wirkung in Entertainment und Mode

Achtung, Achtung. Die Menschen, die uns in diesem Kapitel begegnen werden, wollen uns etwas verkaufen. Die Produkte, für die sie werben. Die Filme, Serien und Shows, in denen sie auftreten. Oder die Magazine und anderen Medien, in denen wiederum die Menschen vorkommen, die für Produkte werben oder die in Filmen, Serien und Shows auftreten. Sie alle kämpfen um unsere Aufmerksamkeit. Sie bilden sogar Partnerschaften und schmieden Allianzen, um in vereinter Stärke in die Schlacht zu ziehen. A schreibt den Titelsong zu einem Film, den B mit C produziert und in dem D und F mitspielen. Nicht zu vergessen der Auftritt von D in der Late Night Show von G sowie die geschickt lancierte Liebesaffäre zwischen F und A. Die Menschen, über die wir hier reden, hätte man früher einfach Stars genannt, heute spricht man neudeutsch von Celebrities.

Blättert man durch Zeitungen, Magazine und Websites, könnte man meinen, es handele sich um einen eigenen Industriezweig. Eine gewaltige Wirtschaftsbranche, in der mit Bildern, Gerüchten, Schlagzeilen um sich geworfen wird. Brangelina heiratet. Kate wieder schwanger. Alle lieben Helene. Tatsächlich hat sich da in den letzten ein, zwei Jahrzehnten ein globaler Markt entwickelt, in dem es um viel, viel Geld geht. Starrummel ist an sich nicht neu, jede Epoche und Kultur hatte ihre Helden und Ikonen. In der Antike blickte man zu Göttern auf. Im letzten Jahrhundert wurden Schauspieler und Popsänger angebetet. Heute, im Zeitalter der Digitalisierung, kann es praktisch jeden erwischen. Genauer gesagt: jeden, der über die entsprechende Wirkungskompetenz und

Medienunterstützung verfügt. Die Geißens, die Kardashians oder diverse It-Girls wie Cara Delevingne sind hierfür gute Beispiele.

Celebrities haben die Götter, Helden und Stars von einst abgelöst. Sie ziehen die knappe Ressource Aufmerksamkeit wie Magneten an. Und sie können, weil es sich bei ihnen um personifizierte Marken handelt, wie jede andere Marke auch mit allen möglichen Bedeutungen aufgeladen werden. Wir nutzen sie für die Sinnsuche, sie dienen uns als Identifikationsfiguren und als Projektionsfläche für unsere Träume, Ängste, Bedürfnisse. In einer komplexen, unübersichtlichen Welt geben sie uns Halt und Orientierung (Nolte 2005). In früheren Zeiten beschäftigte sich der Mensch mit Göttersagen und Heldengeschichten. Heute verschlingt er die Biografie von Steve Jobs oder den neuesten Stilratgeber von Guido Maria Kretschmer.

Damit wir uns nicht falsch verstehen: Celebrities sind keine talentfreien Menschen. In der Regel haben sie einen Beruf, in dem sie glänzen. Schauspieler, Model, Sängerin, Designer, Prinzessin, Unternehmer, Fußballer. Sie sind einfach bekannter als andere Berühmtheiten. Viele sind es nur in nationalen Grenzen, wenige auf globalem Level.

Niemand entkommt den Celebrities. Man müsste sich schon in einer Waldhütte wegschließen und fortan von Würmern, Baumrinde und Regenwasser ernähren. Ob auf Facebook, im ›heute journal‹ oder ›ZEIT-Magazin‹, überall grinsen sie uns entgegen. Sie haben gut lachen, denn in genau dem Moment haben sie es wieder geschafft: uns einen Teil unserer Aufmerksamkeit geraubt. Einige von ihnen sind derart erfolgreich in dieser Kunst – oder besser gesagt Diebeskunst –, dass wir es ihnen gar nicht übelnehmen. Wir *schenken* ihnen unsere Aufmerksamkeit. Wir wollen alles wissen über sie, selbst wenn uns das starke Interesse an ihnen

manchmal peinlich ist. Ihr Identifikations- und Projektions-
potenzial ist enorm. Das hat mit ihrer intensiven Wirkung
auf uns zu tun. Sie ziehen uns an, darin liegt ihre Macht.
Vier Beispiele für Menschen mit Anziehungsmacht habe ich
ausgewählt. Sie kommen aus Entertainment und Mode und
machen anschaulich, dass die Grenzen zwischen beiden Fel-
dern immer mehr verschwimmen. Es sind Namen, die, wenn
wir sie lesen oder hören, sofort etwas in uns auslösen. Sympathie, Neid, Befremden, Respekt, Bewunderung, vielleicht
sogar Erregung.

David und Victoria Beckham: Doppelt wirkt besser

Bei den Beckhams kann es sich unmöglich um Menschen handeln. Es sind Wesen aus einer anderen Welt. David und Victoria, ihre Kinder Brooklyn, Romeo, Cruz und Harper. Irgendeine höhere Intelligenz mit Hang zur ästhetischen Überinszenierung muss sich diese Familie ausgedacht haben. Sie wurde genau nach Plan in einem Genlabor produziert, schick verpackt und dann in einem Raumschiff der Luxusklasse auf die lange Reise zur Erde geschickt. Zu vermuten ist, dass der außerirdische Designer sich damit einen sadistischen Scherz erlaubt hat. Wann immer wir Bilder der Beckhams sehen, sollen wir uns hässlich, fett und schlecht frisiert fühlen.

Es ist wirklich nicht schwer, angesichts der überirdischen Erscheinung der Beckhams in den Medien auf solche Gedanken zu kommen. Man sieht die ganze Familie lässig in edlen Klamotten bei Fashionshows in der ersten Reihe, die arme Anna Wintour geht neben ihr fast unter. Auf dem roten Teppich stehen die drei Beckham-Jungs wie Matrjoschka-Puppen nebeneinander, jedes Haar scheint von Stylisten zurechtgezupft worden zu sein. Und selbst auf Paparazzi-Fotos wirken David und Victoria so, als posierten sie gerade für ein Shooting mit Starfotograf Mario Testino.

Alles an ihnen scheint perfekt zu sein. Ihr Aussehen, ihr Auftreten, ihre Ehe, ihr Privatleben. Sie geben die harmonische Familie und das ideale Paar. David und Victoria ergänzen sich optimal. Jeder für sich ist eine Marke, und kombiniert stellen sie eine Art globale Superbrand dar. Er kommt aus der Welt des Sports, sie aus der Welt der Popmusik. Beide Sphären haben sie längst hinter sich gelassen und neue Territorien erobert. Während David allerlei Charity-Aktivitäten nachgeht und in Großbritannien zur Ikone geworden ist, hat Victoria sich zu einer respektablen Modedesignerin entwickelt. Sie werben für eigene Produkte wie auch für eine Reihe bekannter Marken. Mal solo, mal im Team.

Teamwork à la Beckham: Er lächelt, sie schmollt

Eine gewisse Arbeitsteilung scheint sich da im Laufe der Jahre etabliert zu haben: Er ist der coole Sunnyboy, eher still und zurückhaltend, aber stets präsent und mild lächelnd. Sie ist die kühle Schweigende, mit unbewegter Miene, fast schon unnahbar. Bei ihm wirkt es stimmig, bei ihr wie ein Schutzwall. Daher verwundert es kaum, dass er von einer größeren Sympathiewelle getragen wird als sie. Als Spice Girl war sie noch der Kategorie »arrogant und sexy« zugeordnet. Nach Ende ihrer Popkarriere haben Lästermäuler »Posh Spice« dann in »Skeletor« umbenannt, in Anspielung auf ihre immer schmaler werdende Figur. Überhaupt war es so, dass Kritik am Auftritt der Beckhams meist Victoria traf, selten David. Sein 2007 von vielen Fußballfans belächelter Wechsel zu LA Galaxy? Natürlich ihre Schuld, weil sie unbedingt in den USA leben wollte. Eine unvorteilhafte Frisur oder ein Outfit, das ihn nicht kleidete? Da hat sie ihn wohl zu ihrem Modepüppchen gemacht. Im Rahmen der Arbeitsteilung kam ihr, kalkuliert oder unfreiwillig, die Rolle des Schutzschilds für David zu.

Mittlerweile ist der Rummel um die Beckhams nicht mehr so extrem wie noch im letzten Jahrzehnt. In der obersten Liga der Celebrity-Paare spielen sie aber nach wie vor mit, Kopf an Kopf mit Angelina Jolie und Brad Pitt, sprich Brangelina. Auch die Lästereien über Victoria sind leiser geworden, seit sie ihr eigenes Modelabel etabliert hat. In seltenen Interviews lässt sie durchblicken, gar nicht diese abgehobene Person zu sein, für die viele sie halten. Und ihr ewiges Schmollgesicht? Sie lache einfach nicht gern vor der Kamera, weil sie das immer an ihre Model-Vergangenheit erinnere. Gute Antwort!

Vermutlich gehören solche Aussagen zu einer veränderten PR-Strategie, die ihr allzu negatives Image durch mehr Offenheit und Emotionen aufbessern soll.

Der Mann hinter der Marke Beckham

Eine Partnerschaft zwischen Celebrities hat immer etwas von einer Zweckbeziehung. Zumindest unterstellen kritische Beobachter gerne, dass sich da zwei Siegertypen zusammentun, um gemeinsam noch mehr Erfolg zu ernten. Im Falle der Beckhams hat dies bestens funktioniert. Dass solche Synergieeffekte die vorrangige Motivation für ihr Leben zu zweit waren, wäre eine ungerechte Verdächtigung. Wenn manche dennoch bis heute von einer arrangierten Beziehung sprechen, liegt das vor allem an einem Mann: Simon Fuller. Er ist der Dritte im Bunde, könnte man sagen. Die Spice Girls waren seine Erfindung, er entwickelte das weltweit erfolgreiche TV-Format ›Pop Idol‹ und gilt als einer der schillerndsten Manager und Produzenten im Unterhaltungsgeschäft. Die Karriere von Victoria lenkt er seit ihrer Zeit als Spice Girl. Seit 2003 betreut er auch David. Hat er die Beckhams erfunden? Gerne suggeriert er dies in Interviews. 2006 sprach er mit der ›FAZ‹ darüber, wie er Victoria und David miteinander bekanntmachte: »Als Victoria damals mit den ›Spice Girls‹ zum Star wurde, wollte sie ausgehen, das Leben genießen und einen tollen Freund haben. Im Spaß fragte sie mich: ›Simon, du liebst Fußball, kannst du nicht einen Fußballer für mich finden?‹ Ich dachte, es wäre wirklich eine fantastische Idee, und nahm sie mit zu meinem Lieblingsklub Manchester United. Erst warf sie ein Auge auf Ryan Giggs. Aber da war auch dieser David Beckham, er sah perfekt aus. Ich entdeckte sein Charisma und stellte ihn Victoria vor. Alles andere kennen wir.« (›FAZ‹-Interview 2006)

Simon Fuller mag die Beckhams nicht zum Traualtar getrieben haben, er trägt aber sicherlich großen Anteil daran, dass die beiden sich zu einer globalen Marke entwickeln konnten. Die Selbstinszenierung der Beckhams weist auf seine Handschrift hin. Er weiß, wie wichtig das richtige Zusammenspiel von Star und Medien ist, damit die Botschaft bei den Konsumenten ankommt. Fuller wird deshalb gerne als gnadenloser Vermarkter kritisiert. Immerhin: David und Victoria halten ihm die Treue. Sie werden wissen, was sie an ihm haben.

Zu viel Nähe macht sie kleiner

Bei öffentlichen Auftritten nehmen beide Beckhams ihre jeweilige Standardpose ein. David steht gerade, die Augen leicht zusammengekniffen, wenn er lächelt, bleibt der Mund meist geschlossen. Eine markante Pose, die seine Männlichkeit und Coolness betont. Victoria posiert für Fotos auf dem roten Teppich gerne in einer S-Pose: Das linke Bein einen Schritt nach vorne, den Oberkörper nach hinten gebogen, der rechte Arm verschwindet hinter ihm. So formt sie eine s-förmige Silhouette, die sie noch schlanker wirken lässt (Stylebook 2012). Steht sie an der Seite von David, legt sie ihm oft eine Hand auf die Schulter. Eine besitzanzeigende Geste, die zugleich Anhänglichkeit ausstrahlt (Herdejost 2015).

In den Bildstrecken der Modemagazine treten die Beckhams als Übergestalten auf. Sobald sie jedoch vor TV-Kameras Szenen aus ihrem Alltag nachstellen, welkt ihre Unnahbarkeit dahin. Keinen großen Gefallen tat sich Victoria Beckham 2007 mit der Reality-Show ›Victoria Beckham: Coming to America‹, in der es um den Umzug ihrer Familie von Madrid nach Los Angeles ging. Die Zuschauer erlebten sie als aufgedrehte VIP-Hausfrau, die sich teure Villen anschaute und auf der Rücksitzbank eines Edel-SUVs sitzend aus ihrem Leben plauderte. Traurigster Einblick in ihr Seelenleben war, als sie ihre Visagistin und ihren Stylisten als ihre »closest friends« bezeichnete. Freundschaft gegen Monatsgehalt? Zumindest sah man, dass sie keineswegs ein emotionsloser Kleiderständer ist, sondern durchaus Humor hat und auch lachen kann.

David Beckham wirkt in Interviews zurückhaltend, fast schüchtern. Er scheint sich selber am meisten über seine Wirkung auf andere Menschen und über seinen Ruhm weltweit zu wundern. Fast hat man das Gefühl, als rühre ihn all diese Aufmerksamkeit. So als ob er sie nicht verdienen würde. Außerdem strahlt er eine gewisse Unschuld, fast möchte man sagen: Naivität aus. Nie hat man ihn ausrasten sehen, höchstens einmal nach einem vergeigten Freistoß. Nie kommt ein böses Wort oder ein bissiger Kommentar über seine Lippen. Sarkasmus oder Ironie? Fehlanzeige. Ist das bescheidene Auftreten vielleicht der Schlüssel für seine Wirkung?

Trotz manch betont männlicher Pose passt Beckham in mehrfacher Hinsicht in eine Art von Kindchenschema. Seine eher hohe, dünne Stimme, sein verschmitztes Lächeln, sein hübsches Gesicht und sein zurückgenommenes Verhalten verleihen ihm etwas Jungenhaftes. Das löst Beschützerinstinkte aus. Viele Frauen hätten wohl gerne so einen Mann, der attraktiv und einfühlsam, aber dennoch kein Waschlappen ist. Männer fühlen sich durch sein makelloses Aussehen eingeschüchtert, und doch wäre Beckham wohl eher der Typ, mit dem man bei einem (vermutlich alkoholfreien) Bier über Fußball spricht, als derjenige, der einem die Frau ausspannt. Überhaupt verkörpert Beckham einen Männertyp, der hoch im Kurs steht. Bis vor einigen Jahren nannte man Männer wie ihn Metrosexuelle. Mittlerweile ist es weithin akzeptiert, wenn Männer auf ihr Aussehen achten, Hautcremes benutzen und modischen Trends folgen. Beckham hatte auch nie ein Problem damit, dass viele Schwule ihn als Gay Icon betrachten. Für ihn ist die Bewunderung durch Fans immer ein

Ausdruck von Liebe. Ja, er spricht wirklich von »love«, wenn ihm Menschen zujubeln. In einer Dokumentation des britischen Senders ITV von 2006 (›David Beckham. A footballer's story‹) steht er auf dem Rasen des leeren Bernabéu-Stadions in Madrid. Irgendwo in den Rängen sind Besuchergruppen zu sehen. Als sie ihn entdecken, winken und kreischen sie. Beckham winkt zurück, freut sich, weil er »ihre Liebe« spürt. Das Verrückte ist: Man nimmt ihm ab, was er da sagt. Es scheint von Herzen zu kommen.

Die Wahrheit über Davids Unterhosen

Im harten Gegensatz zum eher bodenständigen Eindruck, den Beckham aus der Nähe betrachtet macht, stehen die Gerüchte und Legenden um ihn. Wie bei allen großen Celebrities werden wild erfundene Storys, Halbwahrheiten und echte Fakten so lange vermischt und in Endlosschleife verbreitet, dass niemand mehr so genau weiß, was nun wahr ist und was nicht. In der erwähnten ITV-Dokumentation geht ein Interviewer Beckhams auf ein paar dieser Legenden ein. Trägt er seine Sneakers wirklich nur einmal? Ja, aber er gibt sie an Freunde und Bekannte weiter. Und Unterhosen? Nein, die trägt er mehrmals. Stimmt es, dass er den Schmerz beim Tattoostechen mag? Ja und nein. Am Anfang tue es weh, danach gewöhne man sich daran. Solche banalen Fragen stellen zu dürfen, ist ein großes Privileg für Journalisten. Der Zugang zu Celebrities der Luxusklasse wird von PR-Leuten und Managern streng kontrolliert. Kein unbedachtes Wort soll an die Öffentlichkeit dringen. Tatsächlich werden selbst harmlose Äußerungen schnell aufgebauscht, wenn jemand wie David Beckham sie von sich gibt. Erwähnt er, dass er bei einigen Hausaufgaben seines Sohnes ratlos war und seine Frau fragen musste, heißt es sofort: Beckham zu dumm fürs Einmaleins.

Der britische Journalist Adam Baidawi hat erlebt, wie absurd sich der Zugang zu bestens abgeschirmten Berühmtheiten wie David Beckham gestalten kann. Ihm wurde 2013 ein kurzes Interview gewährt. Kurz meint hier wirklich kurz, denn die zugesagte Dauer lag – kein Scherz! – bei sagenhaften 15 Sekunden. In seinem ›Esquire‹-Artikel ›15 seconds with David Beckham‹ beschreibt Baidawi, wie er nach stundenlangem Warten am Rande einer Shop-Eröffnung im Londoner Mayfair-Viertel endlich, endlich zum großen Star vorgelassen wird. Für eine Frage sei ja Zeit. Baidawi kommt aber gar nicht dazu, sie zu stellen, denn der Dialog zwischen den beiden läuft wie folgt ab: Beckham: »Haben wir uns nicht schon einmal irgendwo gesehen?« Baidawi verneint. Beckham: »Wirklich nicht?« Dann ist die Zeit auch schon um. Baidawi muss anderen Journalisten Platz machen. Der Autor registriert aber auch noch anderes. Zum Beispiel wie Anna Wintour angeregt mit Beckham plaudert und die Umstehenden sich Blicke zuwerfen, als seien sie Zeugen eines historischen Ereignisses. In der Tat: In Anwesenheit von Celebrities verwandeln sich Normalsterbliche in kindliche Zuschauer, die erstarren und sich kneifen, um sicher zu sein, dass sie das wirklich nicht träumen.

Bei der Hochzeit von Prinz William und Kate Middleton, jetzt Herzogin von Cambridge, waren die Beckhams unter den Gästen. Sicher hätten die beiden dem jungen Paar einige gute Tipps zum Umgang mit den Medien geben können, stehen sie doch schon seit Mitte der 90er Jahre im Scheinwerferlicht. Sie selbst haben sich zu so etwas wie einem royalen Paar entwickelt. In Europa reicht bis heute kein anderes Celebrity-Gespann an sie heran – mit Ausnahme von William und Kate, denn auch Royals sind heutzutage für die Medien nichts anderes als Celebrities. David und Victoria erfüllen die Voraussetzungen, die Manager-Mastermind Simon Fuller an

Stars ihres Kalibers stellt. Sie sehen gut aus, kommen jeweils aus einer weltweit bedeutenden Szene, und sie verstehen es, mit den Kameras zu flirten.

Eine Stilikone muss man werden wollen, man wird es nicht einfach. Die Beckhams vermarkten sich umfassend, manche würden behaupten: exzessiv. Nicht immer scheint die Wahl der beworbenen Marken auf den ersten Blick sinnvoll. H&M Underwear von David Beckham, das klingt stimmig. Doch warum wirbt er neuerdings für Whisky? Angeblich soll er Menschen für die Marke Haig Club gewinnen, die um Whisky bislang einen Bogen gemacht haben. Victoria weitet derweil ihre Arbeit als Modedesignerin aus. Geschäftlich läuft es sehr gut für sie, Kritiker loben ihre Kreationen. Es sieht also ganz danach aus, als ob uns die Beckhams noch eine Weile erhalten bleiben würden.

▶ Auf den Punkt gebracht:

David und Victoria Beckham, die stilvollen Geheimnisträger

Man wird nicht richtig schlau aus den beiden. Besteht ihr Erfolgsgeheimnis darin, kein Geheimnis zu haben? Schön anzusehen sind sie, doch was denken sie wirklich? Denken sie überhaupt?, könnte man böse fragen. Sie sind wie Anziehpuppen, die zu bestimmten Gelegenheiten aus der Schachtel geholt werden. Dann stehen oder sitzen sie stumm da, wenig Bewegung, sparsame Mimik. Das wirkt vielleicht nicht aufregend, aber es lässt Raum für die Fantasie. Ihre Markennamen sind ohnehin größer als sie selbst. Spontaneität und zu viel Lebendigkeit könnten da zu leicht Schaden anrichten. Also reduzieren sich die Beckhams aufs Wesentliche: den schönen Schein. Das hat zumindest Stil.

Wirkung à la Beckham – was lernen wir?

- Mit verteilten Rollen erreicht man mehr
- Im Team lassen sich Schwächen geschickt kompensieren
- Als Paar auffallen und gefallen: ähnlicher Look,
  aber individuelle Noten

Heidi Klum: Oft verhöhnt, nie erreicht

Es gibt viele Heidi Klums. Denken wir an die Heidi, die mit silbernen Engelsflügeln über einen Laufsteg schreitet, als Model des Dessous-Labels Victoria's Secret, oder sich in einem knappen Bikini auf dem Cover des Magazins ›Sports Illustrated‹ räkelt. Beides schon länger her? Dann nehmen wir die Heidi, die aus einem Learjet steigt, eine Frau für alle Jahreszeiten und Wetterlagen, dank Drei-Wetter-Taft. Oder wie wäre es mit der Heidi, die seit zig Jahren in der Jury der amerikanischen TV-Show ›Project Runway‹ sitzt und Nachwuchsdesigner beurteilt? Wesentlich mehr Raum nimmt die Heidi ein, die als Chefin von ›Germany's Next Topmodel‹ Staffel für Staffel junge Mädchen durch einen Parcours von Fotoshootings jagt. Und dann gibt es noch die, die vier Kinder hat und der man das überhaupt nicht ansieht. Eine weitere Heidi postet gerne auf Instagram und anderswo Selfies in knappen Outfits, um uns ihren auch mit über 40 Jahren makellosen Körper zu zeigen. Diese sehr mitteilsame Heidi verrät der Weltöffentlichkeit, dass sie ihre Brüste Hans und Franz nennt und sich auch mal ohne Make-up fotografieren lässt. Unglaublich, aber wahr. Mindestens eine Heidi sollte noch erwähnt werden: die Marken-Heidi, weltweit eingetragen und ein toller deutscher Exportschlager.

So viele Heidis auf einmal. Kein Wunder, dass viele sie bewundern für ihren Erfolg, ihre Energie und Vielseitigkeit. Kein Wunder auch, dass andere genervt sind von dieser omnipräsenten Frau. Nicht wenige Menschen sind Heidi-Fan und Heidi-Hasser in einem. Heidi Klum polarisiert. Wir können es anziehend oder abstoßend (oder beides gleichzeitig) finden, wie erfolgreich diese Frau ist, wo sie doch augenscheinlich außer recht gutem Aussehen wenig anderes Großartiges zu bieten hat. Weder ist sie ein überragender TV-Host noch glänzt sie durch geistreiche Aperçus oder erinnerungswürdige Taten. Wenn ihre schrille Stimme aus den TV-Lautsprechern schallt, stöhnen viele Eltern auf – und Mädchenherzen schlagen höher. Heidi Klum lässt niemanden kalt. Eine solche Wirkung hätten viele gerne.

Die Klum-Maschine läuft und läuft

Reduzieren wir Heidi Klum auf das Wesentliche, ist da eine Frau, die wahnsinnig professionell auftritt, mit ewigem Lächeln und perfekter Figur, stets diszipliniert und bestens organisiert. Hinter ihr steht ein gut geöltes Familienunternehmen, das seit Jahrzehnten zuverlässig arbeitet. Vater und Mutter Klum schwirren um ihre Tochter herum, kümmern sich um Geschäftliches und Privates. Er hält sich im Hintergrund, sie taucht auch schon einmal mit im Bild auf, wenn die Kameras sich auf Heidi richten. Und das tun sie oft und gerne. Unvorteilhafte Aufnahmen von Heidi Klum? Die wird man lange suchen müssen. Styling, Make-up und Pose sitzen immer.

Das Erstaunliche ist: Die harte Arbeit, die hinter ihrem glänzenden Auftritt steckt, merkt man Heidi Klum in der Regel nicht an. Ein Workaholic muss sie schon sein, bei all den Terminen, Reisen und Verpflichtungen. Ihre Inszenierung setzt auf Natürlichkeit, Unverfälschtheit – wobei die Welten, in denen sie sich bewegt, alles andere als natürlich oder ungekünstelt sind. Hollywood, Fashion, Celebrity-Events. Sie spielt in diesen Welten mit, befolgt ihre Regeln, gibt uns aber immer wieder zu verstehen, dass sie diejenige geblieben ist, die sie schon immer war. »Ich möchte natürlich erscheinen, möchte wiedererkennbar sein, nicht zu stark geschminkt, möchte wie ich rüberkommen ...«, sagte sie dazu einmal in einem Interview mit der ›FAZ‹ (Kaiser 2003). Wie kriegt sie das nur so gut hin, dass wir es ihr gerne glauben?

Selbstverständlich hat sie sich gewandelt, seit sie 1992 entdeckt worden ist. Vom schüchternen Casting-Mauerblümchen bei ›Gottschalk Late Night‹ über den sexy Unterwäsche-Engel und die freche Katjes-Genießerin entwickelte sie sich zur Modelmutti der Nation. Und auch in dieser letzten großen Rolle durchläuft sie eine Transformation. War sie in den Anfängen von ›Germany's Next Topmodel‹ die unnahbare Fashion-Ikone, zu der alle aufschauten, gibt sie sich mittlerweile als erwachsene beste Freundin »ihrer Mädchen«. Man sieht sie in einem Bus durchs Land fahren. Sie übernachtet sogar darin (zumindest sieht es so aus) und lässt sich filmen, wie sie morgens aufwacht. Keine Spur von Eitelkeit, nicht wahr? Ein Mensch wie du und ich. Sie beißt auch gerne mal in einen Döner oder ein Stück Pizza, weil Essen ja so viel Spaß macht – eine Botschaft an all diejenigen, die ihr vorwerfen, junge Mädchen in die Magersucht zu treiben. Demonstrativ inszeniert Heidi Klum so ihre Bodenhaftung. Keine Sekunde sollen die Zuschauer glauben, sie wüsste nicht, wo sie herkommt. Überhaupt das Image: Sie ist sich ihrer Vorbildfunktion für junge Mädchen bewusst und passt ihre Inszenierung entsprechend an.

Und was ihr Alter betrifft: Sie macht keinen Hehl daraus, dass sie die 40 überschritten hat. Gleichzeitig sieht man ihr dieses Alter nicht an. Ihr Gesicht mag ein paar Fältchen zeigen, ihr Body ist straff wie eh und je. Ihr neuerdings sanfterer Umgang mit den Model-Aspirantinnen deutet vielleicht sogar auf eine gewisse Altersmilde hin. Wahrscheinlicher ist aber, dass es ihr darum geht, sich mehr von ihrer emotionalen Seite zu zeigen.

Das Märchen vom Mädchen aus Gladbach

Doch auch eine noch so ausgeklügelte Inszenierung als Celebrity mit Bodenhaftung würde nicht funktionieren ohne eine glaubhafte Grundierung. Die liefert sie mit der grandiosen Heidi-Klum-Story. Diese Geschichte handelt vom unschuldigen Mädchen aus Bergisch Gladbach, das es in die Welt der Schönen, Reichen, Mächtigen verschlägt. Dank Fleiß und Talent schafft sie es bis nach ganz oben, brilliert auf den Laufstegen der großen Modemarken und hat die aufregendsten Liebhaber. Unsere Heidi. Ein Weltstar und doch ganz normal. Amen.

Ein Weltstar allerdings, der nie zur Riege der sogenannten Supermodels wie Linda Evangelista oder Naomi Campbell gehörte. Silberzunge Karl Lagerfeld hat dies vor Jahren einmal kommentiert. Sein Spruch »Claudia und ich, wir kennen die nicht. Die war niemals in Paris« wird bis heute gerne zitiert. Tatsächlich war und ist Heidi Klum kein Haute-Couture-Model. Sie ist Covergirl, Werbefigur, TV-Presenterin, Unternehmerin. Doch in erster Linie ist sie eine Celebrity, also sehr, sehr bekannt. Und das ist sie vor allem in Deutschland und den USA, zwei nicht gerade unwichtigen Märkten. Ihre Art und ihr Typ kommen in diesen beiden Ländern bestens an. Gerade bei den Amerikanern verkauft sich ihre natürlich-saubere Sexyness gut. Klum wirkt anziehend, aber niemals verrucht oder dirty. Ihr sauberes Image als All-American-Girl-Import aus Germany bescherte ihr schon zahlreiche Aufträge. Wenn in Hollywood die Oscars verliehen werden oder in New York die Met-Gala steigt, ist Heidi Klum mit dabei. Welche andere lebende Deutsche hat es in Sachen Celebrity-Faktor derart weit gebracht?

Ein großes Manko hatte die Heidi-Klum-Story über Jahre hinweg: Sie wies keinen Bruch auf. Es gab nie einen Punkt, an dem sie zu scheitern drohte und alle Kraft aufbieten musste, um sich aus dem Schlamassel zu ziehen. Viele große Stars haben solche Brüche in ihrer Biografie. Denken wir an Tina Turner, die pleite war nach der Trennung von ihrem Mann

Ike und sich mühsam wieder nach oben arbeiten musste. Bei Heidi Klum lief scheinbar alles nach Drehbuch. Ihr Erfolgsprofil bot dadurch aber auch weniger Identifikationsmöglichkeiten als zum Beispiel eine Comeback-Story à la Turner. Wenn Heidi Klum manchen Menschen zu glatt und aufgesetzt erscheint, hat das vor allem mit diesem Mangel an Bewährungsproben zu tun. 2012, als Ehemann Seal und sie sich trennten, hatte sie zum ersten Mal so etwas wie eine Krise. Für die Öffentlichkeit kam das Ende der Beziehung überraschend. Hatten die beiden sich doch immer als Traumpaar dargestellt und jedes Jahr erneut ihr Eheversprechen abgelegt und als Trauzeugen die einschlägigen Boulevardmedien eingeladen. Das Ehe-Aus warf Heidi Klum jedoch nicht aus der Bahn. Die Show musste weitergehen. Eine traurige Heidi? Gift fürs Image und damit fürs Geschäft.

TV hat sie groß gemacht

Ohne die TV-Shows ›Project Runway‹ und ›Germany's Next Topmodel‹ (GNTM) sähe es freilich anders aus für sie. Beide Sendungen lenken eine Menge Aufmerksamkeit auf sie. In Deutschland hält sie sich dauerhaft im Gespräch, zum Beispiel wenn Medien darüber spekulieren, ob Wolfgang Joop noch einmal in der Jury für die nächste Staffel sitzen wird. Oder ob das Format der Show völlig umgekrempelt werden muss, weil die Quoten langsam, aber stetig sinken. Sogar von Nachfolgerinnen für Klum ist die Rede. Majestätsbeleidigung! Wie könnte eine blasse Lena Gercke, Gewinnerin der ersten Staffel von GNTM, die strahlende, unwiderstehliche, fantastische Heidi ersetzen? Nüchtern betrachtet ist die TV-Show eine Heidi-Show. Alles dreht sich um sie. In jeder Folge führt sie mehrere Looks vor, in denen sie umwerfend aussieht. Gerne erwähnt sie auch, welche Stars sie kennt, mit wem sie gerade einen Shoot hatte oder zu welchem Event sie gleich im Anschluss muss. Dieses anstrengende Leben im Jetset.

Die Heidi Klum von ›Project Runway‹ ist eine andere. Wir erinnern uns, es gibt viele Heidis. Die amerikanische TV-Heidi ist Teamplayerin und längst nicht so bildschirmfüllend wie die deutsche Topmodel-Heidi. Dafür ist auch wenig Zeit. Eine mehr als zweistündige Sendung mit spürbaren Längen wäre in den USA undenkbar. Eine Folge von ›Project Runway‹ dauert rund eine Stunde und ist wesentlich temporeicher. Klum ist Teil der Jury und sagt Sätze auf, die sehr »scripted« klingen. Für Selbstdarstellungen à la Aufwachen im Bus oder Döneressen ist hier kein Platz. Das dramaturgische Korsett ist enger. Heidi Klum passt sich dem an und konzentriert sich darauf, eine gute Figur zu machen.

Perfekt aussehen, sich ideal präsentieren, an den richtigen Orten auftreten, die besten Bilder liefern – Heidi Klum versteht sich darauf. Wenn sie nicht gerade auf einem roten Teppich steht und sich fotografieren lassen kann, postet sie eben selbst Bilder von sich. Zur Freude der Medien, die von solchen Bildern leben: Schaut nur, wie glücklich ihr neuer junger Lover sie macht! Was für einen tollen Body sie hat! Oder ist sie vielleicht doch ein wenig zu dünn geworden?

Ihre Selbstdarstellung findet jedoch dort ihre Grenzen, wo es um ihre engste Familie geht. Ihre Kinder tauchen nie auf. Anders als andere Stars hält sie sie aus ihrem öffentlichen Leben heraus. Sie redet gerne darüber, wie es als Mutter von vier Kindern so ist. Aber sie wahrt ihre Privatsphäre.

▶ **Auf den Punkt gebracht:**
Heidi Klum, die widersprüchliche Perfektionistin

Muss es nicht furchtbar anstrengend sein, Heidi Klum zu sein? All den hohen Ansprüchen an sich selbst zu genügen, tagein, tagaus? Immer die Optimismus-Leuchtboje

Die »Eiskönigin« kann auch anders: eruptive Euphorie bei **Angela Merkel**, die Fäuste gen Himmel, der signalrote Blazer ein Volltreffer

Harter Kerl auf müdem Gaul: Die Inszenierungen von **Wladimir Putin** gleiten oft unfreiwillig ins Komische ab.

Stark in Szene gesetzt: auch wenn die Top-Gun-Pose von **Ursula von der Leyen** angeblich nur ein Glückstreffer des Fotografen war

Ihr seid das Volk, und ich bin wie ihr. **Hillary Clinton** kämpft hart für ein weicheres Image.

Auf Menschen zugehen, **Joachim Gauck** zeigt da wenig Scheu. Er bewegt und berührt gerne.

Dieser Blick: Nicht umsonst zählt **George Clooney**
zu den beliebtesten Hinguckern der Welt.

Reif für den Oscar: So überirdisch gut
wie **David und Victoria Beckham**
verkörpert niemand das perfekte Paar.

Die hat was drauf: Mögen viele über sie lästern, doch eine **Heidi Klum** lässt sich nicht die Butter vom Brötchen nehmen.

The Queen of Fashion: Kontrolliert bis in die letzte Faser, so liebt und fürchtet man **Anna Wintour**.

Ein Nerd wird Vater – und gleich eine Spur menschlicher:
Mark Zuckerberg postet dieses Bild natürlich sofort auf Facebook.

Oliver Samwer will steil nach oben mit seiner Rocket Internet AG.
»Bullish« ist bislang aber nur sein Benehmen.

Mit seinen Wutausbrüchen machte sich **Uli Hoeneß** Freunde und Feinde.
Gibt er sich nach dem Kittchen sanft wie ein Kätzchen?

Ein großer Unternehmer muss ein toller Unterhalter sein.
Richard Branson serviert uns diese Botschaft seit vielen Jahren.

Im Rausch der Extreme:
In ihrer wilden Phase war
Gloria von Thurn und Taxis
sogar die Schwerkraft schnuppe.

Für **Usain Bolt** ist keine Pose zu
groß, keine Grimasse zu breit.
Das Rennen selbst wird fast
zum Pausenfüller.

Ein guter Trainer steht über
den Dingen, ohne abzuheben.
Keiner verkörpert dieses
Ideal so lässig wie **Joachim Löw**.

Ein Mann, eine Faust: **Jürgen Klopp**
führt, siegt und verliert mit so viel
Emotion, dass selbst kühle Briten
dahinschmelzen.

Allein unter Hobbits: Der eher introvertierte **Dirk Nowitzki** muss einfach nur anwesend sein, um aufzufallen.

Lebensfroh, natürlich, sympathisch: **Andrea Petkovic** ist eine ideale Werbeträgerin, wie man sieht.

Mit Hirn, Charme und Methode: So elegant kommt **Wladimir Klitschko** sicher auch über den Verlust des Weltmeistertitels hinweg.

sein, immer Disziplin zeigen, immer diesen ganzen Erwartungen gerecht werden? Ist sie, wie viele andere Celebrities, eine Gefangene ihres Images geworden? Der Wunsch, einerseits normal wie du und ich sein zu wollen, andererseits ein sehr unnormales Leben zu führen, ist grundlegend für die Selbstinszenierung von Heidi Klum. In ihren besten Momenten löst sie diesen Widerspruch in Wohlgefallen auf. Dann springt da eine freche Heidi in teuren Designerklamotten herum, beißt in eine Bratwurst und wirkt sympathisch durch und durch. Mit der würde man gerne mal durch die Läden ziehen und shoppen. Nun gut, netterweise sollte das über ihre Kreditkarte laufen. Doch es gibt auch schwache Momente, in denen die Selbstinszenierung nicht gelingt und in ihrem Verhalten etwas Eisiges und Hartes aufblitzt. Als Beobachter grübelt man, ob sie nicht doch nur die scharf kalkulierende Geschäftsfrau ist, die manch Kritiker in ihr sieht. Das lustige Mädchen aus Bergisch Gladbach und die knallharte Powerfrau vertragen sich nur, wenn Licht, Ton, Kamera, Script und natürlich die Leistung der Hauptdarstellerin stimmen. Wie gesagt, Heidi Klum zu sein ist anstrengend.

Wirkung à la Klum – was lernen wir?

- Auch Bodenständigkeit muss man in Szene setzen
- Gute Laune steckt an, kann im Übermaß aber auch nerven
- Als Original glänzen: aus dem Rollenkorsett ausbrechen, Unerwartetes machen

George Clooney: Ganz schön abgebrüht

Wenn man auf den Straßen von Paris, Sydney, Berlin, New York, London oder Wien die Menschen fragen würde, welcher lebende männliche Star für sie attraktiv, intelligent und glamourös wie kein Zweiter ist, bekäme man in den meisten Fällen dieselbe Antwort: George Clooney. Vor ein paar Jahrzehnten hätten die Leute die Namen von Humphrey Bogart, Cary Grant oder Steve McQueen genannt. Zum Ende des letzten Jahrhunderts gab es solche Übergestalten, die Stil und Klasse verkörpern, nicht mehr. Bis dieser Spätzünder wie aus dem Nichts auftauchte und zu einem der bekanntesten Filmstars unserer Zeit aufstieg. Er füllte eine Lücke, die lange unbesetzt war. Es war so, als hätten Medien und Öffentlichkeit sehnsüchtig auf jemanden gewartet, der nicht einfach nur gut aussieht und gut spielt, sondern das berühmte gewisse Etwas hat, eine umwerfende Ausstrahlung eben. Sehnsucht, dieses Wort trifft es auf den Punkt, wenn man über George Clooney nachdenkt und Erklärungen für seinen Ruhm finden will.

Clooney ist Frauenschwarm, Gentleman, UN-Botschafter, Filmemacher, Stilikone und Markenbotschafter. Er war »sexiest man alive« und wurde vom ›Forbes Magazine‹ zu den 100 wichtigsten Persönlichkeiten gezählt. Ihm wurden Affären mit den aufregendsten Frauen nachgesagt, er galt als ewiger Single, bis er schließlich mit venezianischem Brimborium die Menschenrechtsanwältin Amal Alamuddin heiratete. Das typische Hollywood-Rollenmuster, für Clooney gilt es nicht. Er ließ sich nie in eine Schublade stecken. Er spielte in Kommerzschinken wie ›Batman & Robin‹ mit, aber auch in leiseren, inhaltsschwereren Filmen wie ›O Brother. Where Art Thou?‹ oder ›The Descendants‹. Als Danny Ocean trat er in drei Spielfilmen von Steven Soderbergh auf, eine Rolle, die ihm auf den Leib geschrieben war. Mittlerweile produziert er selbst Filme wie ›Argo‹ oder ›Im August in Osage County‹, und er führt Regie, zum Beispiel bei ›The Ides of March‹ oder ›Monuments Men‹.

Lässig, was sonst?

Seit 2006 ist er das Werbegesicht der Marke Nespresso. In den Spots wird ironisch mit Clooneys Image als Frauenliebling gespielt. Selbst der schöne George hat keine Chance, wenn eine Tasse Nespresso lockt. Für Clooneys Inszenierung sind diese Kaffee-Commercials prägend. Er spielt sich dort so, wie ihn die Leute wahrnehmen sollen. Als lockeren, unaufgeregten Star, der über sich selbst lachen kann und nicht um jeden Preis im Mittelpunkt stehen will. Vielen Millionen Menschen rund um die Welt kann er sich auf diese Weise im besten Licht präsentieren – und wird auch noch fürstlich honoriert dafür. Lässig, dieser Clooney, nicht wahr?

Das Lässige, Coole ist zu seinem Markenzeichen geworden. Alles an ihm kommuniziert: OK, ich spiele in vielen Filmen mit und verdiene eine Masse Geld. Aber hey, das ist nicht so wichtig. Man könnte meinen, er sei schon immer so abgeklärt und über den Dingen stehend gewesen. Als hätte es nie einen jungen Clooney gegeben. 1994 begann seine Karriere in der Serie ›Emergency Room‹. Da war er fast Mitte 30. Brad Pitt und Johnny Depp hatten in dem Alter längst den Zenit ihres Ruhms erreicht. Clooney legte erst los. Je älter er wurde, desto größer wurde sein Ruhm. Bei anderen Schauspielern, primär den weiblichen, lästert man über Falten und Speckröllchen. Bei ihm betrachtet man graue Schläfen als Zeichen von Reife und Qualität. Fast so wie bei einem guten Wein. Clooney scheint ein ganz besonderer Jahrgang zu sein, der immer besser wird und an Wert gewinnt. Celebrity-Magazine wie die ›Gala‹ erklären ihn zum Musterbeispiel für würdevolles Altern. Botox, Liftings oder Haarefärben kämen für einen George Clooney nicht in Frage. Er selbst sagt dazu: »Ich denke, wir alle müssen uns damit arrangieren, dass wir älter werden, und nicht dagegen ankämpfen. Wir haben nur zwei Möglichkeiten – entweder älter zu werden oder zu sterben.« (›Gala‹ 2015) Das klingt so aufrichtig wie banal und trifft bei seinen Anhängern – sind wir das im Prinzip nicht alle? – ins Schwarze. Dieser George ist eben ein Vernünftiger. Weil er sich zu seinen Makeln und Schwächen bekennt, gilt er als ehrlicher Charakter. Zu seinem 50. Geburtstag schwingt sich die Journalistin Karla Steuckmann (2011) zu dieser Eloge auf: »Er tut nicht so, als wäre er anders. Und er macht nichts, was ihm den Blick in den Spiegel erschweren könnte: keine miesen Filme, dann lieber weniger Geld, keine Champagner-Charity, sondern nachhaltige Projekte, keine Ehe, nur weil es erwartet wird. George ist so schön, weil er in Hollywoods Strassgeglitzer einer der wenigen echten Steine ist.« Hier scheint sie deutlich durch, die Sehnsucht nach Werten, die Clooney offenbar befriedigt. Werte: Das klingt altmodisch. Und irgendwie sieht dieser George Clooney auch altmodisch aus, im positiven Sinne. Sein Gesicht, seine Frisur, sein Auftreten verströmen den Charme der 50er Jahre. Dieser Mann riecht nach Sommerurlaub an der Côte d'Azur, man sieht ihn in einem offenen Sportcoupé, eine Hand am Steuer, die andere schiebt eine Strähne zurück, jetzt fehlt nur noch eine Grace Kelly an seiner Seite.

Gutes Gewissen immer inklusive

George Clooney weiß sich als Galan der alten Schule zu inszenieren. Geht er mit der Familie seiner Frau Amal ins Restaurant, hakt er sich bei Schwiegermutter Baria Alamuddin ein und führt sie an ihren Tisch. Das kommt bei jüngeren und älteren weiblichen Fans gleichermaßen an. Wer hätte nicht gerne solch einen Gentleman an seiner Seite beziehungsweise als Schwiegersohn? Zumal man mit ihm über die Menschenrechte im Sudan wie auch über die aktuelle Kollektion von Balenciaga plaudern kann.

Schauen wir uns einen Clooney-Film an, also ein Werk, an dem er als Produzent, Regisseur, Autor oder Darsteller beteiligt ist, können wir das mit einem guten Gefühl tun. Wir wissen ja, dass er sich nicht unüberlegt für ein Projekt entscheidet. Wo Clooney draufsteht, sind gute Botschaft und Qualität drin. So wie man früher in einen Spielberg-Film gehen konnte und immer sicher war, bestens unterhalten zu werden. Clooney hat sich in dieser Beziehung zu einer ähnlich verlässlichen Marke entwickelt. Eine Komödie über die Machenschaften der NSA oder ein Liebesdrama, das in einem IS-Camp spielt – sollte es diese Filme geben, dann würden wir sie einem George Clooney zutrauen. Dass er sich politisch engagiert und für ganz unterschiedliche gute Zwecke aufs Podium steigt und seine Meinung sagt, macht ihn für viele gar zu einem typischen Gutmenschen.

So viel Interesse, so wenig zu sehen

Der leider viel zu früh verstorbene Filmkritiker Michael Althen hat sich in einem Essay mit der widersprüchlichen Existenz der großen Stars beschäftigt: »Stars sind Projektionsflächen, und ihre Ausstrahlung bemisst sich geradezu danach, für wie viele Träume darauf Platz ist. Kein Wunder, wenn sie sich zu panzern versuchen gegen die Millionen Blicke, die auf sie gerichtet sind – und vielleicht ein noch größeres Wunder, wie bereitwillig sie sich andererseits diesen Blicken öffnen. Wie gierig sie sind nach Anerkennung und Aufmerksamkeit und wie naiv in ihrem Glauben, die Leute sähen nur, was sie, die Stars, auch wirklich zeigen wollen. Irgendwo tut sich immer eine Lücke auf, durch die man ihnen ins Herz blicken zu können glaubt. Irgendwo sind alle so verletzlich wie

Siegfried unter dem Lindenblatt – selbst eine Eisheilige wie Greta Garbo, die glaubte, sie könne sich vor der Welt verstecken, und dann als altes Weib mit wirrem Haar abgelichtet wurde.« (Althen 1999)

Vor der medialen Aufmerksamkeit kann sich auch ein Clooney nicht verstecken. Er braucht sie, um seine Projekte zu bewerben. Um seinen Marktwert als Werbeikone zu steigern. Um im Gespräch zu bleiben. Um sich als Star inszenieren zu können, dem das Medieninteresse schnuppe ist. Wenn Letzteres kein Widerspruch ist, was dann?

Alles andere als bescheiden fiel zum Beispiel die Hochzeitsfeier mit Amal Alamuddin aus. Sie war eine Meisterleistung in Sachen Medieninszenierung. Mehrere Tage lang versetzten die beiden Venedig in einen Ausnahmezustand und sorgten für ein Schaulaufen der Celebrities. Ausgiebig wurden die Medien mit Bildern und Meldungen aus der Lagunenstadt versorgt: Die schöne selbstbewusste Braut, sie hat sogar einen Beruf. Der stolze Bräutigam feiert Junggesellenabschied. In dieser Suite verbringen sie die Hochzeitsnacht. Alle Welt sollte, musste, durfte von dieser Hochzeit erfahren. Andererseits fanden alle wichtigen Bestandteile wie zum Beispiel die Trauung selbst streng abgeschirmt statt. Ein Rest von Geheimnis blieb also gewahrt. Typisch Clooney, denn bei aller Offenherzigkeit in Interviews, in denen er auch schon mal gesteht, Drogen konsumiert zu haben, umweht ihn etwas Geheimnisvolles. Sein Privatleben schirmt er vor der Öffentlichkeit weitgehend ab. Mit der Hochzeit warf er den Medien nun einen fetten Brocken hin. Diese Inszenierung bediente eine andere Sehnsucht: die nach einer Traumhochzeit à la Hollywood. Gondeln, prächtige Hotels und Palazzi, ein Heer von befreundeten Stars als Gäste. War es wirklich sein Traum, so zu heiraten?

Die These von Althen, hier können wir sie überprüfen: Der

Star panzert sich gegen die Millionen Blicke und öffnet sich zugleich. Doch wo ist das Lindenblatt von George Clooney? Sehen wir wirklich nur, was er uns zeigen will?

Der Trick der großen Stars ist, dass sie uns glauben lassen, wir könnten ihnen ins Herz blicken. Althen zitiert hier den britischen Filmhistoriker David Thomson: »Die Macht von Stars liegt in ihrer Beziehung zu Fremden. Sie haben eine neue Art von Bekanntschaft etabliert, Vertrautheit ohne Kontakt, Intimität ohne Erfahrung. Es ist für die große Show der Stars unerlässlich, dass sie jedem Augenpaar im Dunkeln dasselbe zuflüstern: ›Hier ist mein Geheimnis – nur für dich!‹«

Clooney erfüllt diese Anforderung perfekt. Er verkörpert eine moderne Version des klassischen Filmstars. Seine Biografin Kimberly Potts nennt ihn gar den »last great movie star«. Er wirkt nahbar und menschlich, lässt jedoch unseren Fantasien, Träumen, Sehnsüchten genug Raum. Frauen können für ihn schwärmen, ohne sich schämen zu müssen. Schließlich ist er kein oberflächlicher Schönling oder Muskelprotz, sondern ein attraktiver Mann mit Klasse und Intellekt. Viele Männer wären gerne so wie er, selbst wenn sie es nicht offen zugeben. Reichlich Platz ist da auch für Gerüchte und Verschwörungstheorien. Ist er vielleicht doch schwul oder zumindest bisexuell und seine Heirat nur eine Scharade, wie manche munkeln? Oder streut er diese Vermutungen selbst, um sich interessanter zu machen? Bereitet er sich auf eine politische Karriere vor? Will er einmal Präsident werden? Oder UN-Generalsekretär?

Der Star, der sich mit Schinken einreibt

Von Clooneys Engagement für Minderheiten, politisch Verfolgte und Katastrophenopfer war bereits die Rede. Tatsächlich ist es so intensiv und beständig, dass der Vorwurf, hier poliere nur mal wieder ein Star sein Image auf, zu Recht an ihm abprallt. Zahlreiche Auszeichnungen hat er in den USA und weltweit für sein Wirken erhalten. Er hätte es sich einfach machen können. Nur die lukrativsten Rollen annehmen, Gagen kassieren und die fünfzehnte Villa kaufen. Stattdessen widmet er sich Themen, die nicht unbedingt Box-Office-Erfolge versprechen. O. K., als Bettelmönch wird er trotzdem nicht enden. Keine schlechte Masche, Mr. Clooney.

Kann man jemanden wie George Clooney auf eine Eigenschaft reduzieren, die mehr über ihn verrät als alles andere? Nach Ansicht des Journalisten Tom Junod zeichnet Clooney eines aus: Er will geliebt werden. Unbedingt. Von allen. Nicht aus Eitelkeit, sondern aus Sportsgeist. Er setzt alles daran, dass die Leute ihn mögen. Es gibt da eine kleine Story, die Clooney selbst oft erzählt. Als er sich vor Jahren einen neuen Hund zulegen wollte, entdeckte er auf der Website eines Tierschutzvereins einen schwarzen Cockerspaniel-Mischling. Er rief bei dem Verein an und die Dame am Telefon erklärte ihm, dass der Hund ausgesetzt worden und stark unterernährt gewesen sei. Sie sei gerne bereit, ihn bei Clooney vorbeizubringen, doch wenn der Hund ihn nicht möge, müsse sie das Tier wieder mitnehmen. Was tat Clooney? Er rieb sich mit einem Truthahnschinken ein, den er im Kühlschrank hatte. Der Hund stürzte sich auf ihn und schleckte ihn ab. Die Tierschützerin war baff (Junod 2013).

George Clooney, der charismatische Klassiker

Seine Wirkung ist klassisch wie Rasierwasser von Old Spice, hat jedoch eine durch und durch zeitgemäße Note. Graues Haar, selbstbewusstes Grinsen, besonnene Art: Solch eine Erscheinung weckt Sympathie und Vertrauen. Für Bewunderer, die eine rationale Begründung für ihre Zuneigung brauchen, bietet sich sein politisches Engagement an. Klassischer Look und liberaler Zeitgeist bilden bei Clooney eine attraktive Allianz. Dazuhin hat er Humor. Er nimmt sich selbst gerne auf die Schippe und das sieht man ihm an – wie ihm überhaupt immer ins Gesicht geschrieben steht, was er erzählt. Er weiß, wie gut das bei uns ankommt. Dieser markante, emotionale Gesichtsausdruck ist ein Garant, um Menschen zu begeistern. Clooney ist ein Gefühlsdarsteller. Und was gibt es Einflussreicheres als Gefühle?

Wirkung à la Clooney – was lernen wir?

- Männlichkeit und Manieren sind ein ideales Paar
- Nie zu viel über sich preisgeben, kleine Geheimnisse machen attraktiv
- Menschen für sich gewinnen: jedem ein Lächeln schenken, ob Kellner oder Chef

Anna Wintour: Stil(l) in der Front Row

Diese Frau ist kein Filmstar, doch Filme haben sie berühmt gemacht. Bis 2006 ist sie nur Kennern der Fashionwelt ein Begriff. Die breite Öffentlichkeit nimmt von ihr wenig Notiz. Ein Spielfilm ändert das. Dabei wird weder ihr Name genannt noch sieht die Schauspielerin, deren Rolle ihr nachempfunden ist, ihr auch nur annähernd ähnlich. Trotzdem interessieren sich aufgrund dieses Films plötzlich viele Menschen für diese Anna Wintour und ihre angeblichen Marotten. In jeder Filmbesprechung wird darauf hingewiesen, dass die Autorin des Buches, auf dem der Film basiert, eine ehemalige Assistentin von Wintour, der Chefredakteurin des amerikanischen ›Vogue‹-Magazins, ist. In ›Der Teufel trägt Prada‹ hat sie ihre Erlebnisse verarbeitet und auf diese Weise mit ihrer früheren Vorgesetzten abgerechnet. Aber was heißt abgerechnet? Wirklich unvorteilhaft wird die Film-Wintour gar nicht mal gezeichnet. Meryl Streep verkörpert die Chefin eines fiktiven Modemagazins zwar als absolute Diva, verleiht ihr aber Schläue und Humor. Und das Original erscheint sogar zur Premiere des Films – gekleidet in Prada.

In den folgenden Jahren taucht der Name Anna Wintour immer öfter in den Society-Berichten der Medien auf. Mächtig ist sie als Chefredakteurin der US-›Vogue‹ ja schon lange, sie bestimmt Trends mit, fördert Designer, fädelt Deals ein. Als eine der Ersten ahnt sie den Celebrity-Boom voraus und nimmt echte Stars aufs Cover. Designer wie Marc Jacobs, John Galliano oder Stella McCartney verdanken ihr viel. Doch nun wird sie selbst zur Celebrity und damit noch einflussreicher. Nun zieht sie selbst die Aufmerksamkeit auf sich, die sie zuvor auf andere gelenkt hat. Sie wird zu einer Marke. Ihr markantes Erscheinungsbild hilft ihr dabei. Stets hat sie dieselbe Bob-Frisur, dazu eine große Sonnenbrille und vor allem: diese unbewegte Miene. Ihr Gang ist kontrolliert, ja sogar ihre Sitzhaltung. Bei den großen Fashion-Shows sitzt sie aufrecht in der ersten Reihe, scheinbar teilnahmslos und unantastbar. Ihr regungsloses Gesicht passt so schön zum Klischee der gnadenlosen Diktatorin, die rund um die Uhr ihre Mitarbeiter schikaniert und beim Lunch über Karrieren richtet. Daumen hoch oder runter? Anna rules.

Wie man Chefredakteurin der ›Vogue‹ wird

Drei Jahre nach ›Der Teufel trägt Prada‹ korrigiert ein anderer Film dieses harte Image. Der Dokumentarfilmer R. J. Cutler begleitet 2007 Anna Wintour und ihr Team über Monate hinweg bei der Arbeit an der begehrten Septembersonderausgabe der ›Vogue‹. 2009 erscheint ›The September Issue‹ und zeigt eine Wintour, die resolut führt und sich ihrer herausragenden Position bewusst ist, ansonsten aber wenig mit einer herrschsüchtigen Egomanin gemein hat. Auf einmal spricht und lacht und scherzt diese Frau, die man sonst immer nur schweigend und wie eingefroren auf Bildern von irgendwelchen Fashion Weeks sieht. Sogar mit Darth Vader wurde sie schon verglichen. Unter der Maske aus Bob und Sonnenbrille schlummert also auch bei ihr ein menschliches Wesen. Allerdings liefert der Dokumentarfilm keine Hinweise darauf, dass die wilden Anekdoten über Wintours Exzentrik nicht wahr sein könnten. So kursiert das Gerücht, Praktikantinnen dürften die Chefin nicht ansprechen oder grüßen und ihr auf keinen Fall in die Augen schauen. Richtig oder falsch? Wer weiß, vielleicht amüsiert sich Wintour köstlich über solche Geschichten. Als gebürtige Britin hat sie bestimmt Sinn für schwarzen Humor und ganz sicher auch für überspannte Verhaltensweisen.

Sie wuchs in London auf, ihr Vater war Chefredakteur des ›Evening Standard‹. Während ihre Geschwister allesamt eine akademische Karriere einschlugen, wurde sie zu einer Art It-Girl und hing mit älteren Männern wie Eric Idle von der Comedytruppe Monty Python's oder Bob Marley ab. Für Mode interessierte sie sich schon immer, und ihr großer Traum war angeblich seit Teenagerzeiten, eines Tages Chefredakteurin der ›Vogue‹ zu werden. Bevor es hierzu 1988 kam, legte sie noch einige Zwischenstopps bei verschiedenen Modemagazinen ein. 1983 arbeitete sie erstmals für die amerikanische ›Vogue‹, deren Chefredakteurin Grace Mirabella – was für ein Name! – sie gefragt haben soll, welchen Job sie denn gerne hätte. Wintours Antwort: Ihren! Angeblich aufgrund ihrer Beziehung zum ›Vogue‹-Verleger Sid Newhouse und einer von ihr angezettelten Palastrevolte gegen Mirabella wurde Wintour nach London versetzt. Dort hatte sie ab 1986 als Chefin der britischen ›Vogue‹ einen so gigantischen Erfolg, dass sie zwei Jahre später zurückkehrte und Mirabella ablöste (Jensen 2006).

Man wirft ihr vor, Beziehungen zu einflussreichen Männern für ihre Karriere genutzt zu haben und eine Meisterin der Intrige zu sein – was davon wahr ist, sei dahingestellt. Frauen in Machtpositionen scheinen sich immer rechtfertigen zu müssen, wie sie es denn so weit geschafft haben. Bei Männern wird der Drang zur Macht als angeboren betrachtet, ihre Wahl der Mittel großzügig akzeptiert. Anna Wintour ist sicher keine Margaret Thatcher, die ihre Handtasche schwingt und alle Gegner aus dem Weg räumt. Doch sie weiß ihren Willen durchzusetzen. Und der Erfolg gab ihr bislang immer recht: Sie hat die ›Vogue‹ nach ihrem Antritt als Chefredakteurin kräftig umgemodelt. Viele Mitarbeiter mussten gehen, das Konzept des Magazins überarbeitete sie. Jetzt hieß es »Klasse für die Masse«. Teuere und erschwingliche Mode ließ Wintour auf den Seiten munter kombinieren. Ein Mix, der uns heute normal erscheint, damals aber für Aufsehen sorgte (Jensen 2006). Immer wieder gab und gibt es Meldungen, ihr Thron würde wanken. Nur: Wer könnte Wintour ersetzen? So untrennbar wie Karl Lagerfeld und Chanel sind die ›Vogue‹ und Anna Wintour.

Die Lagerfeld des Modejournalismus

Wie »Karl der Große« pflegt sie eine Selbstinszenierung, die einen hohen Wiedererkennungswert garantiert: Auch sie ist ein Solitär, exzentrisch, seit vielen Jahren im Geschäft, Objekt von Spott und Bewunderung. Ihr Äußeres hat sie im Laufe der Jahrzehnte niemals radikal verändert, sondern stets nur behutsam modifiziert. Sie war schon immer gertenschlank. Ihre Frisur und ihre Haarfarbe variieren nur leicht. Sie trägt nur Haute Couture, liebt Auffälliges und Buntes. Zu ihrem typischen Outfit gehören neben der Sonnenbrille die beigen Slingpumps von Manolo Blahnik, die für sie maßgefertigt werden. Sie trägt sie so lange, bis die Riemchen heruntergetreten sind – dann gibt es neue, im gleichen Stil. Ihr Markenzeichen-Look hilft, Gefühlsregungen zu verbergen. Augen, Stirn, Ohren sind meist verdeckt. Staunen, Skepsis, Aufregung, all das bleibt uns verborgen. Und dann ist da trotzdem, bei aller nachgesagten Kälte, dieses Zarte und Verletzliche, das sie ausstrahlt. Woher rührt diese Wahrnehmung? Spüren wir instinktiv, dass unter dem Couture-Panzer ein ganz anderer Mensch steckt, so wie man es in ›The September Issue‹ beobachten kann?

In den wenigen privaten Momenten, in denen man sie in der Öffentlichkeit erleben kann, wirkt sie jedenfalls viel entspannter als in ihrer Rolle als ›Vogue‹-Chefin. Beim Tennis zum Beispiel, ihrem Lieblingssport. Sie besucht gerne die großen Turniere in Wimbledon und anderswo. Dort zeigt sie ein anderes Gesicht, selbst wenn sie wie immer eine ihrer riesigen Sonnenbrillen trägt. Sie geht beim Spiel mit, verfolgt spannende Ballwechsel im Stehen, weil sie es wohl vor Aufregung nicht mehr auf dem Platz aushält, und sie lächelt viel. Wenn wir davon ausgehen, hier ihr Normalverhalten zu beobachten, tritt eine starke Diskrepanz zu ihrem sonstigen Ausdruck zutage. Die aufrechte, sich sehr kontrolliert bewegende und angespannt wirkende Wintour der Fashion Shows und Red Carpet Events schützt sich so vor ihrer Umwelt. Sie baut Barrieren auf, um wenig angreifbar zu sein. Sie ist viel empfindlicher, als alle denken (Strobel 2014).

Harte Schale, weicher Kern? Bei Wintour und vielen anderen Unnahbaren scheint dieser Spruch zu stimmen. Auch solche Celebrities bieten ein hohes Identifikationspotenzial. Wer selbst täglich im Wettbewerb steht und sich behaupten muss, wird mit Wintour mitfühlen und sie für ihre Stärke bewundern. Einfach alles an sich abprallen lassen wie sie, das wäre es doch. Wirft ihr jemand, wie geschehen, eine Sahnetorte an den Kopf, bringt sie das nicht aus dem Gleichgewicht. Kurz in den Powder Room zum Säubern und schon macht sie mit eiserner Contenance weiter. Wie es tief in ihr drinnen aussieht, das zeigt sie uns nicht. Eine weinende Wintour wäre ein gefundenes Fressen für die Fotografenmeute. Ihre Selbstinszenierung schließt Gefühlsduseleien aus. Besser als eiskalte Businessfrau gefürchtet sein, als durch emotionale Schwankungen für Unsicherheit und schlechte Geschäftsabschlüsse sorgen. Wer ihr Gefühlskälte vorwirft, verkennt die Härte des Fashionbusiness. Zarte Designergemüter waren hier schon immer in Gefahr. Ein Yves Saint Laurent brauchte bei aller Genialität stets einen geschäftstüchtigen Counterpart, den er in seinem Partner Pierre Bergé fand. Sonst wäre er hoffnungslos verloren gewesen und niemals zur Legende geworden.

Nun ist Wintour in diesem Sinne keine Kreative, böse Zungen behaupten, sie habe in ihrer Journalistenlaufbahn nie eigenständig einen Artikel geschrieben. Sie ist eine Frau, die Kreativität erkennt, bewertet, fördert und ja, auch mit ihr handelt. Und vor allem ist sie eine glänzende Netzwerkerin und Kommunikatorin. Sie verfügt über hochkarätige Kontakte in die Welt von Mode, Unterhaltung, Wirtschaft und Politik. Wenn Anna anruft, nehmen Oprah Winfrey, Michelle Obama oder LVMH-Boss Bernard Arnault gerne den Hörer ab (Groth 2011).

► **Auf den Punkt gebracht:**
Anna Wintour, die mächtige Untertreiberin

Ihre Anziehungsmacht ist komplexer und vielschichtiger als die von anderen Celebrities. Wir sehen – ähnlich wie bei einem Eisberg, für den sie ja gerne gehalten wird – nur die Spitze. Doch wir ahnen, dass da viel mehr an Einfluss vorhanden ist. Anziehungsmacht kann man in ihrem Fall sehr wörtlich auslegen. Sie hat Einfluss darauf, was wir tragen, wie wir uns anderen gegenüber präsentieren und inszenieren. Selbst wenn wir nicht jedem Trend hinterherjagen und uns gegen die Einflüsterungen der Modegurus gefeit fühlen. Irgendwie sickern die Modetrends doch zu uns durch. Im Film ›Der Teufel trägt Prada‹ belehrt Chefredakteurin Miranda Priestly ihre neue Assistentin Andy über diese Macht der Mode, an der niemand vorbeikommt. Nicht Andy habe den blauen Sweater, den sie trägt, ausgewählt, sondern die Leute der Modeindustrie hätten diese Entscheidung für sie getroffen. Anna zieht uns an, auf ihre stille, stilvolle Art.

Wirkung à la Wintour – was lernen wir?

- Seinen Stil finden und ihm treu bleiben, eine elegante Strategie
- Man muss nicht jedem gefallen, sondern nur denen, auf die es ankommt
- Schutz fürs sensible Gemüt: aufrechter Gang, dezente Gesten, sparsame Mimik

Fazit: Schöner Schein ist nicht alles

Wir brauchen sie nicht. Diese Beckhams, Klums, Clooneys, Wintours, Timberlakes, Swifts und wie sie alle heißen. Wir wollen sie. Wir beschäftigen uns mit ihnen, wir verbringen oder wenn es extrem wird: verschwenden Zeit mit ihnen. Wir schauen zu ihnen auf oder auf sie herab, wir lästern über sie und bewundern sie für das, was sie darstellen. Wir erlauben es ihnen, uns zu belästigen. Können wir es ihnen übelnehmen, dass sie das ausnutzen? Kommt, kämpft um unsere Aufmerksamkeit, rufen wir ihnen zu. Es gibt viel Geld zu verdienen. Wenn ihr uns amüsiert, uns gefallt, dann sind wir gerne bereit, eure Produkte zu kaufen. Wir lassen uns gerne verführen. Doch dafür möchten wir etwas geboten bekommen. Am liebsten ist es uns, wenn ihr euch über die Schulter schauen lasst. Eure Luxusleben interessieren uns. Wir wollen miterleben, wie ihr aufsteigt, abstürzt und euch wieder aufrappelt, und nicht unbedingt immer in dieser Reihenfolge.

Die Gunst unserer Aufmerksamkeit erteilen wir längst nicht allen, die dahergelaufen kommen. Viele fühlen sich berufen, Celebrity zu werden, doch nur wenige sind auserwählt. Von uns. Wenig berechenbar sind wir in unserer Wahl, manchmal sogar sehr ungerecht. Großartige Talente lassen wir unter den Tisch fallen, nach dem Motto »gar nicht ignorieren«. Andere, die leidlich ihr Handwerk beherrschen, heben wir auf einen Sockel und beten sie in ihrer gloriosen Mittelmäßigkeit an. Weil sie irgendetwas haben, das uns für sie einnimmt. Dieses »gewisse Etwas« hinterfragen wir meist nicht weiter. Wir tun so, als sei es etwas Mystisches. Fragen sollten wir uns aber: Wie und warum wirkt diese Celebrity auf mich? Es geht auch hier um Wirkungskompetenz, die nicht vom Himmel gefallen ist, sondern auf Leistung im weiteren Sinn beruht. Der Star und in den meisten Fällen ein ganzes Team aus Experten leisten hier nämlich ganze Arbeit, um eine bestimmte Wirkung auf uns zu erzielen. Sie strengen sich fürchterlich an, damit wir beeindruckt sind.

Zugegebenermaßen bleibt uns diese Anstrengung nicht immer verborgen. Manche Möchtegern-Celebrity strebt allzu offensichtlich ins Licht. Das mag das Publikum nicht. Es liebt diejenigen, die den Eindruck vermitteln, der Ruhm sei ihnen beiläufig zugefallen. So wie ein Lottogewinn oder eine Schwangerschaft. George Clooney spricht gerne davon, er habe einfach Glück gehabt. So kann man es auch sehen. Wie viel er tut, um gemocht zu werden, verschweigt er. Derartige Offenheit würde das Image vom lässigen Kerl beschädigen.

Wie gesagt, wir lassen uns gerne verführen, vom schönen Schein blenden. Das ist unsere Entscheidung. Die Wirkung der großen Stars funktioniert nur, weil wir ihnen zuschauen und zuhören. Weil wir meinen, uns mehr oder minder in ihnen wiedererkennen zu können. Wir betrachten sie aus unserem individuellen Blickwinkel, projizieren unsere Wünsche und Ängste in sie hinein. Suchen wir die Substanz, greifen wir meist ins Leere. Berühmtheit ist eine ätherische Größe. Es ist wie mit dem Zauberer von Oz. Würden wir hinter den Vorhang schauen, stünde da nur ein Mann oder eine Frau aus Fleisch und Blut. Nur, wo blieben dann unsere Träume, wenn wir das täten?

4 Führungsmacht – Wirkung im Business

Durch die Führungsetagen der großen Konzerne weht ein eiskalter Wind. Graue Gestalten in teuren maßgeschneiderten Anzügen und Kostümen sitzen dort fröstelnd und herrschen über ihre Reiche, stets auf der Hut vor Usurpatoren, Meuchelmördern und Verrätern. Die Bürde der Verantwortung, die Versagensangst und die endlosen Arbeitsstunden haben sich tief in Gesichter und Seelen gefressen. Die eigenen Sünden und Vergehen lasten schwer auf ihnen, rauben ihnen den Schlaf und treiben sie zu immer neuen Untaten an, um ihre Schuld zu verschleiern. Fern und entrückt sind sie uns Normalmenschen, sie muten an wie Charaktere aus ›Game of Thrones‹. Verzweifelt, machtsüchtig, korrupt, gebrochen.

So weit das Klischee. Zugegeben, es ist ein stark überzeichnetes. Doch lesen wir nur einmal die Kommentare im Internet, die Leserbriefe an Zeitungen und Magazine, lauschen wir Gesprächen auf Partys oder in der Kneipe. Dort wird über Manager und Wirtschaftsführer in einer Härte geurteilt, die oft jedes Maß verloren hat. Ressentiments gegen Unternehmer gibt es seit Urzeiten. Der Wirtschaftsboss mit der dicken Zigarre war früher ein beliebtes Stereotyp. Heute ist es der gelackte Manager-Hasardeur à la Thomas Middelhoff, der Millionengehälter und Privilegien einstreicht und sich aus dem Staub macht, wenn der Laden in Richtung Konkurs schlittert. Oder jemand wie VW-Chef Martin Winterkorn, der sich trotz Rücktritt wegen des Abgas-Skandals auf einen Pensionsanspruch von 28 Millionen freuen darf. Von den vielen, vielen anderen ehrlichen Managern und Unternehmern redet kaum jemand.

Wann immer ich Vorständen großer Konzerne begegne, überrascht mich eines: ihre Freundlichkeit. Sie kommen auf mich zu, reichen mir die Hand und wirken ganz entspannt. Nichts da von Eisigkeit, Verbitterung, Hybris. Und noch eines verwundert mich in solchen Momenten: Ich habe den Eindruck, nicht ich sei hier diejenige, die die Gunst meines Gegenübers gewinnen muss, sondern der Mann oder die Frau vor mir, die Führungskraft mit tausenden von Mitarbeitern. Wirkungskompetenz ist auch hier der Schlüssel, mit dem sich dieser Effekt erklären lässt. Natürlich weiß mein Gegenüber, dass er/sie viel mächtiger ist als die Beraterin für Körpersprache und Wirkung. Ein solches Selbstbewusstsein macht souverän, erlaubt einem die Freiheit, auf andere Menschen, seien es hierarchisch Hochstehende, Mitarbeiter oder Dienstleister wie mich, ohne Dünkel zuzugehen. Die Statusfrage ist ja geklärt. Der Chef oder die Chefin muss kein T-Shirt mit dem Spruch »Leader of the pack« tragen, kann sich also »ganz normal« geben. Hinzu kommt eine sehr große Erfahrung im Umgang mit Menschen, im Idealfall kombiniert mit einer hohen Empathie, wie es eine zeitgemäße Führungskultur verlangt. Wer Menschen führen will, sollte beides haben.

Verstecken vor den Medien kann sich heutzutage kaum noch ein Wirtschaftsführer oder Unternehmer. Zu groß ist das Interesse von Journalisten, Anlegern und Verbrauchern. Medienpräsenz ist ein Wettbewerbsvorteil geworden. Die Macher hinter den großen Marken, Menschen wie Jeff Bezos von Amazon oder Elon Musk von Tesla, sind weltbekannt. Steve Jobs war sicherlich der größte von ihnen, sein früher Tod erschütterte Millionen. Jeder hatte ein Bild von ihm, viele blickten zu ihm auf und waren beeindruckt von diesem Mann. Ob Bezos, Musk oder Jobs auch in puncto Führung vorbildlich sind bzw. waren, sei dahingestellt. Zumindest inspirieren sie viele Führungskräfte dazu, an der eigenen Wirkung zu feilen. Gerade die nachwachsende Generation der CEOs von morgen orientiert sich an ihnen.

Ein Mangel an charismatischen Unternehmern herrscht weltweit jedenfalls nicht. Schauen wir uns in Deutschland um, entdecken wir auch hier einige Unternehmerfiguren, die sich auf eine erfolgreiche Selbstinszenierung verstehen. Sie verkörpern ihre Marke, ihr Unternehmen, ihr Versprechen überzeugend. Ihre Wirkung auf andere ist Teil ihres Geschäftserfolgs. Fünf Persönlichkeiten von globalem oder nationalem Rang wollen wir unter die Lupe nehmen. Uns interessiert, wie sie ihre Führungskraft durch Wirkung verstärken und wodurch sich ihre jeweilige Wirkungskompetenz auszeichnet.

Mark Zuckerberg: Unser allwissender Freund

Soziale Netzwerke sind wie Drogen. Wer auf sie verzichten will oder muss, erlebt suchtartige Entzugserscheinungen. Die wichtigste Netzwerk-Droge überhaupt: Facebook. Für viele ist es ein fester Bestandteil des Alltags geworden. Das ständige Bedürfnis, Nachrichten auf Facebook zu lesen und zu posten, kann durchaus Züge einer psychischen Abhängigkeit annehmen. Ständig in Kontakt mit seinen »Freunden« zu sein, das ist so normal wie Zähneputzen oder Atmen.

Facebook kennt jeder. Das Gesicht des Gründers Mark Zuckerberg auch. Nicht erst seit dem Kinofilm ›The Social Network‹, der verfilmten Biografie des damals 26-Jährigen – gespielt von Jesse Eisenberg –, in der er als einsames »Arschloch« (dieses Wort fällt häufig im Film) rüberkommt. Ab und zu zeigt Zuckerberg sich auch bei Präsentationen auf einem IT-Kongress oder beim Wirtschaftstreffen in Davos, er tritt in Universitäten auf oder stellt eine neue Facebook-Dienstleistung vor. Doch wie inszeniert sich so ein junger Selfmade-Milliardär, der die ganze Welt vernetzen und immer mehr Daten von seinen Usern sammeln will? Haut er auf die Pauke, markiert er den Social-Media-Superhero?

Seine Strategie ist genau das Gegenteil: Inszenierung auf Nerd-Level, also eher introvertiert und sparsam. Nicht weil er nach dem Motto handelt, was rar ist, weckt Begehrlichkeiten. Sondern weil er wohl erkannt hat, dass er kein Showmaster ist. Er ist weder ein Steve Ballmer, der auf die Bühne springt, tanzt und kreischt und eine Riesenshow für die Microsoft-Mitarbeiter abfackelt, noch ist er ein Steve Jobs, der vor wichtigen Reden übte und übte, um mit der passenden Story die Emotionen sprudeln zu lassen. Er ist auch kein Bill Gates, der auf Überraschungseffekte setzte. Mark Zuckerberg war glanzlos. Die Betonung liegt auf *war*. Wie bei allem lernte er schnell dazu und steht nun deutlich selbstsicherer auf den großen Bühnen der Welt.

Tatsächlich waren seine ersten Auftritte ziemlich unspektakulär. Was auch kaum verwundern konnte, war er doch gerade mal zarte 20 Jahre alt. Er betrat die Bühne mit scheuem Blick, wirkte nervös, wusste nicht so recht, wohin mit seinen Händen, stieß viele Verlegenheitslacher aus, sprach nicht flüssig, ließ sich schnell aus dem Konzept bringen. Nach wie vor gehört es nicht zu seinen Stärken, auf einer Bühne zu stehen, aber er hat sich in den letzten zehn Jahren spürbar weiterentwickelt. Mittlerweile wirkt er bei Interviews entspannter und schwitzt sich nicht mehr den Hoodie voll, wie damals 2010 auf der Wall Street Journal D8 Konferenz. Er wirkt kompetenter, spontaner und insgesamt reifer. Er betrachtet es nicht mehr als Übel, im Rampenlicht zu stehen, obwohl seine »Ähs« immer noch zahlreich sind. 2011 zählte Wolfgang Gruener von tomsguide.com in einer zwölfminütigen Rede sagenhafte 84 »Ähs«. Eines scheint klar, eine Rampensau wird aus Mark Zuckerberg nie werden. Und das hat einen guten Grund.

Ein Sonderling, der Besonderes schafft

Zuckerberg ist ein typischer Nerd. Schon als Kind entwickelte er für seinen Vater ein Computerprogramm, das diesem die Kommunikation zwischen Praxis und Wohnhaus ermöglichte. In der Highschool gewann er Preise in Sprachen, Mathematik, Physik und war sogar, eher nerd-untypisch, gut im Sport, nämlich als Fechter. Man konnte ihn jedenfalls zu Recht ein Wunderkind nennen. An der Havard University belegte er die Fächer Psychologie und Informatik, brach jedoch mit 19 das Studium ab. 2004 gründete er Facebook und 2009 war er der jüngste lebende Selfmade-Milliardär; sein Vermögen belief sich im Jahr 2011 auf ca. 17,5 Milliarden US-Dollar. 2015 landete Mark Zuckerberg laut Magazin ›Forbes‹ mit 33,4 Milliarden Dollar auf Platz 16 der reichsten Menschen der Welt. Geht es so weiter, dann holt er demnächst Bill Gates ein.

Doch blicken wir tiefer in die Bilderbuchstory seines Erfolgs. Es ist die Geschichte einer komplexen Persönlichkeit. Zuckerberg gilt als »beziehungsunfähig, kommunikationsgestört und sozial inkompetent«, so Sylvia Löhken in ihrem Buch ›Leise Menschen, starke Wirkung‹ (2012). Es wird gemunkelt, er habe das Asperger-Syndrom, eine leichte Form von Autismus. Menschen mit leichtem Asperger-Syndrom sind oft begabte Sonderlinge, eingeschränkt in ihrer Kommunikation und im sozialen Umgang mit anderen. Wäre Zuckerberg ein extrovertierter und kommunikationsfreudiger Mensch, dann gäbe es wohl kein Facebook. Ist das nicht eine herrliche Ironie des Schicksals?

Im Film ›The Social Network‹ zeichnet Regisseur David Fincher ihn als feigen Egoisten ohne soziale Kompetenzen: Auf Zuckerbergs erster Visitenkarte steht: »I'm CEO, bitch!« – ein wahres Detail. Langjährige Weggefährten serviert er eiskalt ab, auch die Idee zu Facebook soll er geklaut haben. Den echten Mark Zuckerberg kümmert diese Darstellung wenig. In der Show von Oprah Winfrey sagt er: »Es ist nur ein Film. Eine Menge darin ist Fiktion. Es ist schließlich mein Leben, und ich weiß am besten, dass es nicht derart dramatisch ist.« Anschließend verkündet Zuckerberg, dass er der Stadt Newark zur Verbesserung ihres Schulsystems rund 74 Millionen Euro spenden werde. Ein geschickter PR-Schachzug, um den negativen Schlagzeilen durch den Film zu begegnen (Ingenhoven 2010). Wie erwartet quittiert das Publikum seine Ankündigung mit einer Standing Ovation und Zuckerberg hat wieder einmal dieses Goofy-Lächeln im Gesicht und schaut verlegen zu Boden.

Für diesen Auftritt hat er sich ausnahmsweise schick gemacht. Überm grauen T-Shirt – mittlerweile eine Art Markenzeichen von ihm – trägt er ein Sakko. Das ist eine Seltenheit. Früher sah man ihn oft in Hoodies, also Kapuzenpullis, und in bunten Sweatshirts. Jeans, Sneakers und Flip-Flops gehören noch immer zu seinem Stil. Warum? Dem britischen ›Telegraph‹ antwortete er auf diese Frage, er wolle sich voll und ganz auf die Aufgabe konzentrieren, der Facebook-Community zu dienen. Alles, was ihn davon abhält, versucht er daher weitgehend zu vermeiden. Zum Beispiel am Morgen überlegen zu müssen, was er anziehen soll. Er behauptet, ungefähr 20 graue T-Shirts zu besitzen.

Im Silicon Valley und in der IT-Branche allgemein ist ein legerer Kleidungsstil üblich. Anzüge sieht man hier nur selten. Aber auch in anderen Branchen ist ein unkonventionelles Auftreten möglich und nicht selten sogar vorteilhaft – sofern es selbstbewusst erfolgt. Das ergab eine Studie der Harvard Business School. Doch ein derart selbstbewusstes Auftreten liegt Zuckerberg nicht. Längerer Blickkontakt ist nicht sein Ding, er hält eine größere Distanz als üblich zu Menschen, seine Körpersprache ist introvertiert: reduzierte Gesten, im Sitzen legt er beide Hände auf die Oberschenkel. Zwar lacht er häufig, nur lachen die Augen nicht mit. Er wirkt wie der klassische Computer-Freak, blasse Haut, roter Wuschelkopf. Wenn man ihn sieht, kann man sich schwer vorstellen, dass er eben mal ein gigantisches Unternehmen auf die Beine gestellt hat.

Kontrollfreak und Datensammler in einem

Sein Privatleben schottet er nach außen ab. Wieder so eine Ironie: Der Mann, der alles über uns weiß, der erreichen möchte, dass die ganze Welt vernetzt ist, will selbst nichts über sich preisgeben. 2012 ging er mit seinem Unternehmen an die Börse, einen Tag später lud er zu einem kleinen Fest die engsten 100 Bekannten und Freunde zu sich nach Hause ein. Es war aber keine gewöhnliche Party, sondern seine Trauung. Keiner hatte gewusst, dass er seine langjährige Uni-Liebe Priscilla Chan zur Frau nehmen würde. Zur Feier des Tages kam er auch nicht in grauem T-Shirt und Jeans, sondern in dunkelblauem Anzug, weißem Hemd und sogar mit einer Krawatte. Auch hier drang wenig nach außen. Bis heute weiß man nicht, wer zu seinen Freunden zählt. Doch seit der Geburt seiner Tochter hat sich offenbar eine kleine Wandlung vollzogen. Auf einem Foto, das in allen Medien erschien, zeigte er sich als dankbarer, gefühlvoller Daddy, der mit einer schützenden Geste seine kleine Familie zusammenhält. Gleichzeitig verkündete er – ein gelungener Coup, der ihn in einem neuen Licht darstellt –, fast sein gesamtes Vermögen zu spenden, um mit seiner »Chan Zuckerberg Initiative« Bildung zu fördern, »Menschen zu verbinden« und gegen Krankheiten anzukämpfen. Gerade im Kampf gegen Ebola, für den er und seine Frau sich engagieren, setzt Zuckerberg auf die Kraft von Facebook. Es soll dazu beitragen, dass Helfer und Betroffene schneller an Informationen gelangen.

Sein Verhalten, seine Hochzeit, seine Auftritte bei Vorträgen oder Fragerunden, sie passen zu Zuckerberg. Er liebt es bodenständig und einfach. Geld anzuhäufen ist nicht sein Antrieb, wie er beteuert. Man nimmt es ihm ab. Evelyn M. Rusli vom ›Wall Street Journal‹ schreibt: »Zuckerberg hört es nicht gern, wenn Leute, die ihm nahe stehen, sagen, er habe sich als Chef verändert. Seine Hauptmission sei es immer noch, die Welt digital mit Facebook zu verknüpfen. ›Es macht mich verrückt, wenn Zeug geschrieben und behauptet wird, wir täten etwas, weil wir einen Haufen Geld machen wollten‹, schäumt er.« Sein einfaches Leben lebt er vor. Er fährt noch immer einen schwarzen Golf GTI mit Gangschaltung (Rusli 2014).

Zuckerberg will bestimmen, was über Facebook und ihn selbst an die Öffentlichkeit dringt. Durch rigide Kontrollen und Vorschriften koppelt er sich von der Außenwelt ab. Jeder Mitarbeiter, Kunde, Besucher, Zusteller, der das Hauptgebäude in Menlo Park, Kalifornien, betritt, muss zuerst ein Non-Disclosure Agreement (NDA) unterschreiben – eine Verschwiegenheitserklärung. Für den Umgang mit der Öffentlichkeit erhält jeder Facebook-Mitarbeiter ein spezielles Medientraining. In einem Handbuch ist aufgelistet, welche Fragen nicht beantwortet werden dürfen. Bei Interviews ist zudem immer ein Aufpasser dabei (Weddeling 2015).

Auf den ersten Blick wirkt Zuckerberg recht harmlos, doch er ist ein hyperintelligenter, ehrgeiziger Typ, der enorm schnell dazulernt. Nach dem verpatzten Börsengang brachte er in kürzester Zeit durch höhere Werbeeinnahmen die Kassen bei Facebook wieder zum Klingeln. Und er umgibt sich mit Leuten, die eine komplementäre Energie besitzen. Wie zum Beispiel die extrovertierte Sheryl Sandberg, die als COO das operative Geschäft leitet. Er ist sich bewusst, dass er dauerhaft das Spiel nur gewinnen kann, wenn er unterschiedliche Persönlichkeitstypen in seiner Mannschaft hat. Facebook-Managerin Sandberg, die zu den mächtigsten Frauen der Welt gezählt wird, liebt es im Mittelpunkt zu stehen und kann sich bestens selbst inszenieren. Mit ihrem Buch ›Lean in‹ gelang ihr ein Bestseller, sie stand erfolgreich auf vielen Bühnen und war damit eine sehr gute Werbeträgerin für das Unternehmen.

Einiges Aufsehen erregt Mark Zuckerberg mit seinen Neujahrsvorsätzen. Er macht sie publik, nimmt sie ernst und setzt sie um. So möchte er alle zwei Wochen ein gutes Buch lesen und es mit seinen Facebook-Freunden diskutieren. Dann wieder nimmt er sich vor, weniger Fleisch zu essen – und vor allem nur Fleisch von Tieren, die er selbst erlegt hat. Sein Ziel: gesünder zu leben. Oder er beschließt, Mandarin zu lernen, um kurze Zeit später in einer Universität die ersten Fragen gleich in dieser Sprache zu beantworten, nicht perfekt, aber immerhin. Er begeistert damit seine Fans und seine Frau, die selbst Mandarin spricht. Möglicherweise hat er aber einen Hintergedanken. Facebook ist in China seit 2009 gesperrt. Seitdem versucht er, diesen riesigen asiatischen Markt zurückzuerobern. So ein sprachgewandter Auftritt könnte durchaus dem Regime schmeicheln. 2015 sind ihm wohl die Ziele ausgegangen – so fragte er seine Fans auf Facebook, was er sich fürs neue Jahr vornehmen solle.

Einen smarten PR-Coup landete der Facebook-Chef auch, als er Präsident Barack Obama 2011 nach Silicon Valley an die kalifornische Westküste einlud. Obama sagte gern zu, da er für den Präsidentschaftswahlkampf 2012 eine Milliarde Dollar einsammeln wollte. Er kam in Kontakt mit einer jungen Wählergruppe und Zuckerberg hielt mit ihm in der schnörkellosen Facebook-Zentrale ein Townhall-Meeting ab, bei dem Mitarbeiter Fragen stellen konnten. Für so hohen Besuch tauschte er sogar sein graues T-Shirt gegen ein weißes Hemd. Geniale PR war auch, als 2014 bekannt wurde, dass Mark Zuckerberg im letzten Jahr nur einen symbolischen Dollar an Lohn erhalten habe. Das ging aus dem Jahresbericht hervor. Im Vorjahr hatte er etwa 800 000 Dollar an Gehalt und Boni kassiert. Es war ein Signal der Bescheidenheit.

Außerdem ist Zuckerberg Mitglied der Initiative »The Giving Pledge« geworden. Zusammen mit anderen Superreichen wie Warren Buffett oder Bill und Melinda Gates erklärt er damit, sein Vermögen nach seinem Ableben für gemeinnützige Zwecke zu spenden.

Praktischerweise läuft der Großteil seiner PR über Facebook. Häufig erscheint ein einfach gemachtes Video von ihm, er erzählt von den neuen Vorhaben von Facebook, spricht über seine Visionen, sendet Weihnachtsgrüße oder macht Q&A-Sessions, also Fragestunden. Im November 2014 fand das erste öffentliche Q&A mit Mark Zuckerberg statt. Eine Stunde lang stand er auf der Bühne und beantwortete Fragen der Community. Aussagekräftig war vor allem die Bühne selbst: Sie war ausgesprochen schlicht gehalten, das Bühnenbild bestand lediglich aus einer Holzvertäfelung.

Facebook-Star, Unternehmer, Ehemann, Chef, Visionär, Werbeträger, Superheld. Der scheinbar so langweilige Mark Zuckerberg hat eine Menge Gesichter. Doch was ist sein wahres Gesicht? Er versteckt sich hinter einer Fassade aus Coolness, Superintelligenz, Verspieltheit, Diskretion, Philanthropie und Introvertiertheit. Und er lebt einen Widerspruch: Die Idee von Facebook ist es, dass der Nutzer sein Leben öffentlich macht. Selbst scheint Zuckerberg dazu aber nicht bereit zu sein. Das provoziert seine Kritiker. An der Universität Milwaukee im US-Bundesstaat Wisconsin hat man sich zum Ziel gesetzt, jedes Wort digital zu archivieren, das der Facebook-Gründer öffentlich von sich gibt. Gesammelt werden in den »Zuckerberg Files« sämtliche Statements, Interviews, Videos, Diskussionen und Präsentationen. Bis dato umfasst die Sammlung mehr als 100 Transkripte und 50 Videos. Die Aktion soll eine kritische Auseinandersetzung mit Facebooks Verständnis von Privatsphäre befördern und hat natürlich eher symbolischen Charakter. Ernsthafte Einblicke in Zuckerbergs Seelenleben sind kaum zu erwarten. Wer er wirklich ist, erfahren wir wohl auch durch die »Zuckerberg Files« nicht.

Mark Zuckerberg, der blitzgescheite Verharmloser

Man unterschätzt ihn leicht, wenn man ihn sieht. Er hat immer noch diesen Dackelblick, diese leicht verdruckste Art. Er mag ein Nerd sein, jedoch einer mit Welteroberungsplan – den er in großen Schritten umsetzt. Eigentlich müsste er bersten vor Selbstbewusstsein. Ist er wirklich so bescheiden? Oder macht er das uns und vielleicht auch sich selbst nur vor? Jedenfalls spielt er die Rolle des Typen, der uns beim Kommunizieren mit Freunden und Bekannten helfen und nebenbei die Welt ein wenig besser machen will, grandios. Dass da mehr sein muss, eine knallharte Seite, ahnen wir nur. Er zeigt sie uns nicht. Lieber macht er ein freundliches Gesicht und tut so, als sei Facebook kein Megakonzern, sondern ein aufgeblasenes Studentenprojekt.

Wirkung à la Zuckerberg – was lernen wir?

- Mit Training kommen auch Schüchterne souverän herüber
- Eloquenter auftreten: »Äh« und andere Lückenfüller lassen sich abtrainieren
- Eintönige Körpersprache? Durch prägnante Gesten gewinnt man Profil

Oliver Samwer: Dreist kommt weiter

Im Juni 2014 treffen sich im Pariser Louvre die weltweit wichtigsten Manager internationaler Handels- und Konsumgüterkonzerne zum größten Branchentreff, darunter die Topleute von Walmart, Carrefour und Metro. Ein Auditorium voll mit Menschen im besten Anzugszwirn. Stargast ist einer ihrer größten Konkurrenten, der Online-Unternehmer Oliver Samwer. Sinngemäß predigt er ihnen: Die klassischen Läden sind tot. Es lebe das Internet-Shopping! Vor seiner Rede sitzt er lässig mitten im Publikum und betritt dann die Bühne ganz leger ohne Sakko und Krawatte. Sein Englisch hat eine starke deutsche Färbung, seine Stimme ist überraschend hoch und jugendlich. Man hat das Gefühl, er spricht frei von der Leber weg. Nichts wirkt vorformuliert, die Worte purzeln aus ihm heraus.

Samwer gibt sich cool, er strahlt eine begeisternde Überzeugungskraft aus. Eingeschüchtert von all den großen Tieren ist dieser Mann nicht, er macht den Managern sogar kräftig Angst. »Läden sind so was von post Jesus ... die Menschen haben damals Läden gebaut, weil sie kein Internet hatten«, erklärt er und wettert weiter: »Sie verstehen das nicht, weil Sie zu alt sind und zu alte Kunden befragen.«

In der anschließenden Podiumsdiskussion hält er ihnen noch einmal vor, dass sie zu sehr in der Einkaufswelt von gestern lebten und sich dringend wandeln müssten. Auch hier trumpft er wieder auf. Er beantwortet die Fragen nicht einfach nur vom Sessel aus, sondern springt auf und spielt mit wirbelnden Händen vor, wie seine Frau mit dem Laptop durchs Wohnzimmer läuft und auf virtuelle Shoppingtour geht. Nach der Diskussion stellen sich viele Manager, denen er als Abschiedsgruß ein »Verlassen Sie den Saal sehr paranoid« an den Kopf geknallt hat, brav in einer Schlange an, nur um dem Internet-Milliardär ihre Visitenkarte in die Hand drücken zu können. So gesehen in der ZDF-Doku ›Die große Samwer Show‹.

Besser gut kopieren als schlecht erfinden

Der Chef von Rocket Internet rockt die Bühne – hemmungslos, aggressiv, provozierend – nicht nur mit Worten, auch mit seiner nonverbalen Wirkung, seiner Erscheinung. Hinter Rocket Internet mit Zentrale in Berlin stehen die drei Samwer-Brüder Marc, Oliver und Alexander. Sie haben eine Vision: die größte Internet-Plattform außerhalb von USA und China zu werden. Rocket Internet beteiligt sich an Internet-Startups. Unter anderem an Home24, Westwing, Wimdu oder Glossybox. Das erfolgreichste Ziehkind kennt mittlerweile jeder: den Online-Modeversand Zalando.

Rocket Internet gründet meist Internetfirmen mit Geschäftsmodellen, die sich anderswo bewährt haben. Und das in Rekordzeit, um dann wiederum schnell zu verkaufen. Das hat ihnen den Vorwurf eingebracht, sie handelten mit Kopien, mit Klonen. Der Investor Jason Calacanis warnt vor ihnen. Sie würden nur Ideen klauen und den Ruf Deutschlands schädigen. Ihr eigener ist kein guter im Silicon Valley. Neil Blumenthal, ein erfolgreicher New Yorker Brillendesigner, sagt sogar: »I hate Rocket, I hate the Samwer brothers, I hope they die.«

Zusammen mit seinen Brüdern gründete Oliver Samwer zum Beispiel das Internet-Auktionshaus Alando.de nach dem Vorbild des US-amerikanischen eBay. Als sie das junge Unternehmen nach sechs Monaten verkauften, waren sie 43 Mio. Dollar reicher. Wer war der Käufer? eBay natürlich. Kurz darauf wurde der Klingeltöne-Anbieter Jamba! zur Erfolgsgeschichte. Diesmal verkauften die Samwers für 273 Mio. Dollar an VeriSign. Weitere Investments unternahmen sie bei der

YouTube-Kopie MyVideo, beim sozialen Netzwerk StudiVZ, bei Citydeal und sogar bei Facebook.

Oliver Samwer ist der Extrovertierte unter den drei Geschwistern. Ständig unterwegs, um Kontakte zu knüpfen, neue Ideen zu sammeln, Visionen zu entwickeln. Oder schnell mal einige Investoren zu überzeugen. Die ›FAZ‹ hat beobachtet, wie er diese auf dem jährlichen Weltwirtschaftsgipfel in Davos umwirbt (Weiguny 2014). Dafür mietet er nicht wie üblich einen ansprechenden Raum in einem der Luxushotels, sondern er fertigt die arabischen Scheichs, russischen Oligarchen und indischen Milliardäre mitten im Treiben des Davoser Forums ab. Er belegt am frühen Morgen im Konferenzgebäude einen kleinen Tisch und empfängt dort die weltweit führenden Investoren im 15-Minuten-Takt. Nach einer knappen Begrüßung rattert er seinen Vortrag runter. Noch zeit- und kosteneffizienter geht es kaum.

Der Popstar der deutschen Digitalwirtschaft ist ein Mann im besten Alter, dynamisch, energiegeladen, jungenhaft. Und er hat durch sein gutes Aussehen einen weiteren Bonus – Attraktivität bringt auch im Business Vorteile mit sich. Er lebt sehr diszipliniert, treibt regelmäßig Sport, ernährt sich bewusst, trinkt und raucht nicht und schaut darauf, dass er genügend Schlaf hat, gerne auf langen Nachtflügen, wenn er durch die Welt jettet. Hobbys hat er keine. »Ein Hobby würde auf Kosten von Familie und Freunden gehen. Und das bin ich nicht bereit zu tragen. In meiner Freizeit spiele ich primär mit meinen Kindern«, verriet er dem Magazin ›Gründerszene‹. Samwer hat drei Kinder und lebt mit seiner Familie in einer weißen Villa in München, seine Nachbarn sind Hubert Burda (›Focus‹), Nanette Wölfer (Henkel-Erbin) und Herbert Henzler (McKinsey), ein zweites Haus hat er am Starnberger See.

Der Mann mit den zwei Gesichtern

Spricht er mit Investoren, gibt er sich nett und zugänglich, doch sein Umgang mit Untergebenen soll ein anderer sein. Angeblich wird dann schon mal geschrien, fliegen Möbelstücke, wirft er Monitore vom Tisch, hämmert er einen Mitarbeiter aus der Toilette – kurzum, er führt sich als Choleriker auf. Samwer interessiere sich nur für Menschen, wenn sie ihm auch etwas bringen, urteilt Joel Kaczmarek, Herausgeber der ›Gründerszene‹. Diesen Eindruck von Samwer, und generell den Samwer-Brüdern, bestätigt auch der Gründer von StudiVZ, Ehsan Dariani: »Wenn sie von einem etwas wollen, dann sind sie sehr devot, rufen immer wieder an, so wie man eine Frau verführt, so gehen sie auch gegenüber anderen Männern vor, schmieren einem Honig um den Mund ... am Ende hat man das Gefühl, dass man ihr bester Freund und Lieblingsbruder ist.«

In kleiner Runde kann Samwer sich sofort auf die Ebene seines Gegenübers begeben, empathisch reagieren und sich auf unterschiedliche Gesprächspartner einstellen. Das wirkt wahrlich einnehmend. Aber es täuscht. Er spielt etwas vor, letztlich geht es ihm nur ums Gewinnen. Wer eine solche Einstellung toll findet, spricht von einem großartigen, coolen Kerl. Der Rest bezeichnet ihn als aggressiv, besessen, irre. Er selbst behauptet von sich: »Ich bin der aggressivste Mann im Internet.« Als Haudrauf-Unternehmer, der alle anderen niederringt, der mit beißender Ironie und bösen Untertönen angreift, der dem Handel in den Fußgängerzonen der Republik den Todesstoß versetzen will, so gefällt er sich. Es wird berichtet, dass aktuell Trainer und Berater daran arbeiten, ihm politisch korrekte Demut einzuimpfen – diese Leute haben eine Herkules-Aufgabe vor sich.

In seinem ersten offiziellen Interview, das er dem ZDF-Magazin ›Frontal21‹ gibt, zeigt er sich bodenständig und hebt mit Floskeln wie »Schuster, bleib bei deinen Leisten«, »Konzentriere dich auf das, was du gut kannst«, »Schlage nicht zu hohe Wellen« die deutschen Tugenden hervor. Er vergleicht sich mit kleinen mittelständischen Unternehmen, obwohl Rocket Internet bereits auf der gesamten Welt vertreten ist und mal so groß wie Google werden will. Beim Interview sitzt er zurückgelehnt und eher distanziert den Fragestellern gegenüber. Er antwortet ruhig und gelassen, aber man spürt eine unterschwellige Unruhe. Gedanklich scheint er schon ganz woanders zu sein. Bei kritischen Fragen blickt er zur Seite, macht eine bewusste Pause, denkt nach, fokussiert dann mit seinen stahlblauen Augen den Interviewer und gibt eine ausweichende Antwort. Wird er zum Beispiel auf den Vorwurf des Ideenklaus angesprochen, steigt er nicht direkt darauf ein, sondern redet gekonnt um den heißen Brei herum.

Er ist gern gesehener Gast und Keynote Speaker auf Konferenzen wie DLD Conference, NOAH oder Ideal Lab, er tritt bei der Horizont Award Verleihung auf und talkt mit Angela Merkel bei der #cnight der CDU. Bei seinen Keynotes überträgt sich seine innere Unruhe auf seinen Körper, er ist permanent in Bewegung und wandert von einer Seite zur anderen. Als echter Storyteller häuft er in seinen Botschaften Geschichten, Vergleiche und Analogien an. Die bildhafte Sprache passt zu seiner lebendigen Körpersprache, mit der er das Gesagte wunderbar unterstreichen kann. Selten sieht man ihn in Krawatte, nur zur Hauptversammlung von Rocket Internet ist er absolut businesslike gekleidet. Er hat ja auch einiges zu verlieren. Rocket ist nicht so erfolgreich, wie viele es wünschen. Samwer muss um das Vertrauen der Anteileigner werben, und das beginnt beim Outfit: geglättetes Haar, feiner dunkelblauer Anzugzwirn, gebundene Krawatte. Sein Alltagsoutfit besteht aus Anzughose oder Jeans mit

Hemd. Häufig hat er zerzaustes Haar oder sein Hemd steckt nicht ordentlich in der Hose, was signalisieren soll, dass er Wichtigeres im Kopf hat als solche Äußerlichkeiten.

Nicht immer sind seine Auftritte professionell überzeugend. 2014 gab er N24 ein Live-Interview, für das er zugeschaltet wurde. Hier wirkte er unsicher, er wusste kaum, wohin er blicken sollte, gab abgehackte Antworten, schaute nicht direkt in die Kamera, eher nach unten. Mit einer solchen sogenannten Live-Schalte dürfte er noch nicht viel Erfahrung gehabt haben.

▶ **Auf den Punkt gebracht:**
Oliver Samwer, der aggressive Workaholic

Wie wirkt sich Samwers Auftreten auf seine Mitarbeiter aus? Seine Wutanfälle ermutigen angeblich manche seiner Führungskräfte dazu, ebenfalls über die Stränge zu schlagen. Mit »Zuckerbrot und Peitsche« könne man den Führungsstil Samwers umschreiben, nur dass er das Zuckerbrot dabei gerne weglasse (Hegemann 2014). Kein besonders sympathisches Bild eines Unternehmers. Betrachtet man seine Selbstinszenierung, hält er seine aggressive Ader gut verborgen. Als netter Kumpel von nebenan gibt er sich jedoch nicht, er tritt forsch und selbstbewusst auf. Seine Hauptzielgruppe sind Investoren, das Image des tough guy ist auf diese sicher besser zugeschnitten als auf eine breite Öffentlichkeit. Vermutlich wäre Samwer gerne der deutsche Jeff Bezos, vielleicht sieht er sich selbst bereits als ein solcher. Nur spielt er derzeit trotz aller Großspurigkeit noch in einer ganz anderen Liga. Der große Sprung auf Weltniveau steht aus. Ob Samwer ihn schafft?

Wirkung à la Samwer – was lernen wir?

- Keine Angst vor Mächtigen
- Forsches Auftreten kommt an, wenn die Argumente stimmen
- Die Kraft des Storytellings: Szenen und Bilder mit dem ganzen Körper vorspielen

Uli Hoeneß: Süchtig nach mehr

November 2013. Ein Saal gefüllt mit mehr als 3500 Menschen, alle stehen, reißen die Arme hoch, klatschen, pfeifen und jubeln diesem Menschen auf der Bühne zu. Nicht weil er gerade eine brillante Rede gehalten hat, nicht weil er etwas Besonderes verkündet hat, nicht weil er den Super-Hero darstellt. Sondern weil ihn während der Rede des Vorstandsvorsitzenden Karl-Heinz Rummenigge auf der Jahreshauptversammlung des FC Bayern die Emotionen überwältigt haben. Da sitzt »Mister Bundesliga« nun zusammengekauert auf seinem Stuhl, der Körper bebt und bittere Tränen laufen seine Wangen hinab. Dieser starke, bullige Mann, plötzlich so ohnmächtig, sensibel, verletzlich. Ein Bild, das niemanden kalt lässt, schon gar nicht seine vielen Fans. »Uli Hoeneß, du bist der beste Mann«, so feiern ihn seine Anhänger trotz der gerade bekannt gewordenen Steueraffäre. Weniger mitfühlende Beobachter vermuten hinter der Weinattacke ein perfekt aufgeführtes Schauspiel, um ein mildes Urteil zu erlangen.

Die Tränen waren wohl echt. Sie passen zu Uli Hoeneß, der Emotionen (eher der cholerischen Art) freien Lauf lässt. In seinen vielen Rollen – als Unternehmer, Manager, Wohltäter, Vereinspräsident, Politikerfreund und -feind – wirkt er immer echt, er bleibt als Mensch erkennbar. Sein Trumpf ist seine emotionale Authentizität. Er zeigt, was er fühlt, das schafft Nähe. Oder gehen wir ihm da auf den Leim? Der Hoeneß-Biograf Thilo Komma-Pöllath ist kritisch: »Diese Authentizität macht Hoeneß zum Menschenfänger, macht ihn so einzigartig. Diese emotionale Echtheit hat man vielleicht so seit Franz Josef Strauß nicht mehr gesehen. Gerade deshalb muss man ihn kritisch hinterfragen dürfen. Ist das wahrhaftig, was er uns öffentlich zeigt?« (Kerber 2015) Eine Frage, die auch uns beschäftigen soll.

Ein Mann und sein Verein

30 Jahre lang war Uli Hoeneß der Motor des FC Bayern. Mit 27 Jahren wird er der jüngste Manager in der Geschichte der Fußball-Bundesliga. »Am Anfang war es sehr schwer. Es hat Leute gegeben, die haben mir vier Wochen gegeben, manche drei Monate, maximal sechs bis zwölf Monate«, so Uli Hoeneß in der TV-Dokumentation ›Hoeneß – Der Macher‹. Er hat einen guten Lehrmeister: Der damalige FC-Bayern-Manager Robert Schwan bringt ihm Organisation, Pünktlichkeit und Disziplin bei. Enormer Ehrgeiz ist bereits vorhanden und auch dringend nötig angesichts der Aufgaben. Zu der Zeit hat der Verein einen Jahresumsatz von zwölf Millionen Mark, aber Schulden von sieben Millionen Mark. Der Sohn aus einer Metzgerfamilie erweist sich schnell als kaufmännisches Talent und setzt bereits in den 70er Jahren auf professionelles Merchandising, wie man es aus den USA kennt. Ein Geschäft mit Zukunft. 2014 liegen die Merchandising-Einnahmen des FC Bayern bei 105 Millionen Euro.

Hoeneß lebt für seinen Verein, das sieht man ihm an. Kein anderer freut sich so ausdrucksstark, wenn seine Mannschaft gewinnt. Keiner kann sich so emotional fallen lassen, wenn seine Jungs ein Spiel verlieren. Und niemand wird bei Kritik derart aufbrausend. Ganz gleich, wie er sich gerade gibt, Gedanken, Worte und Körpersprache sind bei ihm kongruent – das wirkt. Er spielt (und lebt!) mehrere Rollen, mal die provokative, mal die ausgleichende. Das ist Inszenierung auf hohem Niveau. Er hat seine Rollen internalisiert.

Der Provokateur und Wüterich

Hoeneß sagt, was Sache ist, und redet nicht um den heißen Brei herum. Er greift an, legt die Worte nicht auf die Waagschale. Ist er emotional aufgeladen, dann hält er sich nicht unter Kontrolle und rastet schon mal aus. Sein Ausdruck ist dann nicht gerade einnehmend: Der Kopf wird knallrot, die Halsschlagadern treten hervor, der Blick ist stechend. Seine Emotionen übertragen sich auf den gesamten Körper und mit wild gestikulierenden Händen reißt er – körpersprachlich gesehen – den einen oder anderen Gegenspieler in Fetzen. Das wirkt einerseits bedrohlich, andererseits bietet er dadurch auch selbst eine Angriffsfläche. Sein Verhalten provoziert und polarisiert: Man liebt oder hasst ihn dafür.

Manche seiner Attacken sind legendär. Zum Beispiel der Disput mit Köln-Coach Christoph Daum 1989 im ›ZDF Sportstudio‹. Uli Hoeneß bezichtigt den nominierten Bundestrainer Daum des Drogenkonsums. Später wird dieser nach einer positiv getesteten Haarprobe das Feld räumen müssen. Hoeneß zu Daum: »Du überschätzt dich maßlos.« Daums Antwort: »Um das Maß an Überschätzung zu erreichen wie du, muss ich hundert Jahre alt werden.« Die gegenseitige Verachtung ist mit Händen greifbar. Über die Jahre setzte sich diese Männerfeindschaft zwischen den beiden Machiavellisten fort, doch mittlerweile herrscht Waffenstillstand.

Ein anderer Intimfeind war der langjährige SPD-Oberbürgermeister Münchens, Christian Ude. 1999 greift Hoeneß ihn scharf an, weil Ude sich seiner Ansicht nach nicht genug für einen Stadionneubau engagiert. Der Umstand, dass Ude Anhänger von 1860 München ist, sorgt wohl zusätzlich für Missfallen beim Bayern-Manager. Im selben Jahr beschimpft er »Die Toten Hosen« für ihren vermeintlichen Anti-Bayern-Song und legt sich mit dem Rest der Bundesliga an. Deren Spiele seien oft noch nicht einmal auf dem Niveau von Trainingsspielen der Bayern.

2007 explodiert Hoeneß auf der Jahreshauptversammlung seines Vereins. In der später so genannten »Wutrede« bekommen zum ersten Mal die Fans ihr Fett weg. Anlass ist der Wortbeitrag eines Fans namens Ralf Seeliger. Er bejammert, wie wenig die Fans vom Club ernst genommen würden, dass es zu viele Logen gebe und die Stimmung in der Allianz Arena schlecht sei. »Das ist eine populistische Scheiße«, antwortet Hoeneß und redet sich dann richtig in Rage. »Es kann nicht sein, dass wir uns jahrelang den Arsch aufreißen und dann so kritisiert werden«, brüllt er ins Mikrofon. Pfiffe aus dem Saal, Buhrufe. Aber Hoeneß ist nicht zu stoppen. Für die schlechten Leistungen in der Bundesliga gibt er den Fans die Schuld: »Dafür seid ihr doch verantwortlich und nicht wir. Das ist doch unglaublich.« Tage später räumt er im ›Münchner Merkur‹ ein: »Ich bin ein sehr emotionaler Mensch, und bei mir sind die Sicherungen durchgebrannt.«

Egal ob früher bei Sabine Christiansen oder danach bei Maybritt Illner und Günther Jauch, Hoeneß ist lange Zeit gern gesehener Gast in Sportsendungen und Talkshows. Sein Erscheinen verspricht gute Einschaltquoten. Sind Politiker von SPD oder Grünen in der Runde mit dabei, kommt Hoeneß schnell in Bestform. Sowohl verbal als auch nonverbal teilt er mit einer emotionalen Wucht Ohrfeigen aus, die ihm den Schweiß auf die Stirn treibt. Diese Lebendigkeit macht manch träge Talkshow spannender, und so sind seine Ausraster und Kraftsprüche willkommenes Futter für die Medien.

Wenn Hoeneß seinen Emotionen nachgibt, zeigt er sich stark und schwach zugleich. Stark, weil er sich zu Gefühlen bekennt. Schwach, weil er sich oft nicht unter Kontrolle zu haben scheint. Poltern kann er also gut, der Herr Hoeneß. Und was Kritik betrifft, deutlich besser austeilen als einstecken. Doch er hat auch andere Seiten.

Der Wohltäter und Reumütige

Abseits des Fußballs agiert er still und leise – und großzügig. In einem Interview im ›Tagesspiegel‹ sagt er über sich: »Ich bin der sozialste Mensch, den ich kenne.« Und: »Nicht nach oben buckeln und nach unten treten. Sondern umgekehrt: die Großen anpinkeln und den Schwachen helfen.« Viele Kritiker zweifeln daran, ob dieser Machtmensch ein weiches Herz haben kann. Doch es sickert immer wieder einmal eine gute Tat durch, die sie eines Besseren belehrt. So rettete er den FC St. Pauli vor der Pleite oder ließ dem finanziell angeschlagenen Konkurrenten Borussia Dortmund eine Millionen-Leihgabe zukommen. Seinem ehemaligen Mannschaftskollegen Gerd Müller, der dem Alkohol verfallen war, half er, clean zu werden, und gab ihm mit einer Anstellung beim FC Bayern eine zweite Chance. Aus der Ukraine holte er einen krebskranken Jungen und bezahlte 200 000 Euro für eine Knochenmarktransplantation. Die Behandlung war erfolgreich. Aus seinem Privatvermögen spendete er 100 000 Euro für den Kosovo. All das macht er am liebsten ohne Publicity. Doch irgendwie gelangen diese stillen Wohltaten dann doch an die Öffentlichkeit.

Dass er durchaus sensibel sein kann und seine Worte wohl zu wägen weiß, bewies Hoeneß 2009. Der Münchner Dominik Brunner war beim Versuch, Kinder zu beschützen, von jugendlichen Schlägern an einem S-Bahnhof angegriffen und dabei tödlich verletzt worden. Das ging allen Münchnern nahe. Uli Hoeneß nahm dieses Ereignis zum Anlass, um in der Münchner Allianz Arena vor 69 000 Zuschauern und vielen Tausenden mehr an den Fernsehgeräten eine für ihn ungewöhnlich emotionale Ansprache zu halten. Er würdigte die Zivilcourage und praktizierte Nächstenliebe des Opfers in bewegenden Worten. Hoeneß, den man sonst nur als harten Kerl kannte, präsentierte sich hier als aufrechter Zivilbürger. Und er beließ es nicht bei Worten. Mit Vertretern aus Politik und Wirtschaft rief er die Initiative »Münchner Courage« gegen Gewalt ins Leben, die mediales Aufsehen erregte. Er hielt bei vielen Gelegenheiten Vorträge und gab Interviews, stets honorarfrei, oder er spendete das Geld.

Als er schließlich wegen seiner Steuervergehen auf der Anklagebank saß, erlebte die Öffentlichkeit ihn in einer neuen Rolle. Hoeneß zeigte sich tief beschämt und reumütig. Der Mann, der als ehrliche Haut galt und von Angela Merkel für sein gesellschaftliches Engagement gelobt worden war, musste zugeben, dass er ein Zocker und Steuersünder war. Es gab viel Schadenfreude über den tiefen Fall von Hoeneß. Aber auch Vorwürfe an die Justiz, hier werde einer mit Samthandschuhen angefasst, nur weil er reich und prominent sei. Im März 2014 wurde er wegen Steuerhinterziehung zu dreieinhalb Jahren Gefängnis verurteilt. Im Juni 2014 trat er seine Haftstrafe in der JVA Landsberg an. Er hat dem Staat 40 Millionen Euro zurückgezahlt. Wird die Haft ihn verändern? Körperlich hat sie es bereits getan: Er hat 18 Kilo abgenommen, sein Haar ist ergraut und er wirkt älter. Aber was wird aus der Person? Er gilt als willensstark und durchsetzungsfähig. Scheitern bedeutet für ihn aufstehen und noch mehr kämpfen. Es dürfte kaum verwundern, wenn er nach Ende der Haftstrafe wieder zum FC Bayern zurückkehren würde. Zur Freude seiner Fans, zum Schrecken seiner Gegner.

> **Auf den Punkt gebracht:**
> *Uli Hoeneß, der polarisierende Choleriker*

Dieser Mann lebt seine Emotionen aus. Seine Körpersprache spiegelt dies intensiv wider. Hoeneß tritt als Kampfhahn auf, der bewusst polarisieren will. Er schwitzt, er tobt, er teilt aus. Er kann andere einschüchtern und aufkeimende Kritik ersticken. Vielen imponiert sein Auftreten, aber mindestens ebenso viele Menschen stößt es ab, denn es trägt durchaus autoritäre Züge. Verbale Ohrfeigen austeilen, auf den Tisch hauen – das entspricht einem Unternehmer- und Männerbild, das nicht mehr in die heutige Zeit passt.

Wirkung à la Hoeneß – was lernen wir?

- Nach jedem Fall geht es wieder bergauf
- Starke Emotionen polarisieren, mit den Reaktionen muss man leben können
- Cholerische Ausbrüche vermeiden: mehrmals tief durchatmen, notfalls den Raum verlassen

Richard Branson: Schaumschlagen für Fortgeschrittene

So sieht das also aus, wenn einer der coolsten Unternehmer der Welt ein Interview gibt. Er sitzt nicht im Sessel, er hängt eher darin, mit gekrümmtem Rücken, Beine überkreuzt, die Hände umfassen die Knie. Leger gekleidet ist er, hellblaues Hemd, Kragen weit geöffnet, Bluejeans, ausgetretene schwarze Slipper. Das blonde Haar trägt er lang, zerzaust, ebenso den Bart. Wenn er grinst, und das tut er permanent, blitzen seine Zähne perlweiß und makellos. Hier endet die coole Perfektion aber. Keine Frage von TED-Interviewer Chris Anderson beantwortet er ohne ein »Äh«. Kein flüssiger Satz kommt aus seinem Mund, er spricht mit vielen Aussetzern. Wie ein ungehobelter Kerl trinkt er Wasser direkt aus der Plastikflasche. Er wirkt fahrig, fasst sich dauernd ins Gesicht, seine Finger bewegen sich unkoordiniert. Man kann kaum glauben, dass dieser Mann fast fünf Milliarden Dollar schwer und Ritter Ihrer Majestät ist.

Sir Richard Charles Nicholas Branson brach aufgrund seiner Legasthenie die Schule ab, gründete 1970 sein erstes Unternehmen, das Schallplatten versandte, erweiterte es um Plattenläden und landete 1971 im Gefängnis, weil er Steuern hinterzogen hatte. Den Mut ließ sich der Brite dadurch aber nicht nehmen und mit der Gründung des Musikstudios Manor Studios kam der erste große Erfolg. ›Tubular Bells‹ von Mike Oldfield verkaufte er rund fünf Millionen Mal. Danach ging es nur noch bergauf für ihn. Mittlerweile betreibt er eine Airline, Bahnlinien, Luxushotelketten, Fitnessstudios, Kinos, er verkauft Wein, Blumen, Kosmetik, Limonaden, Schmuck und ist in der Mobilfunkbranche aktiv, außerdem hat er eine Agentur für die Aufbewahrung von Babystammzellen und besitzt Forschungszentren für U-Boote und Weltraumflüge.

In Summe sind es rund 200 Unternehmen, die zu seiner Virgin Group gehören. Virgin deshalb, weil seine Mitstreiter und er absolute Jungfrauen in Sachen Business waren, als sie mit dem Plattenhandel loslegten. Er dachte sich damals: »Hey, der Name passt zu uns.«

Das Gegenteil von gewöhnlich

Branson ist definitiv anders als die klassischen CEOs und Unternehmensgründer. Er zeigt sich in der Öffentlichkeit nicht im seriösen Anzug, mit doppelt gebundenem Krawattenknoten, IWC-Armbanduhr und Hermès-Aktenkoffer. Er ist der Champion der Selbstinszenierung mit Knalleffekt und sucht das Rampenlicht. Seine Karriere ist einmalig, seine Marketingstrategien werden mittlerweile an Universitäten gelehrt und Manager kupfern Erfolgsgeheimnisse bei ihm ab. »Ich habe mich zum Affen gemacht, um Virgin bekanntzumachen«, sagt Branson selbst.

Ross Fattori, ein Marketingexperte aus Kanada, nennt Branson eine »nicht zu stoppende Vermarktungsmaschine«. Wie kaum ein anderer Manager habe er es geschafft, sein persönliches Image mit der Firmenmarke zu verschmelzen: Branson sei Virgin. Und Virgin sei Branson (›Handelsblatt‹ 2011).

Was ist sein Erfolgsgeheimnis? Eine Mischung aus Charisma, großartiger Selbstinszenierung und sportlichem Talent. Charisma, so haben wir definiert, setzt sich zusammen aus Präsenz, Empathie, Begeisterungsfähigkeit, lebendiger Körpersprache und Emotionalität. Branson ist offen für Neues, hört genau hin, fühlt mit anderen mit und kann Menschen für eine Sache begeistern. Er betont in Interviews häufig sein menschenfreundliches Denken und Verhalten. Was ihn zum Philanthropen macht, erklärt er selbst so: »Es ist wichtig, eine positive, wohlwollende Grundeinstellung den Menschen gegenüber zu haben. Wenn man sie nicht mag, kann man keine gute Führungskraft sein und nicht das Beste aus ihnen herausholen.« Solche Sprüche sind es, mit denen er gerne zitiert wird, in Büchern, Artikeln, sozialen Medien.

Ewig gute Laune als schärfste Waffe

Spricht er über neue verrückte Ideen, dann leuchten seine Augen wie bei einem kleinen Kind, das gerade Karussell fährt. Man könnte meinen, er sieht schon vor seinem geistigen Auge, wie er demnächst mit seiner Familie im »SpaceShipTwo« (eine dieser Ideen) ins All fliegen wird. Später soll der »Trip« Touristen vorbehalten sein, die für einen Flug 250 000 Dollar bezahlen, um Schwerelosigkeit zu erleben und die Welt von ganz weit oben zu betrachten. Er weiß, welchen Knopf er drücken muss, um gute Laune auszustrahlen. Offensichtlich drückt er ihn oft, denn das Strahlemanngesicht ist zu seinem Markenzeichen geworden. Er hat sich förmlich darauf konditioniert. Kamera an, gute Laune an.

Dieses Lächeln, gepaart mit seiner unprätentiösen Erscheinung, trägt zu seinem hohen Sympathiewert bei. Auch als Antwort auf unangenehme Fragen setzt er es ein. Der Trick ist so phänomenal wie simpel: Ein Lächeln gewinnt Menschen. Menschen mögen Menschen, die lächeln oder lachen. Ihre Offenheit ist ansteckend, sie geben einem ein gutes Gefühl. Zudem lacht Branson auch gerne über sich selbst. Der Schalk sitzt ihm im Nacken.

Kontakt mit anderen, den liebt er. Am deutlichsten wird das, wenn er auf Tuchfühlung mit ihnen geht. Seine Gesprächspartner berührt er gern am Arm und tätschelt im Sitzen schon auch mal deren Oberschenkel. Diese subliminalen Berührungen sind kaum wahrnehmbar, aber machtvoll. Sie weisen dem, der sie ausführt, einen höheren sozialen Status zu, so die Sozialpsychologin Nancy Henley. Und gleichzeitig erscheint der Berührende nach Ansicht des Psychologen Nicolas Guéguen freundlich, ehrlich, herzlich und liebenswert.

Humor und Spaß sind Bransons Lebensbegleiter und sie spielen in jedem seiner Unternehmen eine Rolle. Er ist davon überzeugt, dass sie gut fürs Teamwork sind und die Effektivität steigern. Sich selbst zu wichtig zu nehmen, passt nicht zur Unternehmenskultur von Virgin. Der Boss lebt es vor, indem er Riesenpartys für seine Mitarbeiter gibt und einer der Ersten ist, der auf dem Tisch tanzt. Oder indem er regelmäßig Streiche am 1. April organisiert. In den meisten Unternehmen wäre das undenkbar und würde als Zeitverschwendung betrachtet werden. Auf Fehlschläge angesprochen, reagiert er, typisch britisch, ebenfalls humorvoll. Warum Virgin Brides, ein Brautkleidversand, gescheitert sei? »Wir haben keinen Kunden gefunden.« Und was wurde aus der Sache mit den Kondomen? »Das haben wir gelassen, nachdem mir eine Dame Babyfotos zugeschickt hat.« (Lampl/Mayerl 2013)

Penibel achtet Branson auf seine Fitness. Für einen Mann in den 60ern ist er erstaunlich gut in Form. Gegen 5:30 Uhr steht er auf, denn Sport treibt er am liebsten morgens. Er joggt, spielt Tennis oder schwimmt, fest davon überzeugt, dass regelmäßiges Training den Energielevel erhöht, gut für den Schlaf und die Konzentration ist. Auch einen »Virgin Marathon« hat er schon organisiert – und ist ihn verkleidet als Schmetterling mitgelaufen. Aber seine besondere Leidenschaft ist das Kitesurfen – gern verknüpft mit schlagzeilenträchtigen Aktionen. So überquerte er als ältester Kite-Surfer den Ärmelkanal. Oder er schnallte sich das Model Denni Parkinson auf den Rücken und kitete mit ihr vor seiner Privatinsel Necker Island. Wohlgemerkt, Miss Parkinson war nackt. Die Bilder kursierten weltweit und waren natürlich eine erstklassige Werbung für die Insel, die man für 65 000 Dollar pro

Tag mieten kann. Zwar behauptete Branson, das sei eine Idee des Fotografen gewesen, aber den Effekt dürfte er durchaus einkalkuliert haben.

Auffallen um jeden Preis

Seine Lieblingskleidung sind Pulli oder Sweater und Samthose. Ein Virgin-Mitarbeiter erklärte: »Der Tag, an dem wir Richard Branson in Anzug und Krawatte sehen, ist das Zeichen dafür, dass Virgin in ernsten Problemen steckt.« Falls Branson ein Sakko oder eine lässige Lederjacke dabei hat, liegt das nicht an Dresscodes, sondern an den Klimazonen, in denen er sich aufhält. Und Anzug oder Smoking trägt er nur, wenn er ins Weiße Haus, in den Buckingham Palast oder zu einer anderen sehr formalen Veranstaltung eingeladen ist. Auf Necker Island sieht man ihn immer ganz sportlich in Shorts, T-Shirt und Flip-Flops. Für Promotion-Auftritte und Werbekampagnen schlüpft er in jedes Kostüm, Hauptsache es ist skurril und fällt auf.

Bransons Körpersprache entspricht seinem lebhaften Naturell. Er ist eine durch und durch extrovertiert wirkende Person. Der 1,80 Meter große Mann tritt in allen Situationen selbstsicher und offensiv auf, schaut seine Gesprächspartner häufig an, hat einen lockeren, geschmeidigen Gang. Seine Armbewegungen sind dynamisch. Er stellt sich mit Freude vor die Kameras, sein Ausdruck ist stets emotional. Das unterscheidet ihn von anderen Mächtigen der Wirtschaft. Man denke nur an Josef Ackermann, Mario Draghi, Joe Kaeser. Die sind zurückhaltend bis reserviert, sparsam in ihren Gesten, ihr Blick ist fokussiert, die Miene ernst.

Seine Extrovertiertheit erleichtert Branson die Inszenierung. Er weiß sich in begnadeter Form selbst darzustellen, immer zum Wohle von Virgin. Bei allen Produkteinführungen ist er dabei. Und nicht immer läuft alles nach Plan. Ein

Drittel der Zeit verbringe er mit Werbekampagnen, ein Drittel mit neuen Unternehmen und ein Drittel mit Schadensbegrenzung, scherzt er gern. Den schmalen Grat zwischen Scheitern und Erfolg kennt er nur zu gut (Lampl/Mayerl 2013). Handelt es sich bei ihm »... einfach nur um einen alternden Mann, der Angst vor dem Tod sowie Spaß am Leben hat und bei Letzterem nicht unbeobachtet bleiben möchte«, wie Angelika Hager (2013) meint? Eine reine Alterserscheinung kann sein Inszenierungsdrang kaum sein, immerhin lebt er ihn seit Jahrzehnten aus.

Alle seine Aktionen sind spektakulär und selbstironisch. Zum Beispiel seine Rekordjagd in den 80er und 90er Jahren. 1986 gelang Branson mit der »Atlantic Challenger« die schnellste Atlantiküberquerung mit einem Boot. In einem Heißluftballon überquerte er 1987 den Atlantik zusammen mit dem Schweden Per Lindstrand. Niemand hatte das zuvor geschafft. Und 1991 flog er als Erster mit einem Heißluftballon von Japan nach Kanada. Er unternahm auch mehrere Versuche, die Erde per Ballon zu umrunden – dies allerdings bislang erfolglos.

Auch mit schönen Frauen schmückt er sich seit eh und je. Zum 25. Geburtstag seiner Fluggesellschaft Virgin Atlantic trägt er 2009 Supermodel Kate Moss auf den Armen und posiert dann mit ihr auf dem Flügel eines Jumbojets. Oder er hebt bei der Eröffnungsfeier des Telekommunikationskonzerns Virgin Media 2007 in London die Burlesque-Diva Dita Von Teese über seine Schulter. Und wenn er sich in Kenia als Naturschützer präsentiert, dürfen natürlich zwei bildhübsche Kenianerinnen an seiner Seite nicht fehlen.

Kurz: Er ist für jeden Spaß zu haben, solange er dadurch Aufmerksamkeit erregen kann. 2010 verlor er eine Wette gegen AirAsia-Chef Tony Fernandes. Es ging dabei um die Frage, welches Formel-1-Team – Marussia Virgin oder Team

Lotus – besser abschneiden würde. Der Wetteinsatz: Der Verlierer sollte die Flugpassagiere des Konkurrenten bedienen. Branson machte daraus eine Riesenshow: Er verkleidete sich als Flugbegleiterin. Mit Minirock, rasierten Beinen, platinblonder Föhnfrisur, Lippenstift und Lidschatten. Vor dem Abflug mit der Sondermaschine von Perth in Australien gab er Interviews. An Bord filmten dann Kamerateams seine Aktivitäten: Autogramme geben, Selfies machen, Crew-Kollegen umarmen. Höhepunkt war, wie er Tony Fernandes ein volles Tablett mit Getränken in den Schoß kippte. Den restlichen Flug saß der AirAsia-Boss in Unterhosen auf seinem Platz. Nach Ankunft in Kuala Lumpur fand eine große Pressekonferenz statt. Für wen war es am Ende wohl die bessere Werbung? Für Virgin Atlantic oder die Billigfluglinie AirAsia? Branson würde diese Frage mit einem breiten Lachen beantworten.

Ein weiterer PR-Coup gelang ihm, als er Mitte 2015 in seinem Blog eine großzügige Elternzeitregelung für Virgin-Mitarbeiter in London und Genf verkündete. Wer vier Jahre zur Belegschaft zähle, bekomme, wenn er Vater oder Mutter werde, für ein Jahr Elternzeit, und das bei vollem Lohnausgleich. Mit Fotos von seinen Kindern und Enkelkindern bebilderte Branson seinen Artikel. »Als Vater und Großvater weiß ich, wie wunderbar das erste Jahr mit einem Kind ist – aber auch, wie anstrengend es sein kann. Viel Zeit mit deinen Lieben zu verbringen, ist entscheidend, besonders wenn sie noch klein sind«, schrieb er dazu. Ein Jahr frei, bei vollem Lohn – das klingt wunderbar. Und prompt ging Bransons Ankündigung weltweit durch die Medien. Erwünschte Wirkung: der familienfreundliche Star-Unternehmer, ein Vorbild für andere.

Bei allem Respekt vor seiner Selbstdarstellungskunst und seiner zweifellos großen unternehmerischen Leistung: Richard Branson macht gerne viel Wind. Hat der sich gelegt, bleibt oft Ernüchterung zurück. SpaceShipOne ist ein Beispiel hierfür. Virgin bietet bald Weltraumflüge an, so die Ankündigung seit Jahren. »Bald« ist hier eine sehr dehnbare Zeitangabe. Denn tatsächlich tut sich auf dem Weltraumbahnhof in Nevada nichts. Schon 2009 sollte es losgehen, doch technische Probleme mit SpaceShipOne verzögern die Aufnahme des Flugbetriebs immer wieder. Branson kündigt trotzdem munter jedes Jahr an, dass man demnächst starten werde. Bald eben. Sein unerschütterlicher Optimismus entlarvt sich hier als Kalkül. Durch SpaceShipOne bleibt er im Gespräch, gerne wird berichtet, welche Stars auf der Warteliste stehen, wie wunderbar ein solcher Kurzzeitflug ins All sein wird. Klappern gehört zum Handwerk und ist Teil des Geheimnisses von Sir Richard.

> **Auf den Punkt gebracht:**
Richard Branson, der selbstverliebte Menschenfänger

Er spielt die Rolle des Visionärs, des zupackenden Entrepreneurs, der sich über alle Grenzen, sogar über die Naturgesetze, hinwegsetzt. Man liebt ihn für sein Lachen, seine Manager-Binsenweisheiten, seine schrillen Einfälle. Und geliebt werden will er, dieser eitle Pfau. Er ist süchtig nach Aufmerksamkeit und steht gerne im Mittelpunkt. Seine Schwächen, zum Beispiel die rhetorischer Art, macht er durch seine Stärken mehrfach wett. Er kann Menschen durch seine Wirkung begeistern – das ist mehr wert als jedes Kundengewinnungsprogramm. Es gibt intelligentere, erfolgreichere, wegweisendere Unternehmer als ihn. Doch keiner bedient die mediale Gier nach starken Bildern und Zitaten derart gut wie Richard Branson.

Wirkung à la Branson – was lernen wir?

- Selbstironie macht sympathisch
- Wer Vorbild sein will, muss vorleben, was er von anderen erwartet
- Eigene Machtposition sanft unterstreichen: subliminale Berührungen signalisieren Überlegenheit

Gloria von Thurn und Taxis: Mit Punk und Pomp

Diese Gloria. Sie legt schon in jungen Jahren nicht viel Wert auf einen klassischen blaublütigen Auftritt, feines Benehmen hat für sie keinen hohen Stellenwert. Sie wächst in verhältnismäßig bescheidenen Verhältnissen auf, ist burschikos und lebhaft. Erst will sie Rocksängerin werden, gründet eine Band namens Loud & Fun. Dann zieht es sie zur Schauspielerei. Der Termin zum Vorsprechen steht schon fest. Doch zeitgleich lernt sie einen älteren Herrn kennen, der sie vor die Alternative stellt: Schauspielschule oder Flug nach Acapulco? Sie überlegt nicht lang und steigt ins Flugzeug. Kurze Zeit später heißt sie Mariae Gloria Prinzessin von Thurn und Taxis (von Taube/Colacello 2015). Es klingt verrückt, doch die neue Rolle passt zu ihr. Jetzt kann sie ihrem Drang nach Selbstdarstellung freien Lauf lassen und tut das mit wahrhaft exzentrischer Wucht.

Doch der Reihe nach: 1980 heiratet die 20-jährige Maria Gloria von Schönburg-Glauchau den 54-jährigen Multimilliardär Johannes Fürst von Thurn und Taxis. Es wird prunkvoll und sehr klassisch gefeiert. Pflichtbewusst bringt sie zuerst zwei Mädchen und dann den ersehnten Nachfolger zur Welt. In dieser Phase verkörpert sie die konservative Fürstin. Gekleidet und frisiert, wie die steife Etikette es verlangt. Nach der Pflichterfüllung geht die Sause los. Jetzt gibt es für sie kein Halten mehr. Aus dem tiefsten bayerischen Land kommt plötzlich eine, die alle medialen Bühnen zu rocken beginnt.

Die junge Prinzessin legt spektakuläre Auftritte in der Öffentlichkeit hin. Sie hat eine Schwäche für extravagante Mode und Frisuren fernab des Mainstreams. Das schafft Aufmerksamkeit und bringt sie regelmäßig auf die Titelseiten der internationalen Klatschblätter. Gloria schert sich einen feuchten Kehricht um die Etikette, sie will provozieren und gesehen werden.

Eine Frau explodiert

Als Punk-Fürstin mischt sie die High Society zwischen Amerika und ihrer bayerischen Heimat Regensburg auf. »Princess TNT« nennt man sie in den amerikanischen Medien. Die Abkürzung steht für Thurn und Taxis, weist aber auch auf die explosive Wirkung hin. Letztere bietet Gloria in hoher Dosis. In der Late Show von David Letterman und im New Yorker »Studio 54« tritt sie mit hochtoupierter Frisur und bunten Haarspitzen, kreiert von Starcoiffeur Gerhard Meir, auf und lässt die – pardon! – Sau raus. Solche Auftritte liebt sie sehr. In einem Interview mit der ›Bunten‹ erzählt sie, wie der Designer Paco Rabanne sie ins Pariser Gourmet-Restaurant »Laurent« einlud. Es war ein Businessmeeting. Alle Herren saßen im dunklen Anzug beim Lunch. Princess TNT aber rauschte aufgebrezelt ins Restaurant, als müsste sie bei einer extravaganten Fashionshow über den Catwalk laufen. Den Gästen fielen die Kinnladen herunter. »Es war einmalig«, so Gloria.

Zum 60. Geburtstag ihres Mannes veranstaltet sie auf Schloss St. Emmeram in Regensburg ein pompöses Fest im Rokokostil. Es ist nur ein Fotograf aus London zugelassen, die Bilder werden weltweit in Boulevardmagazinen veröffentlicht. Kein Wunder bei den hochkarätigen Gästen aus Wirtschaft, Politik und internationaler Musik- und Kunstszene. Als Highlight tritt Gloria mit extravaganter Perücke und edlem Rokokokleid auf und singt ihrem »Goldie« ein Geburtstagslied. Es soll wohl an Marilyn Monroes Ständchen für John F. Kennedy erinnern. Aufgetischt wird eine riesige Geburtstagstorte, dekoriert mit zuckersüßen Penissen. Mit derartigen Einfällen sorgt das Fürstenhaus für mächtig Gesprächsstoff. Gloria schafft es, durch eine Mischung aus Glamour, Adel und Geld im Mittelpunkt zu stehen.

Die exzentrische Fürstin wird geliebt oder verschmäht. Nicht nur wegen ihrer skurrilen Auftritte, sondern weil sie sich traut zu sagen, was sie denkt. Damit wurde sie zur bekanntesten Blaublütigen Deutschlands. Bob Colacello, Special Correspondent der ›Vanity Fair‹ und ein enger Freund von ihr, sagte in einem gemeinsamen Interview: »Es war ja auch wahnsinnig erfrischend für viele, wie du da auftratst. Das Konventionelle kannte man, das funktionierte seit Hunderten von Jahren. ... Das Unkonventionelle nährte sich ja aus diesem Kontrast von großem klassischen Namen und deinem Gespür für Auftritte und Provokation auf eine gute Art. Das hat manche düpiert, aber das waren dann verlässlich die Langweiler. Und uns andere hast du inspiriert.« (von Taube/Colacello 2015)

Plötzlich ist der Spaß vorbei

1982 erkrankt ihr Mann schwer. Auch zwei Herztransplantationen können ihn nicht retten. Sie erhält die Generalvollmacht über den Besitz der Familie. Da erst wird ihr klar, in welch schwieriger Situation das Familienunternehmen steckt, und dass sie eine Menge ändern muss. Mit ihrer bisherigen Selbstdarstellung kann sie kein Unternehmen führen. Von heute auf morgen endet ihr Jetset-Leben, sie erfindet sich vollkommen neu. Aus der Pop-Aristokratin wird eine Managerin und Unternehmerin. Von Privatlehrern lässt sich die 30-Jährige das Einmaleins der Betriebswirtschaft beibringen. Sie nimmt sich alle Teile des Familienimperiums vor, analysiert sie und entwickelt Lösungsstrategien. Um die Erbschaftssteuer zu bezahlen, versteigert sie das Familiensilber bei Sotheby's. Und sie hat Ideen, wie sie auf Dauer das größte Schloss Europas erhalten kann. Heute kennt man die

Schlossfestspiele und den Adventsmarkt auf St. Emmeram, die Fürstliche Brauerei (seit 1996 im Besitz von Heineken), den Forstbetrieb, das Museum und natürlich »Gloria« als Marke, Galionsfigur und offizielle Repräsentantin der Dynastie von Thurn und Taxis. Sie genießt auch weiterhin ihre Auftritte in der Öffentlichkeit. Auf kleinem Fuß muss sie dabei nicht leben, sie hat unter anderem Wohnungen in Rom und New York sowie ein Strandhaus in Kenia.

Spannend an ihr ist die Mischung aus liberal und erzkatholisch, aus festen Überzeugungen und dem Mut anzuecken. Ihr Talent zur selbstdarstellerischen Verwandlung ist immens. Und nicht zuletzt ist da ihr flottes Mundwerk. Doch sie weiß sich auch zurückzunehmen. Schaut man sich die Gloria von heute an, ist die Punk-Fürstin kaum mehr zu erahnen. Nur manch expressive Geste und die ausgeprägte Mimik verraten, dass da noch eine ganz andere Gloria in ihr schlummert. Wenn sie öffentlich auftritt, zum Beispiel zur Eröffnung der Sommerfestspiele auf Schloss Emmeram, ist sie sehr elegant gekleidet, nur mit einem Touch Exzentrik wie einer kiloschwer wirkenden Goldkette, das war es aber auch schon. Ihre Frisur ist klassisch und häufig zeigt sie sich ungeschminkt. Als Unternehmerin hat sie ein seriöses Auftreten und strahlt Kompetenz aus. Sie ist sich bewusst, dass sie nach wie vor als persönliche Marke eine hohe Anziehungskraft ausübt. Die 150 000 Besucher von Schloss St. Emmeram kämen nicht nur wegen der Geschichte des Hauses Thurn und Taxis, sondern auch, weil sie dort lebe, sagt sie 2006 in einem Interview. Sie nennt Fürst Rainier und Fürstin Gracia Patricia von Monaco als Vorbilder. Von ihnen könne man lernen, wie man ein Land promotet. Mit ihren bunten Haaren habe sie sich selbst und den Ort interessant gemacht (Colacello 2006).

Gloria von Thurn und Taxis, die wandlungsfähige Egozentrikerin

Eine charismatische Unternehmerin, die ihre Bekanntheit und ihr weltweites Netzwerk an Kontakten geschickt zu nutzen weiß, das ist die Gloria von heute. Einordnen kann man sie schwer. Ist sie in ihrem Herzen eine bornierte Aristokratin, die nur mit der Moderne flirtet? Oder eine patente Modernisiererin im konservativen Gefieder? Sie hat auf jeden Fall das Talent, im richtigen Moment die richtige Rolle zu ergreifen und auszufüllen. Mal Paradiesvogel, mal Familienglucke. Mal Managerin, mal Künstlerin. Sie verkörpert traditionelle Werte, zieht aber alle Register auf der Klaviatur moderner PR, ist traditionsverbunden und denkt ökonomisch. Ihre Liebe zur modernen Kunst paart sich elegant mit ihrem Geschäftssinn. Kunst sammeln versteht sie als Geldanlage.

Die Marke Gloria lebt seit jeher von starker Selbstinszenierung. Selbst wenn ihr viele Auftritte aus früherer Zeit heute eher peinlich sein mögen, so haben sie doch zu ihrer Popularität enorm beigetragen. Glorias schillernder Konservatismus ist das Aushängeschild der Unternehmensmarke Thurn und Taxis. Die Chefin führt nicht nur die Geschäfte, sie prägt mit ihrer Wirkung das gesamte Außenbild und sorgt für nachhaltigen Erfolg – das ist Führungsmacht.

Wirkung à la Gloria – was lernen wir?

- Durch kleine Provokationen und Regelbrüche bleibt man im Gespräch
- Neuer Job, neue Rolle? Dann sollte sich auch die Inszenierung wandeln
- Ein Schuss Exzentrik hebt ab: auffällige Accessoires, eigenwillige Frisur

Fazit: Persönlichkeit macht den Unterschied

Es gibt sie, die Unternehmerpersönlichkeiten, die wie Leuchttürme aus der Masse herausragen und in manchen Fällen schon zu eigenen Marken geworden sind. Es gibt sie schon lange, muss man dazusagen. In Deutschland kennen wir seit Jahrzehnten die Namen und Gesichter von Klaus Hipp, Wolfgang Grupp (Trigema) oder Götz Werner (dm). Bosch, Siemens, Krupp, Grundig – das waren ihre Vorläufer, zum Teil handelte es sich hier um echte Familiendynastien. Doch bleiben wir in der Gegenwart. Solch einen Springinsfeld wie Richard Branson hat es früher nicht gegeben. Seit mehreren Jahrzehnten unterhält er uns mit seinen Abenteuern und Geschichten. Was ist Virgin jetzt schon wieder eingefallen, denkt man sich, wenn man ihn sieht. Die Unternehmensmarke gewinnt an Profil, sie wird greifbar und erlebbar, weil eine Persönlichkeit dahintersteht.

Facebook ist als Konzern ungleich größer als Virgin und wurde doch erst 2004 gegründet. Von einem Nerd, den heute jeder kennt. Auch er verkörpert sein Unternehmen, verleiht ihm durch seine Erscheinung den Charme einer Garagenfirma, die einfach nur überdimensional in die Höhe und Breite geschossen ist.

Oliver Samwer würde sich zwar nicht kostümieren wie Branson, aber dass er über ein ebenso großes Mundwerk verfügt, hat er bei öffentlichen Auftritten schon unter Beweis gestellt. Zur Marke reicht es bei ihm noch nicht ganz, immerhin ist er in den Medien präsent und hat erkannt, dass Selbstinszenierung zum Gelingen seiner Unternehmungen beitragen kann. Als Gesicht von Rocket Internet wirft er sich für den Börsengang in einen Anzug. Seriös und zuverlässig will er erscheinen.

Gloria von Thurn und Taxis ist weitaus souveräner in der

Wahl ihres Outfits. Sie beherrscht die Kunst, sich stilgemäß und dennoch eigensinnig zu kleiden. Sicherlich, mit einem stattlichen Familienbesitz im Rücken kann sie sich Extravaganzen erlauben. Trotzdem: Wer hätte gedacht, dass die einstige Punk-Prinzessin es schaffen würde, den Laden nach dem Tod ihres Mannes zusammenzuhalten? Ein Karl-Theodor zu Guttenberg, der stets seriös daherkam und für seinen wirtschaftlichen Sachverstand gepriesen wurde, erwies sich in der Praxis als wenig erfolgreicher Unternehmer. Gloria würde man zutrauen, selbst an der Kasse die Eintrittskarten fürs Schloss zu verkaufen, wenn Not am Mann ist. Und die Führung durch das ehrwürdige Gemäuer würde sie auch noch gleich übernehmen. Würde man mit ihr nicht gerne einmal bei einer Tasse Tee plaudern? Kritische Themen müsste man vielleicht aussparen. Dass wir insgesamt ein positives Bild von ihr haben, ist auch das Ergebnis ihrer hohen Wirkungskompetenz. Sie präsentiert sich seit jeher als lebendiger, atmender, denkender und mit Fehlern behafteter Mensch.

Uli Hoeneß tut dies auch, was ihm Sympathien, aber auch Hohn und Spott einbringt. Sein Beispiel zeigt, dass eine zu enge Verbindung von Manager und Unternehmen zu Problemen führen kann. Dann nämlich, wenn die Unternehmerpersönlichkeit stolpert oder sogar tief fällt. Ist es also wirklich immer wünschenswert, dass heutzutage die CEOs der DAX-Konzerne so viel Medienpräsenz zeigen? Schließlich schaden sie, wenn eine ihrer Aktionen nicht so gut läuft, nicht nur sich selbst, sondern auch dem Unternehmen. Zwischen der Notwendigkeit, offen und transparent zu führen, und der Gefahr, eine Art Personenkult zu fördern mit allen seinen möglichen Konsequenzen, sollte deshalb gründlich abgewogen werden. Sofern diese Abwägung überhaupt noch in der Hand der Entscheider liegt. Aktionäre, Investoren, Medien wollen sehen, wer das Zepter in der Hand hält. Wem sie ihr Geld, ihre Aufmerksamkeit anvertrauen sollen. Das Licht ist heller als früher, die Suchscheinwerfer unerbittlich. Wer kann sich da noch verschanzen in seinem Büro?

Das sind auch nur Menschen, lautet unsere Antwort hier. Eine Binsenweisheit, natürlich. Wie Politiker, Filmstars und andere Celebrities feilen auch Unternehmerpersönlichkeiten eifrig an ihrer Selbstdarstellung, und Berater und Assistenten greifen ihnen unter die Arme. Sie wollen, dass wir ihre Persönlichkeit positiv wahrnehmen und ihr die Werte und Überzeugungen zurechnen, die sie aus meist wirtschaftlichem Kalkül transportieren möchten. Gelingt ihnen das, haben sie ihrem Unternehmen einen starken Wettbewerbsvorteil gesichert.

Tim Cook kennen wir alle. Doch wie heißt der Chef von Samsung?

5 Faszinationsmacht – Wirkung im Sport

Those were the days. Mit elf Jahren wurde ich entdeckt. Das große schlaksige Mädel hat was auf dem Kasten, hieß es. Volleyball war in jenen Tagen mein Ein und Alles. Mit 14 Jahren trainierte ich in der Bundesliga. Mit 16 gehörte ich zu den Stammspielerinnen der österreichischen Nationalmannschaft. Ich war ein kleiner Star in meiner Schule, aber auch darüber hinaus. Zu Jugendevents und Modenschauen lud man mich ein, ich gab Interviews. Statt am Wochenende auf der faulen Haut zu liegen oder Party zu machen, stand ich in der Trainingshalle oder saß im Mannschaftsbus auf dem Weg zu einem Bundesligaspiel. Ich war Vorbild für andere junge Menschen, zumindest in den Augen von Journalisten und Sportfunktionären. Vorbild zu sein hatte ich erst lernen müssen, hauptsächlich von meinem Trainer »Papa Bär« aus Warschau. Durchhaltevermögen zeigen. Selbstsicherheit vermitteln, auch wenn der Gegner übermächtig erscheint. Nach einer Niederlage wieder aufstehen und weitermachen. Mir wurde damals bewusst, wie wichtig es war, die richtige Botschaft auszustrahlen. Die richtige Wirkung zu erzielen. Nach außen Siegeswillen demonstrieren, Kinn hoch, Brust raus, selbst wenn einem die Knochen weh tun und man sich in eine Ecke verkriechen möchte. Das Fantastische war: Die inszenierte Außenwirkung hatte einen Effekt auf mein Innerstes. Ich fühlte mich plötzlich wirklich so, wie ich nach außen vorgab. Mentale Stärke entwickeln nennt man das, wie ich später im Studium lernte.

Bis heute profitiere ich von den Erfahrungen aus meiner Zeit als Spitzensportlerin. Und ich verstehe wahrscheinlich ein wenig besser als manch anderer, was die modernen Heldinnen und Helden des Sports umtreibt. Der heutige Medienrummel ist größer, bunter, verrückter als damals. Manche Entwicklungen zeichneten sich aber schon damals ab oder waren bereits in vollem Gange. Die »Mediatisierung des Sports« (Stiehler 2003), sprich die Vereinnahmung des Sports durch die Medien, ist seitdem noch einmal enorm angewachsen. Die Medien übertragen nicht einfach Sportereignisse, sie inszenieren und vermarkten den Sport. Es ist ein Wahnsinnsmix aus Turnieren, Schaukämpfen, Events, live übertragen und zu Shows aufgeblasen, mittendrin die sportlichen Akteure. So neu ist das Phänomen nicht. Ausnahmesportler wie Muhammad Ali oder Mark Spitz wurden schon immer verehrt. Doch der Hype war noch nie so mächtig und ausgeprägt. Er hat den Sport verändert und die Sportler selbst auch. Sie inszenieren sich stärker, sie wollen auffallen, sie wollen gefallen. Manchen gelingt das so gut, dass sie uns nicht nur begeistern, sondern faszinieren.

Warum diese Faszination für Sportler? Unter anderem, weil sie eine Stellvertreterfunktion übernehmen. Sie verkörpern eine soziale Gruppe, ein Land, eine Kultur. Die Siege von Ali waren stets Siege über die weiße Dominanz in den damaligen USA. Athleten wie er spielen großartige Hauptrollen in der Story des Sports. Einer Story, in der gesiegt und verloren, triumphiert und gelitten, geliebt und gehasst wird. Um heutzutage als Sportler zur bejubelten Celebrity zu werden, braucht es mehr als Höchstleistung. Man kann einen Rekord nach dem anderen brechen, ohne es jemals in die ›Bunte‹ oder ›Gala‹ zu schaffen. Denken wir nur an die deutsche Jahrhundert-Olympionikin Birgit Fischer. Es kommt offenbar auf andere Dinge an, damit der mediale Suchscheinwerfer einen Sportler erfasst. Wieder einmal ist es die Wirkung. Mittlerweile weiß jeder Sportler, dass er nicht nur im Wettkampf überzeugen muss, sondern auch im Zusammenspiel mit den Medien. Die Kommunikationsfähigkeit wird trainiert wie ein Muskel. Kaum ein Jungstar des Fußballs stottert noch verlegen, wenn ihm ein Mikrofon unter die Nase gehalten wird. Natürlich muss die Leistung stimmen, müssen Ziele erreicht werden. Doch fast ebenso wichtig ist die Medienkompetenz, und zwar in mehrfacher Hinsicht. Ein verkorkstes Interview bleibt über lange Zeit an einem Sportler haften und schadet unter Umständen dem gesamten Verein. Und: Sportliche Körper liefern traumhafte Bilder. Also werden die Outfits der Sportler knapper und körperbetonter, verbinden sie Erotik und Funktionalität (Stiehler 2003). Die Zuschauer sollen und wollen mitfiebern. Also werden Duelle, Leidensgeschichten und Comebacks medial inszeniert und ausgeweidet. Manche Sportler sind in diesem Spiel Getriebene, andere lassen sich auf die Regeln ein und schaffen es sogar, die Zügel in der Hand zu behalten. Ihre Selbstinszenierung ist auf Rasen oder in der Halle ebenso gelungen wie auf rotem Teppich oder Bürgersteig. Sie werden geliebt, bewundert, respektiert. Wie stellen sie das an? Welcher Zusammenhang besteht zwischen ihren sportlichen Erfolgen und ihrer Wirkung? Wie muss man wirken, um die Herzen des Publikums zu gewinnen? Mehrere Beispiele wollen wir betrachten, um das zu klären.

Usain Bolt: Schneller ist und wirkt keiner

100 Meter in 9,58 Sekunden. 200 Meter in 19,19 Sekunden. Sechsfacher Olympiasieger. Achtfacher Weltmeister und auch Weltrekordhalter in der 4-mal-100-Meter-Staffel, im 100- und im 200-Meter-Lauf. Was für eine phänomenale Leistung von Usain St. Leo Bolt. Publikumsmagnet, Markenbotschafter, TV-Sport-Liebling, Superstar. Und wie um all das noch zu toppen, ist er zugleich der Meister der Selbstinszenierung im Sport schlechthin. Wenn er antritt, ist für die Show gesorgt.

Physisch betrachtet ist er fürs Sprinten eher ungeeignet. Er ist extrem groß: 1,96 Meter. Sprinter mit einer solchen Größe können nicht schnell genug beschleunigen, behaupten Trainingswissenschaftler. Tatsächlich kommt er vergleichsweise langsam aus den Blöcken. Aber dann. Seine sehr langen Beine – angeblich 110 Zentimeter – bringen ihm einen Vorteil. Der hohe Körperschwerpunkt ermöglicht einen Laufschritt von 2,95 Meter. Auf 100 Meter braucht er daher drei bis vier Schritte weniger als andere Supersprinter. Seine Schuhgröße ist 47. Im Zusammenspiel mit sehr langen Unterschenkeln ergibt sich eine optimale Hebelwirkung, die sich direkt in kraftvolle Schritte und hohes Tempo umsetzt.

Zu der »langsamen« Beschleunigung kommt noch das Handicap einer Wirbelsäulenverkrümmung (Skoliose). Er ist in regelmäßiger Behandlung bei einem Sportmediziner, der hohes Ansehen genießt, weil er die deutsche Nationalmannschaft betreut: Dr. Hans-Wilhelm Müller-Wohlfahrt. Das verordnete spezielle Rücken- und Bauchtraining hilft Bolt. Nach seinem Sieg bei den Olympischen Spielen in London bedankt er sich beim »besten Arzt der Welt« und fügt hinzu: »Ein Stück dieser Medaille geht auch nach Deutschland.«

Seit seiner frühen Jugend läuft Bolt. Laufen ist sein Leben. Er wurde 1986 in Jamaika geboren, hat drei Geschwister und drei Mütter. Ein klassisches Familienleben in Jamaika. Er wuchs in einfachen und bodenständigen Verhältnissen auf. Religion war seiner leiblichen Mutter, einer fleißigen Schneiderin, sehr wichtig, und so besuchten sie regelmäßig den Gottesdienst. Später fand er einen »direkten« Draht zu Gott – er bekreuzigt sich vor jedem Start. Respekt, Höflichkeit und gute Manieren lernte er von seinem strengen Vater. Auch wenn er Partys liebt, einmal einen Joint probiert, die Frauen ihn umschwärmen, während zu Hause seine langjährige Freundin Mizzi wartet – die vom Vater vermittelten Werte lebt er bis heute im Umgang mit anderen Menschen (Bolt 2013).

Vorhang auf für den Größten

Er beherrscht das Spiel mit den Kameras, mit dem Publikum, er weiß, wie man Emotionen weckt, Menschen begeistert und für sich gewinnt. Bolt ist die größte Attraktion, der Botschafter der Leichtathletik, einer Sportart, der er wieder Glamour verleiht, ein Publikumsheld und der Liebling aller Sponsoren. Er ist das Gesicht für große Wettkämpfe. Bei den Olympischen Spielen in London 2012 war der Hero in der gesamten Stadt allgegenwärtig, in Werbespots, auf Plakaten, in Schaufenstern. Auch im deutschen Fernsehen wird jeder Lauf von Bolt euphorisch begleitet, die Vorberichterstattung beginnt Stunden zuvor. Claus Kleber verabschiedet sich im ›heute journal‹ mit den Worten: »Jetzt wollen wir Usain Bolt nicht weiter im Wege stehen«, und übergibt dann an die Kollegen in London (Ahrens 2012).

Als Star jedes großen Leichtathletik-Meetings ist Bolt Multimillionär geworden. Er erhält laut der Sportzeitschrift ›L'Equippe‹ ein Startgeld von 300 000 Euro – einen großen Batzen des Gesamtbudgets – und Sonderrechte wie eine eigene Pressekonferenz oder einen speziell für ihn arrangierten Stadioneinlauf. Das mag auf den ersten Blick ungerecht erscheinen, denn was ist mit den anderen Teilnehmern? Doch Bolt ist es, der solche Veranstaltungen zu Events macht, über die berichtet wird. Die Veranstalter von Athletissima in Lausanne bestätigen, dass Bolt 10 000 zusätzliche Zuschauer und eine Vielzahl an Printmedien anziehe. Das bedeutet: Viele sind bereit, eine große Summe auszugeben, nur damit dieser Spitzenathlet bei ihrem Event antritt. Die Leichtathletik wird populärer und andere Sportler profitieren davon. Sie können auf ihr Stück vom großen Kuchen der Sponsoren- und TV-Rechte-Millionen hoffen.

Bolt gehört laut dem Magazin ›Forbes‹ zu den bestbezahlten Sportlern der Welt, mit einem Einkommen von ca. 21 Millionen US-Dollar, vorwiegend aus Sponsoren- und Werbeverträgen. In einem Interview mit der ›Welt‹ sagte sein Manager Simms: »Der Markt bestimmt, was er verdienen kann, und er wird sortieren und auswählen, wo er auftritt. Er wählt die Meetings, die ihm die besten Bedingungen bieten – sei es finanziell oder die Bahn oder das Wetter oder wie es in seine Trainingsgestaltung passt.«

Über all die Aufmerksamkeit für Bolt ist sein langjähriger Vertragspartner Puma natürlich mit am glücklichsten. Schließlich ist er das Zugpferd des Sportartikelherstellers aus Herzogenaurach. Werte wie Spaß, Lässigkeit, Kreativität und Leistung verbinden die Marke Puma und Bolt. Er passe »einfach perfekt zu Puma«, heißt es, und daher wird er auch von Kopf bis Fuß mit Produkten der Firma ausgestattet. Mit Puma-Schuhen ist er zum schnellsten Mann der Welt geworden. Wenig erstaunlich, dass die Herzogenauracher diesen Megaerfolg für sich zu nutzen wissen. 2014 startete Puma die Marketingoffensive »Forever Faster«. Die Kampagne zeigte Sportstars verschiedener Disziplinen. Der größte von ihnen war Superstar Usain Bolt (Ritzer 2010).

Bolt hat seine eigene Kopfhörer-Serie der Marke Soul, natürlich in den Farben seiner Heimat Jamaika. Er ist Gast in TV-Shows wie ›Saturday Night Live‹ und talkt mit David Letterman. Gerne beweist er sich als DJ. Bei einer After-Show-Party in Berlin, in der Münchner Kult-Diskothek P1 oder im Club Le Baron du Paris heizt er den Gästen ein.

Naturtalent in Sachen Selbstdarstellung

Er ist der geborene Showman. »... wenn man mir eine große Bühne gibt, mir einen Kampf, eine Herausforderung bietet und es passiert etwas – dann drehe ich auf. Ich gehe ein bisschen aufrechter, bewege mich einen Bruchteil einer Sekunde schneller.« (Bolt 2013) Er wird geliebt für seine Kaspereien vor dem Start und nach seinen Siegen. Schon Tage oder Wochen vorher wird darüber spekuliert, was er wohl diesmal machen wird. In einem Interview mit ›Sport aktiv‹ sagt er: »Ich bin der Meinung, dass diese Showeinlagen ein Teil meines Jobs sind. Ich laufe ja nur für wenige Sekunden – und die Leute kommen dennoch ins Stadion. Also unterhalte ich sie und bereite ihnen ein wenig Freude. Das passt zu mir, ich bin einfach so. Schon im Alter von 15 Jahren habe ich in Richtung Tribüne gegrüßt. Dann habe ich gemerkt, dass die Menschen das mögen, und habe noch ein bisschen mehr Flair dazugepackt. Mir hilft es dabei locker zu bleiben. Und am Ende sind alle zufrieden.«

In London trägt er eine seltsame schwarze Mütze. Er simuliert einen Schattenboxer und hämmert in die Luft, feixt in die Kameras, albert mit seinem Kameraden Yohan Blake herum. Nach dem Lauf küsst er die Bahn, schneidet Grimassen und schlägt einen Purzelbaum. Und dann endlich kommt sie: die Siegerpose, die zu seinem Markenzeichen geworden ist, auf das alle warten. In Deutschland nennt man sie »Bogenschütze« oder »Sterndeuter«, englischsprachige Kommentatoren sprechen von der »To Di World pose«, benannt nach dem jamaikanischen Tanz »To Di World«.

Betritt Bolt das Stadion, sind die Zuschauer wie elektrisiert, sie wollen seine Show erleben. Diese gut neun Sekunden und seine Gesten davor und danach. Mal streckt er beide Arme nach vorn, um sein Ziel zu markieren – das Ende der 100 Meter –, mal verschränkt er sie lässig und starrt abwesend in die Ferne. Oder er blickt direkt in die Kamera und streicht sich machomäßig über seine kurzgeschorenen Haare, leckt seine Finger ab, zupft an seinem Shirt, um zu zeigen, wie toll er ist. Oder er zieht eine imaginäre Pistole und schießt auf die Hartgummi-Laufbahn. Oder rappt. Wie auch immer und wobei auch immer: Das Spiel mit der Kamera genießt er, das Publikum liebt ihn dafür. Wäre er nicht Usain Bolt, würde es ein derartiges Sich-in-Szene-Setzen als narzisstisch und arrogant empfinden. Doch er kann es sich erlauben, denn er weiß, dass er der Beste ist. Und er wirkt dabei kindlich und lässig, nicht angestrengt und kalkulierend. Nebenbei hat das vermeintliche Gehampel vor der Kamera eine wichtige Funktion: Er versucht damit, seinen Stresspegel im Zaum zu halten, denn eine zu hohe Anspannung hat negative Auswirkungen auf die Muskulatur.

Nach einem gelungenen Lauf tut er das, was er auch vor dem Start tut: Er bekreuzigt sich. Danach macht er mit beiden Händen das Victory-Zeichen vor der Brust oder dem Gesicht, schneidet Grimassen, stellt sich demonstrativ vor die Kameras, wirft die Arme in die Luft und lässt sich bejubeln, macht mal schnell einige Liegestützen oder zeigt stolz auf das Puma-Zeichen seines Trikots. Es ist seine Art sich auszudrücken. Dennoch sah sich der ehemalige IOC-Präsident Jacques Rogge auch schon gezwungen, ihn zu ermahnen: zu einem respektvollen Verhalten gegenüber seinen Kollegen. Er habe kein Problem mit Bolts Showeinlagen vor dem Start, aber er vermisse eine faire Geste des Siegers hinter der Ziellinie.

Viele Sportler versuchen sich als Entertainer, doch keiner kann Bolt das Wasser reichen. Das Original ist noch immer besser als jede Kopie. Die extrovertierte Art von Usain Bolt lässt vermuten, dass er eine Diva sei. Angeblich ist dem aber nicht so. Patrick Magyar, Direktor von Weltklasse Zürich, bezeichnet ihn in einem ›SZ‹-Interview als völlig unkomplizierten, pflegeleichten Menschen ohne Sonderwünsche – hinter den Kulissen. »Sie werden keinen finden, der nicht positiv über ihn redet«, so Magyar.

Usain Bolt verkörpert den jamaikanischen Geist: eine Easy-Going-Haltung, eine Leichtigkeit im Umgang mit den Problemen des Alltags, eine lockere Sicht auf die Dinge und die Fähigkeit zu lachen, auch wenn das Leben hart ist. 2016 werden wohl die letzten Olympischen Spiele des Superstars sein. Danach will er seine Karriere beenden. Wie sagte er doch nach seinem 200-Meter-Sieg bei den Olympischen Spielen 2012? »Ich bin jetzt eine Legende. Ich bin außerdem der großartigste lebende Athlet.«

Die Konkurrenz schläft nicht. Justin Gatlin, der US-amerikanische Sprinterstar, der vier Jahre wegen Dopings gesperrt war, fordert ihn 2015 heraus – und scheitert vorerst. Immer wieder stehen bei Sprintern Doping-Gerüchte im Raum. Sollten hier einmal Fakten ans Licht kommen, stürzt jede noch so schöne Inszenierung von lässiger Siegesgewissheit in sich zusammen wie ein Soufflé. Was bleiben wird, sind die Bilder seiner Triumphe, die alle so gerne gesehen haben. Doch was sind diese dann noch wert?

► **Auf den Punkt gebracht:**
Usain Bolt, der kindische Megaposer

Bolts Wirkungskompetenz ist augenfällig. Sein Körper ist sein Medium. Er neigt zur großen Geste, zum physischen Spektakel. Ein ganzes Stadion und die Zuschauer zu Hause in den Bann ziehen, das schafft er lässig. Indem er Grimassen schneidet, herumtänzelt, springt und hüpft, zur Statue erstarrt. Es sind nur wenige Sekunden, aber die will keiner verpassen. Hier trifft jemand den Nerv der Zeit, den Geschmack der Generation Selfie, die Posing liebt. Seine Körpersprache spiegelt überlebensgroß wider, was ihn innerlich bewegt, was er nach außen vermitteln will. Beinahe sprengt er damit den TV-Bildschirm. Seine Wirkung ist theatralisch, fett wie Sahnetorte, fast ohne Maß. Mitgefühl oder Rücksichtnahme mit Verlierern? Fehlanzeige. Empathie ist bei ihm kaum zu beobachten.

Wirkung à la Bolt – was lernen wir?

- Humor kommt immer an
- Erste Regel beim Präsentieren: Unterhalten, nicht langweilen
- Lampenfieber? Vorm Auftritt »Siegerpose« einnehmen, das gibt innere Sicherheit

Jürgen Klopp und Joachim Löw:
Zwei für alle Bälle

Zwei Trainer, zwei grandiose Karrieren, zwei völlig unterschiedliche Menschen. Jeder wirkt auf seine Weise überzeugend. Der eine reißt mit oder stößt ab, dazwischen gibt es kaum etwas. Der andere nimmt nur zögerlich Menschen für sich ein. Zu viel Kopf, zu viel Vorsicht ist da bei ihm im Spiel. Beide haben ihre Anhänger und Kritiker. Ist der sportliche Erfolg groß, schwillt der Applaus an und die kritischen Stimmen verstummen. Bei Niederlagen und anderen Rückschlägen ist es umgekehrt, wen kann es wundern. Mit Kritik wie Jubel gehen sie unterschiedlich um. Beide wirken auf ihre Art. Der eine war sieben Jahre lang Coach von Borussia Dortmund, der andere führte die deutsche Fußballnationalmannschaft zum WM-Titel.

Beginnen wir mit dem Leidenschaftlichen von ihnen, mit Jürgen Klopp. Er ist ein Unikat und weit über die nationalen Grenzen hinaus zur Kultfigur geworden. Sein Ausdruck ist einzigartig. Er gebraucht die gesamte Klaviatur der Gemütszustände. Wenn seine Mannschaft groß aufspielt, hat er ein Dauergrinsen im Gesicht. In schlechten Phasen fletscht er schon mal die Zähne und zieht Grimassen. Er muss nichts sagen, sein anschauliches Mienenspiel gibt immer wieder Auskunft über seine Gefühlslage.

Kloppo lebt alles aus

»Klopp lebt genau das vor, was er von seiner Mannschaft auf dem Platz erwartet: totale Leidenschaft. Klopp jammert, Klopp flucht, Klopp flitzt die Seitenlinie entlang, das Gesicht zur Fratze verzerrt, und bei Toren seiner Mannschaft fliegt er mit angewinkelten Beinen und geballten Fäusten durch die Luft wie ein Handballer beim Sprungwurf« (Hermanns/

Stier 2014). Er hockt nicht auf der Trainerbank, er steht die meiste Zeit, eigentlich spielt er mental und physisch immer mit. Sein gesamter Körper ist 90 Minuten lang in permanenter Bewegung. Kein Trainer fiebert so anschaulich mit »seinen Jungs« mit. Gelingt ihnen ein genialer Spielzug, dann streckt er seine Faust in die Luft, stößt einen Freudenschrei aus und strahlt über das ganze Gesicht. Kommt dann noch sein Jubelsprung, wenn der Ball im gegnerischen Tor landet, sind alle Dortmunder Fans glücklich. Ein weiteres Markenzeichen: Kein Trainer geht so kumpelhaft mit seinen Spielern um. Er drückt, umarmt und knuddelt. Er verpasst einem Spieler schon mal eine Backpfeife. So wie dem damals 18-jährigen Debütanten Marian. Der wirkt erschrocken, weiß die Reaktion nicht zu deuten, bis ihn Klopp umarmt, um zu zeigen, dass die Ohrfeige nicht ernst gemeint war.

Doch »Kloppo« – so nennen ihn Fans und Spieler – kann am Spielfeldrand auch ausrasten und über den Platz schreien, wenn es mal nicht so läuft oder er eine Schiedsrichterentscheidung für falsch hält. Beim Champions-League-Spiel gegen den SSC Neapel im Jahr 2013 etwa verliert der BVB-Coach die Kontrolle über sich, baut sich vor dem fast einen Kopf kleineren Schiedsrichter auf und brüllt ihn mit einem aggressiven, verächtlichen Gesichtsausdruck an. Die Situation wirkt bedrohlich. Für diesen Auftritt kassiert Klopp einen Verweis und muss die Trainerbank verlassen. Doch er hat sich schnell wieder im Griff. Auf dem Weg zur Tribüne geht er am Schiedsrichter vorbei und schüttelt ihm die Hand. Eine respektvolle Geste und indirekte Entschuldigung, selbst wenn ihn dieser keines Blickes würdigt.

Bei manchen Beobachtern hinterlassen solche Szenen einen negativen Beigeschmack. Mit Schiedsrichtern legt sich Klopp in seiner BVB-Zeit gerne an und kassiert dabei mehr als einmal eine Strafe. Doch die Fans lieben ihn für seine emotionale Ehrlichkeit. Ist Klopp von sportlichen Leistungen seiner Mannschaft »bedient«, dann zieht er die Mundwinkel nach unten und verschränkt die Arme. Nicht nur die Spieler, jeder kann lesen, wie es in seinem Inneren aussieht. Das Pokerface liegt Klopp nicht.

Jürgen Klopp inszeniert sich als Kumpel-Typ und Team-Player. Zu diesem Bild passen auch die lose Krawatte und das BVB-Käppi. Er zwängt sich nicht wie Pep Guardiola in einen italienischen Maßanzug und Lederschuhe, sondern tritt im schwarz-gelben Trainingsanzug oder einer modisch zerrissenen Jeans auf. Jung und dynamisch. Und mit seinem Dreitagebart ist er wie geschaffen als Werbeträger für Philips. Uneitel ist er keinesfalls. Er hält sich in Form und unterzieht sich einer Haartransplantation. Selbstbewusst nimmt er hier Lästerern den Wind aus den Segeln: »Ich finde, das Ergebnis ist ganz cool geworden, oder?«

Zwischen den Pressevertretern und dem BVB-Coach besteht eine spezielle Verbindung. Sie mögen ihn wegen seiner Schlagfertigkeit, aber auch wegen seiner Launen, die er gar nicht erst zu verbergen sucht. So mancher Journalist bekommt sie zu spüren. Findet Klopp eine Frage »dumm«, wirft er schon mal das Mikro zur Seite und schweigt. Steckt der BVB in der Krise, lächelt er nicht gespielt in die Kamera, gibt keine Pseudoantwort. So weist er einen Sportmoderator zurecht: »Entschuldigung, ich möchte nicht im ZDF-Studio schon wieder mit jemandem aneinandergeraten. Aber auf doofe Fragen kann ich nur doof antworten. Wie wir alle wissen.«

Sprüche dieser Art haut Klopp gerne raus und manches Mal schießt er mit seiner emotionalen Art auch über das Ziel hinaus. Man hat dann fast das Gefühl, er springe aus dem Fernseher. Aber genau dies zieht viele Leute an und begeistert sie. Er kann ein echter Sunnyboy sein und mit seinem Lachen, seiner lockeren, offenen Art andere Menschen für sich gewinnen. Nicht zu vergessen: Seine launigen Darstellungen haben einen hohen Unterhaltungswert und sind deshalb begehrtes Futter für die Medien.

Kloppo und der BVB, eine innige Beziehung über Jahre hinweg. Damit ist es seit Mitte 2015 vorbei. Es wird spannend sein zu beobachten, ob er es schafft, in das Herz einer englischen Mannschaft vorzudringen und deren Fans ebenso für sich zu gewinnen, wie ihm das hierzulande gelungen ist.

Alle Emotionen unter Kontrolle

Joachim Löw hat da ganz andere Sorgen. Die Erwartungen, die er erfüllen muss, sind ungleich höher. Kaum ist ein WM-Titel gewonnen, muss der nächste angestrebt werden. Während Klopp seinen Emotionen oft freien Lauf lässt und das auch von Fans und Öffentlichkeit goutiert wird, glänzt Löw durch Ruhe und Besonnenheit. Bei ihm brodelt es tief drinnen, das merkt man ab und zu schon. Doch nur sehr selten bricht es aus ihm heraus.

Der Bundestrainer ist kontrolliert und sachlich. Klatschgeschichten, Ausrutscher? Fehlanzeige. Löw weist wenig Ecken und Kanten auf. Sein Privatleben lässt er außen vor, nur ab und an sieht man ihn gemeinsam mit der Frau, mit der er seit 1986 verheiratet ist. O. K., einen Modefimmel und einen Hang zu Extremsportarten hat er, das weiß man. Außerdem liebt er Fernreisen. Ach ja, seine Schwäche sind Süßigkeiten. Wie drollig. Und Achtung, sein Sündenfall schlechthin: Er raucht gerne mal eine Marlboro Gold oder Light. Das war es dann schon für die Medien. »Ich bin auch nur ein Mensch, der Stärken und Schwächen hat«, sagt er von sich. »Ich rauche eben manchmal eine Zigarette oder trinke am Abend ein Glas Rotwein.« Über die Stränge schlägt man anders. Aber das würde auch gar nicht passen zu einem, der sehr bewusst auf seine Gesundheit achtet, viel Obst und Gemüse und wenig Fleisch isst. Jeden Tag macht er eine Stunde Sport, meistens auf dem Laufband oder mit dem Mountainbike. Hier sucht er Ausgleich zum Stress und hat Zeit zum Nachdenken (Bausenwein 2011).

Im Umgang ist Löw höflich, zurückhaltend, unaufgeregt, klar und dabei immer selbstbewusst. Anfang der 80er Jahre sieht man ihn noch mit Oberlippenbart und Goldkettchen. Heute trägt er gerne einen Schal oder ein Seidentuch akkurat um den Hals drapiert. Sein Look ist klassisch-elegant, steht für Zuverlässigkeit, Kompetenz und Erfolg – Faktoren, die ins Spielfeld hineinwirken sollen. Lange Zeit wird er bei offiziellen Anlässen von Strenesse eingekleidet. Zur EURO 2008 löst der Bundestrainer sogar einen kleinen Hype um ein schmal geschnittenes weißes Strenesse-Hemd aus. Männer stürmen in die Läden, sie wollen auch so ein Hemd wie »der Jogi« es hat. So wird die Coachingzone zum Laufsteg. Auch privat ist Löw immer stilvoll gekleidet: schmale Hose, Slim-Fit-Hemd, Kaschmirpulli mit V-Ausschnitt und vielleicht ein modischer Lederblazer. Seine Lieblingsfarben sind Schwarz, Dunkelgrau, Blau. ›GQ‹ kürt den Bundestrainer mit dem dichten schwarzen Haar zu einem der 100 bestangezogenen Männer Deutschlands und die ›FAZ‹ erklärt ihn zum am besten gekleideten Prominenten.

Ein gefragter Werbepartner ist er schon seit Jahren, und nach den Erfolgen der DFB-Nationalmannschaft gilt er als ein Aushängeschild für Deutschland. »Jogi Löw ist Liebling Schland« titelte ›Bild‹ 2010. Der Bundestrainer der Herzen. Er kann sich vieles erlauben, man verzeiht es ihm – meistens. Vor der Weltmeisterschaft 2014 hagelte es nämlich durchaus Kritik an »Jogi«. Die Vorbereitungen auf die WM liefen schlecht. Der Kader schwächelte, es gab viele einzelne Formtiefs. »Das Ende der Ära Löw« oder »Kann die deutsche Nationalelf mit diesem Trainer den WM-Titel holen?«, lauteten einige der Headlines. Doch der DFB, der Kader und seine Fans glaubten weiterhin an ihn. Und so reiste Joachim Löw trotz öffentlicher Zweifel an seiner Leistung voller Elan und Ehrgeiz mit seinem Team nach Brasilien. Die Spieler standen hinter ihrem Trainer: »Wenn uns ein Trainer zum WM-Titel führt, ist das Löw«, so der Tenor. Unbeirrt hält er an seiner Strategie fest. Philip Lahm lobt Löw für seine klare Linie und seine Ruhe.

Löws Berater sind Roland Eitel und Harun Arslan. Eitel kümmert sich um das sorgsam gepflegte Image in der Öffentlichkeit und wählt die Journalisten aus, die mit dem Bundestrainer reden dürfen. Das Image umfasst diese Kernwerte und zentralen Eigenschaften: Löw ist authentisch, zuverlässig, berechenbar, genau und kompetent in der Arbeit, er kann motivieren und sorgt für Disziplin, er ist erfolgreich, stilbewusst, dabei immer bescheiden und sympathisch. Wer derart positiv wirkt, ist ein gern gesehener Markenbotschafter. So wirbt Löw für die Deutsche Vermögensberatung, TUI und Beiersdorf (Nivea). Allein diese drei Verträge bringen ihm pro Jahr rund 1,5 Millionen Euro (Bausenwein 2011).

Prahlerei ist ihm zuwider. Nach dem Sensationssieg von 7:1 im WM-Halbfinale gegen Brasilien sagt Löw: »Es geht weiter, ein bisschen Demut tut jetzt auch gut.« Nur nicht abheben, ist die Devise. Auf Pressekonferenzen, in Sportsendungen, bei Interviews ist er immer akkurat vorbereitet. Sachlich, nüchtern, eher emotionslos sitzt er vorm Mikro. Egal was passiert, er bleibt ruhig und gelassen, Hektik prallt an ihm ab. Seine große Stärke ist seine Ausgeglichenheit. Im Interview hört man übrigens, wenn er emotionaler wird. Umso ausgeprägter ist dann sein Dialekt. Er gibt sich keine Mühe, seine Herkunft zu verbergen, weist aber auch nicht ausdrücklich darauf hin. Er ist kein Sprücheklopfer, keiner, der die Nähe zur

Öffentlichkeit sucht, niemand, der im Mittelpunkt brillieren möchte. Er nimmt sich zurück. Dennoch kann er im richtigen Moment Präsenz zeigen.

Jeder Trainer steckt voller Emotionen. Auch Jogi ist hochemotional, aber gleichzeitig kontrolliert. Weil er ein Analytiker, Stratege und Perfektionist ist. Schauen wir uns an, wie er am Spielfeldrand wirkt. Häufig zeichnet sich Anspannung in seinem Gesicht ab. Die löst sich, sobald seine Jungs ein Tor schießen. Dann ist seine Freude unübersehbar: Er springt auf und jubelt (setzt sich dann aber auch schnell wieder hin und verfolgt das Spiel weiter; nur nicht abheben, wie gesagt).

In manchen Situationen wirkt er in sich gekehrt und doch hoch konzentriert, als überlege er, wie die Taktik verfeinert werden kann, oder als lote er neue Spielzüge aus. Während eines Trainings steht er in gebeugter Haltung am Spielfeldrand, Hände hinterm Rücken, scheinbar in Gedanken versunken. Aber er sieht alles. Wenn etwas nicht passt, bricht er sofort ab und gibt ganz klare Anweisungen. Das ist auch deutlich an seinem fokussierten Gesichtsausdruck und seinen nachdrücklichen Gesten erkennbar. Er zieht keine Show auf dem Rasen ab, er arbeitet. In der Kommunikation beweist er gutes Fingerspitzengefühl, er kann dem Zweifler Mut machen, den Überheblichen zurechtstutzen, den Nörgler erziehen. Er hört zu und erläutert mit Überzeugung seine Strategie, um die Mannschaft mitzunehmen. Er schafft es, dass die Spieler ihm vertrauen und folgen. Nähe und Offenheit zu seiner Mannschaft sind ihm wichtig. Sein Berater Roland Eitel betont, dass Löw respektiert werde, weil er die Spieler wie Erwachsene behandle und nicht herumkommandiere. Er fordere sie auf, ihre Meinung zu sagen, und höre ihnen zu.

Hier offenbart sich eine Differenz zum Führungsstil von Jürgen Klopp. So kumpelhaft »Kloppo« auch scheinen mag, hat er doch auch autoritäre Züge. Im ›SZ‹-Magazin wird dies wie folgt analysiert: »Für die hemdsärmelige Eloquenz seiner Rede wird er geliebt. Doch unter ihrer Oberfläche verbirgt sich eine Schicht kalter, fast despotischer Autorität. Es beginnt damit, dass er stets ›wir‹ sagt, wenn er über Maßnahmen und Entscheidungen referiert, die er alleine trifft. Und es endet bei der Bezeichnung ›Arschloch‹ für alle, die vom vorgegebenen Pfad der Euphorie abweichen – in einem Kosmos, in dem ja nur er die Definitionsgewalt darüber hat, wer Arschloch ist und wer nicht.« (Bernard 2011)

▶ **Auf den Punkt gebracht:**
Jürgen Klopp und Joachim Löw, die strategischen Opportunisten

Menschlicher, teamorientierter, empathischer als ihre Vorgänger kommen sie daher. Klopp und Löw scheinen genau zu wissen, wie Menschen ticken. Seien es Fußballer, die gerade dem Adoleszenzalter entwachsen sind, oder die bunte Anhängerschar in den Stadien und auf den heimischen Sofas. Sie inszenieren sich als Führungsgestalten, mal fraternisierend wie Klopp, der sich in Fankluft wirft, mal distanzierend wie Löw, der sich von seinem Umfeld abhebt durch Outfit und Betragen. Beides funktioniert, beides wirkt glaubhaft. Klopp und Löw tragen durch ihre Wirkungskompetenz zu einem Klima bei, das ihre Teams motiviert. Bei »Kloppo« war das zuletzt zwar ausgereizt, aber immerhin hat er sieben Jahre lang Borussia Dortmund von einem Erfolg zum anderen geführt. Anscheinend nutzt sich jeder noch so effektive Führungsstil irgendwann ab. Die Magie ist dann dahin, dem Bewunderten wird nicht mehr zugetraut, es noch einmal zu wuppen, wie Klopp wohl sagen würde. Löw war kurz vor diesem Punkt, so richtig zugetraut haben ihm den WM-Sieg 2014 zuvor nur wenige. Er blieb sich treu, hielt eisern an seiner Strategie fest, steckte einiges an Anfeindungen weg. Offenbar weiß er, dass der Medienzirkus eigenen Regeln folgt. Sie küssten und sie schlugen ihn. So erlebt man das wohl, wenn man das Nationalteam trainiert. Nach Niederlagen ist man der Depp, nach Siegen der Hero. Diese Launen der medialen Öffentlichkeit auszugleichen, für Ruhe und Konzentration im Team zu sorgen, ist das Verdienst von »Jogi«. Seine Wirkung ist hier die halbe Miete. Er strahlt aus, worauf es ankommt. Fokussiert bleiben, beobachten, analysieren und im richtigen Moment agieren. Ohne Mätzchen, aber mit Stil. Klopp wie auch Löw haben bei aller Gegensätzlichkeit im Auftreten nach außen einige Gemeinsamkeiten: Sie sind auf Erfolg programmiert. Ihre Selbstinszenierung erhöht ihre Wirkung auf Team und Öffentlichkeit. Sie erreichen damit eher ihr Ziel, den Gewinn von Titeln, und fördern gleichzeitig ihre eigene Markenbildung. Kloppo und Jogi sind Markennamen, was sonst?

Wirkung à la Klopp – was lernen wir?

- Kumpeltypen haben es leichter
- Leidenschaft erkennt man an der Körpersprache
- Teams motivieren: Begeisterung teilen durch expressive Gesten

Wirkung à la Löw – was lernen wir?

- Erst denken, dann handeln
- Man muss nicht auf jeder Party tanzen
- Ruhe und Besonnenheit vermitteln: sparsame Körpersprache, elegante Kleidung

Dirk Nowitzki: Alles eine Frage der Größe

Wie wirkt ein Mensch, der 2,13 Meter ist? Diese Frage ist fast schon banal. Natürlich wirkt er riesengroß. Er ist weder zu übersehen noch kann er sich verstecken, mag er auch introvertiert sein. Er fällt einfach auf, wo immer er erscheint. Dirk Nowitzki wäre auch ohne seine Popularität als Basketballstar eine imposante Erscheinung. Dieser nicht enden wollende Körper, die breiten Schultern, die langen, langen Arme. Er überragt andere Menschen wie ein Leuchtturm. Merkel und Obama sehen neben ihm wie Hobbits aus. Nowitzki beugt sich (zwangsläufig) stets etwas hinab, wenn er mit jemandem spricht, er senkt den Kopf wie ein freundlicher Riese, um zumindest etwas mehr Nähe herzustellen. Dort oben, wo er lebt, ist die Luft dünner, wie es scheint. Riesig ist er, ja. In körperlicher Hinsicht wie auch mit Blick auf seine Karriere im Sport. Wie viele Deutsche gibt es schon, die in den USA ganz oben in der NBA (National Basketball Association) mitspielen und Jahr für Jahr beweisen, dass sie verdientermaßen zu den besten Basketballern der Welt zählen? Nowitzki bringt diese Leistung seit 1998 bei den Dallas Mavericks. Er ist der bekannteste deutsche Sportler in Amerika – und in Deutschland einer der beliebtesten Athleten überhaupt.

Es gibt Sportler, die sich nicht mit Medaillen und Titeln zufriedengeben und in Talkshows und auf die Seiten der Hochglanzmagazine streben. Und es gibt solche, denen das Tamtam der Medien herzlich schnuppe ist, die lieber ihr Ding machen und sich auf ihr Metier konzentrieren. Nowitzki gehört zu Letzteren (Slavik 2011). Was ist er für ein Mensch? Wo stammt er her?

Seine Strategie: Auf dem Boden bleiben

Dirk Werner Nowitzki kommt 1978 in Würzburg zur Welt. Seine Mutter ist eine frühere Basketball-Nationalteamspielerin, seine ältere Schwester wird es ihr einmal gleichtun. Vater Jörg ist Malermeister und Handballcoach. Ein sehr sportlicher Familienhintergrund also. Dirk fängt mit Fußball an, dann folgen Handball und Tennis, bis er mit 13 Jahren Basketball für sich entdeckt. Mit 16 spielt er bei den Würzburger X-Rays. Die Schule steht im Hintergrund, doch sein Entdecker und Coach Holger Geschwindner, der ihm bis heute bei wichtigen Spielen zur Seite steht, mahnt ihn, auch seinen Geist zu trainieren. Lernen, wie man lernt, darauf komme es an. 1998 in Atlanta beim alljährlichen Nike-Hoop-Summit (Junioren-Weltauswahl) werden die NBA-Scouts auf Dirk aufmerksam. Dem Nachwuchsspieler attestieren sie NBA-Reife. Seitdem spielt er bei den Dallas Mavericks. 2007 kürt man ihn zum »NBA Most Valuable Player«. 2011 wird er deutscher Sportler des Jahres, als erster Mannschaftssportler überhaupt. Für die deutsche Nationalmannschaft spielt Nowitzki ebenfalls. Bei der Weltmeisterschaft 2002 landet das Team auf Platz 3, 2005 gibt es EM-Silber.

Schlagzeilen macht Nowitzki in dieser Zeit meist nur in den Sportnachrichten. Privat hält er sich bedeckt, ganz wie es seiner bescheidenen Art entspricht. Besucht er seine Eltern in Würzburg, wohnt er bei ihnen im Haus so wie früher. 2009 dann ein Skandal, der ihn schlagartig auf die Titelseiten bringt: Seine damalige Freundin Crystal Taylor wird wegen Betrugs und Dokumentenfälschung zu mehreren Jahren Haft verurteilt. Für Nowitzki und seine Anhänger ein Schock. Ist er zu vertrauensselig, gar naiv? Im Jahr darauf lernt er die Schwedin Jessica Olsson kennen. 2012 heiraten die beiden, 2013 wird Tochter Malaika geboren, 2015 Sohn Max. Für Kinder und Jugendliche engagiert sich der Sportstar als

UNICEF-Botschafter und mit einer Stiftung, die Sportprojekte unterstützt.

Nun müsste man meinen, dass jemand wie er auch eine ganze Armada von Werbepartnern hat. Doch wer das glaubt, kennt Nowitzki schlecht. Er macht seit mehr als zehn Jahren Werbung für die ING-DiBa, der einzige große Werbevertrag, den er hat. In den Spots sehen wir ihn am Strand, beim Einkauf in einer Metzgerei und in ähnlich normalen Situationen. Er könnte für so vieles werben. Energieriegel, Kopfhörer, Sportswear. So wie andere Sportgrößen und Celebrities. Aber warum sollte er? Er verdient sehr gut in der NBA. Immer noch mehr Geld scheffeln zu wollen entspricht nicht seiner Einstellung. Der Sport zähle für ihn am meisten, nicht der Ruhm, wie er immer wieder betont.

Seine – bei allem Wohlstand – souveräne Bescheidenheit mag in seiner Herkunft und Erziehung begründet sein. Im Laufe der Karriere ist es immer wieder sein Coach Holger Geschwindner, der ihm hilft, seine Bodenhaftung zu bewahren. Schließlich hat ein kometenhafter Aufstieg schon bei so manchem Sportstar zu einem ebenso jähen Absturz geführt. Nowitzki bleibt dies erspart. Geschwindners Trainingsmethoden sind nicht selten ungewöhnlich. Statt zum Gewichtestemmen ins Gym geht es für Nowitzki zum Heumachen mit Farmern oder zum Rudern auf den See. Solche Ausflüge in die Normalität stärken das Immunsystem gegen die Versuchungen der Glamourwelt. Nowitzki bleibt der sympathische Typ von nebenan.

Kommt er außerhalb des Sports immer etwas tapsig daher, so wandelt sich sein Auftreten komplett, sobald er das Spielfeld betritt. Jetzt zeigt der »Seven-Footer« sein phänomenales Bewegungstalent – er ist treffsicher, ein exzellenter Dreipunktschütze und er hat einen sehr guten Fadeaway. Seine Körpersprache vermittelt Selbstbewusstsein und Entschlossenheit.

Wenn er Gegner wie seinen Erzrivalen Tim Duncan von den San Antonio Spurs in Schach hält, sieht man das besonders eindrucksvoll. Der nette, schüchterne Dirk hat dann Pause.

> **Auf den Punkt gebracht:**
> *Dirk Nowitzki, der bescheidene Riese*

Die Wirkungskompetenz von Dirk Nowitzki entfaltet sich dort zu voller Größe, wo sie am meisten bewegen kann: auf dem Basketballfeld. Hier ist sein Terrain. Jenseits des Felds wird aus »Dirkules« ein eher leiser Mensch, der sich in kein Starschema pressen lässt. Natürlich lebt er in keinem Reihenhaus, sondern in einer Villa. Natürlich spült seine Arbeit in der NBA jährlich Millionen auf sein Konto. Doch er leistet sich keine Diva-Attitüden, meidet die Talkshows und roten Teppiche, so gut er kann. Er passt da einfach nicht hin. Seine Körpersprache außerhalb des Spielfelds: an sich unspektakulär. Keine großen Gesten, eine freundliche Mimik. Wenn er lacht, stechen seine blendend weißen Zähne ins Auge. Viel mehr als seinen Körper zu bewegen, ihn in meist viel zu klein scheinende Sessel zu falten, muss er nicht. Die Menschen sind begeistert, wenn er auftritt. Sie lieben ihn für sein Normalsein, und dieses setzt er auf die denkbar natürlichste Weise in Szene: indem er sich zurücknimmt.

Wirkung à la Nowitzki – was lernen wir?

- Auf dem Boden bleiben, auch bei noch so großem Erfolg
- Ein Mentor hilft enorm, wenn man vorankommen will
- Sehr groß oder klein? Nicht ducken oder strecken, sondern aufrecht gehen und stehen

Andrea Petkovic: Auf Samtpfoten zum Sieg

Tennisstars, die entspannt und sympathisch auftreten – warum ist das so ungewöhnlich? Uns allen fallen Namen von Spielerinnen und Spielern ein, die alles andere als ausgeglichen und unaufgeregt waren oder sind. John McEnroe, Serena und Venus Williams, Boris Becker, Jimmy Connors, Rafael Nadal zum Beispiel – allesamt sehr temperamentvolle Zeitgenossen. Auch Petkovic ist kein emotionaler Kühlschrank, doch sie hat sich unter Kontrolle. Und ihre Karriere ebenfalls.

Schauen wir sie uns ein wenig näher an. Was unterscheidet sie von anderen Spielerinnen? Anna Kurnikova etwa wurde von den Klatschspalten geliebt, zeigte sie sich doch häufig spärlich bekleidet in Erotikmagazinen. Maria Scharapowa, gefeiert als eine der schönsten Frauen der Welt, nutzt ihre Werbeverträge, um sich als Model zu positionieren. Serena und Venus Williams lieben das Drama. Bei öffentlichen Auftritten setzen sich die Schwestern in Szene, Siege feiern sie mit kunstvollen Posen.

Auch Andrea Petkovic ist eine wunderschöne Frau und ihre sportliche Leistung mit sechs WTA-Titeln und neun ITF-Titeln kann sich sehen lassen. Doch sie wählt die Nische und setzt auf die leiseren Töne. Bei ihr dreht sich nicht alles um Tennis, es gibt noch ein Leben daneben – so zumindest stellt sie ihre Einstellung nach außen dar. Seit dem sechsten Lebensjahr steht sie auf dem Tennisplatz. Damals wird sie noch von ihrem Vater Zoran Petkovic, einem ehemaligen jugoslawischen Tennisprofi, trainiert. Petkovic ist ambitioniert, besitzt einen ungebrochenen Ehrgeiz und zeigt viel Disziplin. Selbst angesichts zahlreicher Verletzungen – Kreuzbandriss, doppelter Bänderriss, Ermüdungsbruch im Iliosakralgelenk, Knieverletzung – lässt sie sich niemals den Mut nehmen, sondern macht unverdrossen weiter.

Die Frau mit den vielen Gesichtern

In der Liga, in der sie spielt, frisst der Sport die Zeit für andere Dinge wie Hobbys oder Freunde auf. Petkovic selbst sagt in einem Interview der Zeitschrift ›Fit for Fun‹: »Ich trainiere oft bis zu sieben Stunden am Tag, muss jede Nacht acht Stunden schlafen, habe einen strikten Ernährungsplan. Alles ist durchgeplant, in einem sehr engen Korsett. Manchmal wünsche ich mir, dass ich bis vier Uhr nachts aufbleiben kann, dann bis drei Uhr nachmittags ausschlafe, mir irgendwann Fast Food reinhaue und dann richtig abrocke.« Normale, nachvollziehbare Wünsche. Doch obwohl das Leben als Spitzenspielerin seinen Tribut fordert, kommt sie ganz unbekümmert daher und präsentiert sich als Frau der vielen Talente und Facetten:

Da ist die intelligente Einser-Abiturientin, die sogar die 11. Klasse übersprungen hat, an der Fern-Uni Hagen Politikwissenschaft studiert und Deutsch, Serbisch, Englisch und Französisch spricht.

Da ist der Mensch mit sozialer Ader, der sich in der Krebshilfe engagiert.

Da ist die Frau mit den perfekten Proportionen und einem ausdrucksstarken Gesicht. Sie hat die besten Voraussetzungen, ihre Attraktivität offensiv zu vermarkten. Doch statt zu modeln, betont sie lieber ihre »natürliche Schönheit« und steigert so ihre Sympathiewerte.

Da ist die Markenbotschafterin, die mit ihrer authentischen Art punktet und für Produkte wirbt, bei denen der Wert Natürlichkeit im Vordergrund steht. In einem Spot für Gerolsteiner Mineralwasser sieht man sie beim Training am Strand: ein paar Dehnübungen, ein Lauf am Meer entlang und schließlich der verdiente Schluck. Für Sennheiser bewirbt sie Kopfhörer der Adidas PMX Serie, ein Produkt, mit dem sie tatsächlich etwas verbindet. Der Spot zeigt, wie die

Musik ihr hilft, sich vor dem Training und während Match-pausen zu konzentrieren und zu entspannen.

Und da ist das kreative, schlagfertige, unterhaltsame Multi-talent, das Artikel schreibt, Videos dreht und tanzt. Die Videos sind nicht gerade hochprofessionell, aber versprühen einen ungezwungenen Charme, der zu ihr passt. Auch in ihrem Vi-deo-Blog »Petkorazzi« berichtet sie sehr locker und spontan von Turnieren und anderen Erlebnissen. Das Zeug zur Mode-ratorin hätte sie sicher. Und zu dem von ihr erfundenen »Pet-ko-Dance«, den sie nach gewonnenen Matches tanzte, sagte sie im ›Handelsblatt‹: »Der Tanz soll ein Moment des Glücks sein und positive Gefühle hervorrufen.« Er war so etwas wie ihr Markenzeichen geworden. Mittlerweile führt sie ihn nicht mehr auf, weil es Beschwerden anderer Spielerinnen gab.

Andy Petko – so ihr Spitzname – ist der Traum jedes Spon-sors. Doch sie lehnt Exklusivverträge ab, um unabhängig zu bleiben. Sie begnügt sich mit Sponsoren, die sie schon seit der Jugendzeit begleiten: Adidas für das Outfit und Wilson für den Schläger. Das Management erledigt ihr Vater, der ne-benher noch Cheftrainer des TEC Darmstadt ist. Ihre Schwes-ter organisiert die Unterkünfte und versendet Autogramme. Die Mutter bucht die Flüge – ein erfolgreiches kleines Fami-lienunternehmen.

Petkovic gewinnt die Menschen mit ihrem Lachen. Es ist offen, herzlich und ansteckend. Ihre Begeisterungsfähig-keit ist mitreißend, sie verkörpert einen Kumpeltyp, mit dem man Pferde stehlen möchte. Als emotionaler Mensch lässt sie auf dem Spielfeld ihren Gefühlen freien Lauf – da gibt es schon mal Ausraster. Zum Beispiel bei einem Spiel gegen die Kasachin Sarina Dijas. Bei einem Spielstand von 5:6 und 40:40 befördert Dijas den Ball klar ins Aus. Der Schiedsrich-ter entscheidet Vorteil für Dijas. Petkovic wirft sich daraufhin auf den Boden und hämmert mit beiden Händen immer wieder auf die Stelle, wo der Ball aufprallte. Diese Szene macht als »Wut-Video« im Internet Furore. Ausraster passieren ihr aber nur auf dem Tenniscourt. Ansonsten glänzt sie durch Ausgeglichenheit.

▶ **Auf den Punkt gebracht:**
Andrea Petkovic, die entspannte Sympathiefängerin

Sie erzeugt Präsenz auf dem Platz, ohne ein schillernder Charakter zu sein. Sie ist ein Sympathie-Magnet, weil sie so bodenständig und natürlich erscheint. Petkovic leistet sich kleine Marotten wie ihren »Petko-Dance«, aber unverwechselbare Gesten sind bei einem Erfolg wie dem ihren auch erlaubt.

Wirkung à la Petkovic – was lernen wir?

- Mit Natürlichkeit erobert man Herzen
- Soziale Medien für die Imagepflege nutzen
- Mit Bildern bewegen: kurze persönliche Videos drehen und teilen

Wladimir Klitschko: Karriere mit Wumms

Was fasziniert uns eigentlich so an Boxern wie Wladimir Klitschko? Ist es dieser mit Fäusten ausgetragene Kampf Mann gegen Mann, bei dem es nicht um die besseren Argumente, die höhere Intelligenz oder das fetteste Statussymbol geht, sondern um Kraft, Geschick und Ausdauer? Sind es der Schmerz und die Qualen, die sie aushalten müssen? Ziehen uns die Geschichten, die sich um ihre Erfolge und Niederlagen, ihre Herkunft, ihren Aufstieg und ihren Fall ranken, in den Bann? Bewundern wir einfach Männer, die sich nach oben »boxen« müssen? Es ist wohl eine Mischung aus all diesen Punkten. Namen wie Mike Tyson, Joe Frazier, Muhammad Ali rufen Bilder in uns hervor, in denen Schweiß tropft, Zuschauer kreischen, Gesichter sich verzerren. Großartige Leistung und Größenwahn liegen hier eng beieinander. Ich bin der Größte. Mehr muss man nicht sagen.

Boxen polarisiert auch. Manche lieben diesen Sport, andere finden ihn abstoßend. »Sieht man Boxen als Sport, so ist es die tragischste aller Sportarten, denn es verschleißt die Begabungen, die es hervorbringt, mehr als jede andere menschliche Aktivität – dieser Verschleiß ist ein wahres Drama. Sich zu verausgaben, um den größten Kampf seines Lebens zu kämpfen, heißt zwangsläufig, sich auf dem Abstieg zu befinden, denn schon der nächste Kampf kann eine Niederlage sein, ein jäher Absturz in den Abgrund.« Das schreibt Joyce Carol Oates in ihrem Buch ›Über Boxen‹ (2013).

Ein Boxer, der so wenig wie ein Boxer wirkt

Größenwahn, Drama, Verschleiß. Wenig davon bemerkt man, wenn man sich den ehemaligen Weltmeister im Schwergewicht anschaut. Wladimir Klitschko wirkt weder abgehoben noch verbraucht. Große Geschichten voller Tränen, Hass und

Leid gibt es über ihn nicht zu erzählen. Er scheint immer ruhig, gelassen und fokussiert zu sein. Beeindruckend ist allein schon seine körperliche Statur. Fast zwei Meter groß, breit wie ein Schrank. Den wirft nichts so leicht um. Dass solch ein Kerl dann auch noch Manieren hat und sich gut kleidet, hebt ihn von anderen Boxern ab. Die Kategorie »Gentleman-Boxer« ist in Deutschland durch Henry Maske begründet worden. Konsequent hat sich der Boxstar als Galan des Faustduells inszeniert. Plötzlich schauten sich Menschen Boxkämpfe im Fernsehen an, die sich vorher aus den oben genannten Gründen nie für diesen Sport begeistern konnten. Maske machte den »Proletensport« Boxen salonfähig und vor allem: fernsehgerecht. Keine Skandale, kein Abqualifizieren des Gegners, Fairness und Natürlichkeit. Ein Boxer zum Knuddeln.

Wladimir Klitschko ist kein zweiter Henry Maske. Allein schon, weil seine sportlichen Erfolge weitaus größer sind. Er hält den Weltmeistertitel von vier Boxverbänden. Aber wie sein Exkollege ist er ein Boxer, der so gar nicht dem Klischee entspricht und aufgrund seines Saubermann-Images bestens vermarktbar ist. Zusammen mit seinem Bruder Vitali sieht man ihn in zahlreichen Werbekampagnen. Gemeinsame Auftritte der Brüder vergrößern die jeweilige Wirkung mindestens auf das Doppelte. Aber konzentrieren wir uns auf Wladimir, den sportlich erfolgreicheren. Er sieht attraktiv aus und vermittelt einen intelligenten Eindruck. Zu Pressekonferenzen erscheint er im Anzug mit Krawatte. Man vergleiche seine Outfits einmal mit denen seiner Gegner. Dazwischen tun sich Welten auf. Zum Beispiel bei einer Pressekonferenz mit dem Briten Tyson Fury im Juli 2015. Fury trägt Polohemd und goldene Protzuhr, eineinhalb Meter neben ihm sitzt Klitschko im dunklen Zwirn. Fury reitet eine Verbalattacke nach der anderen gegen ihn. »Du bist langweilig, du bist alt, du bist nichts.« So klingt das, wenn ein Herausforderer sich aufspielt. Klitschko bleibt cool: »Fäuste sprechen lauter als jeder Mund.« Ein fast schon poetischer Konter. Verbale Auseinandersetzungen sind im Boxsport ein Teil der Show. Die Öffentlichkeit wird heiß gemacht auf den anstehenden Kampf. Jeder Boxer spielt dabei seine Rolle. In diesem Fall: Fury als der jüngere, bissigere Herausforderer. Klitschko als der souveräne Machtinhaber, der sich nicht die Finger schmutzig macht mit Verbalinjurien.

Klitschkos elegantes Äußeres, das gute Benehmen und seine Eloquenz erzeugen ein stimmiges Bild. Ein Boxer, der auch Manager oder Politiker sein könnte. Vom Selbstverständnis her betrachtet er sich wohl auch als Unternehmer. Boxkämpfe, Werbe- und Sponsorenverträge, Merchandising. Das erfordert ein gutes Management und sicheres Verhandlungsgeschick. Noch dazu ist Klitschko ein passionierter Golfer – auch nicht gerade ein Sport für Hooligans.

Sein seriöses Auftreten bedeutet jedoch nicht, dass er stets brav und redlich an seinem Image feilt. Auch er ist zu PR-Stunts fähig, wie sie für die Boxwelt nicht untypisch sind. 2014 sorgen seine Rangeleien mit Shannon Briggs, einem amerikanischen Schwergewichtsboxer, für Aufsehen. Mal stürmt Briggs in eine Pressekonferenz von Klitschko und fordert ihn lautstark zum Kampf heraus. Mal überrascht er den Weltmeister beim Essen in einem Restaurant und bedient sich von dessen Teller, begleitet von markigen Sprüchen. Diese Szenen sind auf Video dokumentiert. Sie wirken arg gestellt, mit dick aufgetragener Theatralik. Obwohl es immer so aussieht, als ginge gleich eine Prügelei los, kommt es nie zu einer. ›SPIEGEL Online‹ vermutet, dass es sich um PR-Inszenierungen handelt. Mit dem Saubermann-Image von Klitschko harmonieren solche Fake-Videos sicher nicht. Doch wenn es darum geht, die Werbetrommel zu rühren, drückt man wohl auch im Hause Klitschko gerne mal ein Auge zu.

Wie ist Klitschko wohl, wenn man ihm persönlich begegnet? Die Antwort erhielt ich bei einem gemeinsamen Coaching-Projekt für das weltweite Networking-Portal LinkedIn. Um das Projekt zu bewerben, sollten ein Spot gedreht und Fotoaufnahmen gemacht werden. Und so fand ich mich Anfang Oktober 2015 in einem Hotel in Kitzbühel ein. Mit den anderen Coaches und rund 40 Leuten von Werbeagentur, Filmcrew und Veranstalter wartete ich auf den Boxstar. Vor seinem Eintreffen wurden wir Coaches für das Foto und den Dreh positioniert – jeder bekam eine »Klebestelle« am Boden, einen festen Platz zugewiesen. Und so probten wir, wie wir stehen, sitzen und welchen Gesichtsausdruck wir aufsetzen sollten. 30 Minuten vor Klitschkos Eintreffen mussten wir alle in den Shootingraum, 10 Minuten vorher wurden wir instruiert, wie wir uns ihm gegenüber zu verhalten hatten: keine Fragen, keine starrenden Blicke, »Just stay relaxed!« – am aufgeregtesten war der Organisator. Als Klitschko dann erschien, wirkte er müde, sein Gesichtsausdruck war emotionslos. Die Stimmung war angespannt, niemand traute sich, ihn anzusehen. Brav schüttelte er uns »Trainer-Kollegen« die Hand. Er war der Star und gab die Stimmung vor. Lustlos fragte er, woher wir kamen. Wir antworteten kurz und knapp. Dann zupfte er dem Managing Director von LinkedIn den Hemdkragen fürs Foto zurecht – nun lachten alle und atmeten auf. Klitschko versuchte bei den Fotos spontan zu sein und meisterte das Shooting professionell. Bei den Filmaufnahmen musste er Sätze vorlesen wie »Wir freuen uns auf Sie!« – sie waren groß auf Karten geschrieben. Dabei bemühte er sich, cool zu sein, doch klappte es nicht auf Anhieb, auch bei ihm waren adaptive Reaktionen erkennbar – das Reiben an Zeigefinger und Daumen nahm zu. Kaum war der Dreh beendet, verschwand er wieder. Wo war nun der smarte, einfühlsame, respektvolle Wladimir Klitschko, von dem so viele schwärmen? Auf mich machte er den Eindruck eines Mannes, der von seinem Management extrem abgeschottet wird. Ein Star zum Anfassen, mit dem man sich gerne einmal unterhalten würde? Zumindest an diesem Tag war davon nichts zu spüren.

▶ Auf den Punkt gebracht:
Klitschko, der aalglatte Supergentleman

Ein Boxer als Schwiegermutters Liebling. Und Schwiegervater mag ihn auch. Ebenso wie der Rest der Familie. Die Wirkungskompetenz von Wladimir Klitschko beweist ihre Stärken darin, ein durch und durch stimmiges und sympathisches Bild zu erzeugen. Er strahlt durch seine Körpersprache und seine Kleidung Souveränität und Stärke aus. Das passt gut zu einem Schwergewichtsweltmeister. Gleichzeitig blitzen in seinen Augen Witz, Intellekt und Temperament auf. Diese Mischung aus Kraft, Geist und Stil zeichnet die Wirkung Klitschkos aus, mit der er vor allem jenseits des Boxrings brilliert. Sie hebt ihn von anderen Boxern ab und macht ihn »gesellschaftsfähig«. Man unterstellt ihm Fairness und Durchsetzungsvermögen. Und wie sieht es mit Schwächen aus? Schwiegermuttertypen, die es jedem recht machen wollen, haben etwas Aalglattes an sich. Sie kommen schnell langweilig herüber. Das ist vermutlich auch einer der Gründe, warum die Klitschko-Brüder in den USA nicht ankommen. Für die dortigen Verhältnisse in Sport und Entertainment sind sie zu farblos und brav.

Wirkung à la Klitschko – was lernen wir?

- Intelligenz und Kraft, eine (fast) unschlagbare Kombination
- Plumpe Kritik stets gelassen kontern
- Stärke ausstrahlen: direkter Blick, fester Händedruck, ruhige Gestik

Fazit: Wirkung macht den Meister

Siegen reicht nicht, um wirklich erfolgreich zu sein im Sport, genauer gesagt: im Sportbusiness. Wie am Anfang dieses Kapitels beschrieben, ist der Sport heute eine Mischung aus Unterhaltungsshow und Geschäft, gewürzt mit einer großen Prise medialer Aufmerksamkeit. Bolt, Klopp, Löw, Petkovic, Nowitzki, Klitschko. Sie siegen, alleine oder mit ihren Teams, doch sie sind nur deshalb so bekannt, beliebt und angesehen, weil sie den Umgang mit den Medien – auch dann, wenn sie sie nicht lieben – beherrschen und ihre Wirkung entsprechend dem gewünschten Image steuern.

Sieger wirken anders als Verlierer. Ihre Erfolge strahlen auf ihre Erscheinung aus und haben Einfluss auf unsere Wahrnehmung als Zuschauer. Wir rechnen ihnen besondere Eigenschaften zu und deuten ihr Verhalten je nachdem, ob der Neidfaktor hineinspielt oder nicht, positiver oder negativer, als wir es ohne das Wissen um ihren Erfolg tun würden. Wer Siegesgewissheit ausstrahlt, der siegt eher. Ich selbst habe das als Hochleistungssportlerin erlebt. Die Selbstinszenierung eines Sportlers wirkt immer auf seine sportliche Leistung zurück.

Die Meister der Selbstinszenierung unter den Sportlern verstehen sich als Akteure in einem Drama. Der Rasen, der Court, die Tartanbahn sind ihre Bühne. Sie wissen, dass sie auf dieser Bühne unter pausenloser Beobachtung stehen, und setzen sich in Szene. Die Medien und das Publikum honorieren gelungene Inszenierungen. Normales, erwartbares Auftreten wäre hier kontraproduktiv. Auffallen, sich durch Markenzeichen abheben vom Rest ist angesagt. Einen tollen Körper haben viele Sportler. Also greifen die Wirkungsmeister zu Differenzierungsmerkmalen: Tätowierungen, verrückte Frisuren, Maskottchen. Oder »signature poses«, so wie

Usain Bolt oder Andrea Petkovic. Der Kunstwissenschaftler Jörg Scheller sagt dazu: »Sportler sind auch moderne Heilige, und was brauchen Heilige – sie brauchen Attribute.« (2015)

Vom absoluten Mega-Selbstdarsteller Bolt bis zum Nicht-Schauspieler Nowitzki reicht die Spannbreite, wenn es um die persönliche Selbstinszenierung geht. Ein optimales Maß an Inszenierung gibt es nicht, vielmehr kommt es auf die Persönlichkeit und das jeweilige Umfeld mit seinen spezifischen Bedingungen an. Läufer sind Solisten und können sich freier inszenieren als zum Beispiel Basketballer, die als Teamplayer immer auch auf ihre Mannschaft Rücksicht nehmen müssen. Trainer wie Klopp oder Löw sind beides. Sie treten mit Team, aber auch einzeln auf. In ihrer Selbstdarstellung müssen sie eigene Interessen und Vorstellungen mit denen ihrer Teams ausbalancieren. Idealerweise schaffen sie es, ihre Wirkung nach innen wie nach außen optimal zu steuern und hier wie da als authentische Charaktere wahrgenommen zu werden. Auch ist nicht in jeder Sportart eine ausreichend große Bühne vorhanden, um sich wirksam zu inszenieren. Was sollen die armen Ruderer machen? Man sieht sie kurz die Arme hochreißen, wenn sie durchs Ziel gerudert sind, und schon schaltet die Regie weg. Kein Posieren vorm Startschuss, keine Spielpausen, in denen Kameras sich neugierig heranzoomen.

Fasziniert sind wir von allen. Vom bescheidenen Dirk Nowitzki und der natürlichen Andrea Petkovic ebenso wie vom expressiven Usain Bolt. Wir lassen uns von ihren sportlichen Erfolgen beeindrucken und wollen »die Menschen dahinter« kennenlernen. Genau hier kommt ihre Wirkung ins Spiel. Wären sie keine Inszenierungsmeister, würden wir sie lediglich kennen, so wie zum Beispiel Birgit Fischer. Weitergehendes Interesse hätten wir nicht an ihnen.

6 Lernen von den Meistern der Selbstinszenierung

Wir erliegen der Macht der Wirkung, täglich, stündlich, in vielen Momenten unseres Lebens. Dafür müssen wir uns weder schämen noch grämen, es ist ganz menschlich. Andere Menschen beeindrucken uns und wir beeindrucken sie. Sie wirken, wir wirken. Die Meister der Selbstinszenierung wirken auf uns über die Medien. Selten begegnen wir ihnen von Angesicht zu Angesicht. Wer stolpert schon über Heidi Klum in der VIP-Lounge am Airport oder macht ein Selfie mit George Clooney? Da wir die Welt größtenteils über Medien wahrnehmen, verfehlen die Wirkungsmeister selten ihr Ziel. Wir halten sie für kompetenter, zuverlässiger, ehrlicher, interessanter, begehrenswerter als ihre Konkurrenten und Mitstreiter. Selbst wenn wir nicht zu ihren Fans, Wählern oder Kunden zählen, machen sie Eindruck auf uns. Ursula von der Leyen mag nicht unser Herz gewinnen, doch wir nehmen sie als entschlossene Politikerin wahr. Punkt für ihre Wirkungskompetenz. Wir sind vielleicht noch nie mit Virgin geflogen, doch wir meinen, es muss ein besonderes Erlebnis sein. Wirkungserfolg von Richard Branson. Es gibt attraktivere Männer als David Beckham, doch wir halten ihn für einen der schönsten. Dank seiner Wirkung. Von der Leyen, Branson, Beckham und die anderen Meister der Selbstinszenierung tun eine Menge, um ihre jeweilige Wirkung bei uns zu erzielen. Sie inszenieren sich öffentlich. Sie stellen ein Bild von sich dar, das entwickelt und geformt wurde und ständig optimiert wird.

Manipulieren sie uns? Sind wir Verführte? Die erste Frage lässt sich klar mit Ja beantworten. In der menschlichen

Kommunikation geht es immer auch um Manipulation. Wir wollen unser Gegenüber beeinflussen, zu einer bestimmten Handlung bewegen. Das reicht von »Lukas, bring bitte mal den Müll runter« bis zu »Das Kleid steht dir so was von gut, Liebling« und viel weiter. Stets verfolgen wir Absichten, mal offensichtlich, mal hintergründig. Bei den Meistern der Selbstinszenierung ist es ähnlich. Sie manipulieren unsere Wahrnehmung. Wir sollen sie als entscheidungsstark, attraktiv, erfolgreich, amüsant oder nachdenklich erleben. Das bringt uns zur Antwort auf die zweite Frage: Ob wir uns verführen lassen, liegt an uns. Wenn wir ins Kino gehen, ein Buch lesen, einen Song hören, haben wir damit kein Problem. Wir wollen verführt, ja sogar entführt werden. Wenn es um politische Meinungsbildung geht, hört der Spaß auf. Verführung ist uns hier ein Gräuel – trotzdem sind wir nicht gefeit vor ihr.

Zum Glück leben wir in einer Zeit der Aufklärung. Wir können heutzutage besser als je zuvor durchschauen, wo und wann wir mit welchen Mitteln manipuliert werden sollen. Zugegeben, es ist nicht immer einfach. Doch über ein solides Grundwissen verfügt mittlerweile jeder Teenager. Sie oder er weiß, dass Fotos von Stars per Photoshop aufgehübscht werden. Dass Politiker vom Teleprompter ablesen. Dass es Imageberater und Stylisten gibt. Dass hinter manchem Skandal eine PR-Kampagne für den neuesten Film oder das aktuelle Album steckt. Leider übertreiben es einige Menschen mit dem Analysieren und Deuten. Sie entwickeln Verschwörungstheorien und bezichtigen die Medien der Lüge. Für sie ist alles Show, eine Welt der Täuschung. Was in ihr Weltbild nicht passt, wird passend gemacht. Sie sind Verwirrte, meinen aber, die Wahrheit genau zu kennen. Diesen Menschen ist nicht zu helfen, auch nicht mit den besten Argumenten.

Wer will, kann lernen, die Inszenierungen der Mächtigen

und Berühmten zu durchschauen. Dieses Buch will einen Beitrag dazu leisten. Es geht weniger darum, finstere Manipulationen aufzudecken. Es geht um ein besseres Verständnis der Akteure, ihrer Strategien und Handlungen. Und um die Einsicht, dass wir das Thema Wirkungskompetenz für uns selbst entdecken sollten. Heutzutage dreht sich so viel um die sogenannte Selbstoptimierung, um richtige Ernährung, um Fitness und Körpertraining. Warum nicht an der persönlichen Wirkung arbeiten? Das kostet keinen Mitgliedsbeitrag, es bedeutet keinen Verzicht, man braucht nur einen wachen Verstand und den Willen, sich zu verändern.

Zuallererst müssen wir akzeptieren, dass Selbstinszenierung keine schlechte Angewohnheit ist, keine Marotte von Diven und Egomanen. Wir alle inszenieren uns, ob wir das nun so nennen oder nicht. Wer behauptet, dass ihm die Meinung anderer schnuppe sei und er sich stets so verhalte, wie es ihm gefalle, der sagt damit etwas Wahres über seine innere Einstellung, sein Selbstbild. Er inszeniert sich dennoch, nämlich als freier Geist, als Individualist. Wir spielen Rollen in unserem Leben, wir sind Darsteller unseres Selbst.

Wenn wir das begreifen und annehmen, sind wir bereit für den nächsten Schritt: die Arbeit an unserer Wirkungskompetenz. Nehmen wir uns dafür die Persönlichkeiten in diesem Buch als Muster. Aus der Analyse ihrer Wirkung können wir einige Lehren ziehen.

Schwächen in Stärken verwandeln

Angela Merkel ist das beste Beispiel. Sie ist alles andere als ein Naturtalent in Sachen Wirkung. Doch sie hat sich zu einer veritablen Meisterin entwickelt. Interessanterweise werden ihr nun all die Eigenschaften, die im Grunde ihre Wirkung mindern, als Stärken ausgelegt. Ihre Abneigung gegen Posing für die Kamera. Ihre scheue Art, wenn sie auf Menschen zugeht. Ihr Mangel an emotionalem Ausdruck. Das alles gilt jetzt als Beweis für ihre Bodenständigkeit und authentische Art. Man könnte meinen, diese veränderte Wahrnehmung beruhe allein darauf, dass wir sie über viele Jahre beobachtet haben und dadurch besser zu kennen glauben. Da irren wir. Wir sehen die Kanzlerin so, wie sie gesehen werden möchte. Ihre Berater und sie haben erkannt, dass ihre vermeintlichen Schwächen bei vielen Wählern ankommen. Ebenso wie die Tatsache, dass sie sich nicht verbiegen lässt. Interessanterweise hat ihr ja das Beharren darauf, dass wir es »schaffen«, den Respekt mancher Bürger eingebracht, die nicht zu ihren expliziten Fans zählen. Ihre Inszenierung besteht darin, so zu tun, als würde sie sich nicht inszenieren. Was lernen wir daraus? Wir müssen nicht perfekt sein, wir können uns Schwächen leisten. Wenn wir zu ihnen stehen und behutsam an ihnen arbeiten, so wie Merkel es getan hat, überzeugen wir durch ein stimmiges Auftreten. Auch als sogenannter »leiser Mensch« kann man stark wirken, zum Beispiel durch eine bewusste, reduzierte Körpersprache: wenige, aber aussagekräftige Gesten, ruhige und fließende Bewegungen, aufrechte Haltung. So strahlt man Ausgeglichenheit und Sicherheit aus und bleibt seiner Persönlichkeit treu.

Mehr Emotion wagen

Kaum etwas bereitet Führungskräften, Politikern und anderen Menschen in der Öffentlichkeit mehr Probleme, als Gefühle zu zeigen. Zumindest in Deutschland ist das so. Niemand möchte vorschnell als weich und wankelmütig abgeurteilt werden. Emotionalen Menschen haftet der Vorwurf irrationalen Handelns an. Doch wen bewundern wir heimlich oder sogar offen? Manager wie Uli Hoeneß, Richard Branson oder Gloria von Thurn und Taxis, die auch mal die Sau rauslassen. Staatsoberhäupter wie Barack Obama oder Joachim Gauck, die sich ihrer Tränen in bewegenden Momenten nicht schämen. Sportstars wie Usain Bolt, Jürgen Klopp oder Andrea Petkovic, die mit deutlichen Gesten und deftigen Sprüchen aus der Reihe tanzen.

Warum gefällt uns das? Weil diese Menschen uns berühren. Wir ahnen: Nur ein wenig dieser Leidenschaft täte unserer Wirkung gut. Unsere Furcht ist, dass wir dadurch angreifbar werden. Aber es geht bei emotionaler Wirkung weniger darum, sein Innenleben nach außen zu stülpen, als um den wohldosierten Einsatz von emotional aufgeladenen Gesten, Zeichen und Handlungen. Emotionale Wirkung beginnt im Kleinen. Unser Gegenüber anlächeln, Augenkontakt mit ihm halten. Das klingt so banal und ist doch so wirksam. Ich öffne mich dir, ich nehme dich wahr, sagen wir damit. Das weiß doch jeder? Mal ehrlich: Wie oft schludern wir im zwischenmenschlichen Kontakt, weil wir zu gestresst oder abgelenkt sind? Oder weil wir denken, dass ein Lächeln wenig wert ist, weil es uns nichts kostet?

Mehr Emotionen zeigen heißt, es anderen Menschen zu erleichtern, sich ein Bild von uns zu machen. Wenn wir unseren Körper sprechen lassen, wenn Gestik und Mimik unsere Worte untermalen, versteht man uns besser. Die Frage dabei lautet: Wie wollen wir gesehen und verstanden werden? Unsere Selbstdarstellung gewinnt an Tiefe und Dichte, wenn wir emotionaler, sprich ausdrucksstärker, kommunizieren. Idealerweise geht Emotionalität mit Empathie einher. Wer Emotionen für die eigene Selbstinszenierung nutzt, sollte auch in der Lage sein, die Gefühle anderer Menschen zu lesen. Charismatische Menschen können das, deshalb ist ihre Wirkung auf uns so intensiv. In jedem von uns steckt ein Charismatiker, wir müssen ihm nur die Chance geben, sich zu entfalten.

Sich als Charakter präsentieren

Andrea Petkovic ist es. David und Victoria Beckham sind es. Sie sind Marken und stehen damit jeweils für ein Image, mit dem viele Menschen ähnliche Assoziationen, Eigenschaften, Emotionen verbinden. Das verleiht ihnen ein Profil, mit dem sie sich von anderen Marken differenzieren. Können wir es ihnen gleichtun und auch eine Marke werden? Das ist sicher zu ambitioniert gedacht. Zwar wird in vielen Ratgebern empfohlen, sich als Marke zu betrachten und dementsprechend am eigenen Image zu feilen. Die Bolts, Beckhams, Klums und Lagerfelds dieser Welt können uns da aber nur bedingt Vorbild sein. Ihre Markenimages haben sich weitgehend von ihren Persönlichkeiten emanzipiert und funktionieren dank hoher Medienpräsenz. Was wir uns aber von ihnen und anderen Meistern der Selbstinszenierung abschauen können, ist der klare Fokus darauf, als wiedererkennbarer Charakter wahrgenommen zu werden. Niemand will in der Menge untergehen, jeder will etwas Besonderes darstellen. Trotzdem passen wir uns jeden Tag an, verstecken unsere Eigenheiten, reden anderen nach dem Mund. Politikern werfen wir vor, keine Ecken und Kanten mehr zu haben wie einst Schmidt, Strauß oder Wehner. Wir selbst sind da aber kaum besser. Wie können wir das ändern? Indem wir zu unseren Marotten und Ticks stehen. Zum Glück ist unser Charakter von sich aus einzigartig. Wir müssen ihn gar nicht tunen wie einen Rennwagen. Wir sollten vielmehr darüber nachdenken, ob unsere Wirkung auf andere sich mit unserem inneren Selbstbild deckt. Wie können andere Menschen von unserer Herzenswärme beeindruckt sein, wenn wir ihnen zu oft die kalte Schulter zeigen? Warum sollten unsere Mitarbeiter uns als Führungsfigur akzeptieren, wenn wir selbst meist anderen hinterherlaufen? Seien wir im besten Sinne eigenständiger, inszenieren wir unsere Persönlichkeit prägnanter. Eine hohe Konsistenz unseres Verhaltens ist viel wichtiger als Konformität mit sämtlichen sozialen und kulturellen Regeln. Lieber eine typische Macke haben als eine perfekte Oberfläche, an der nichts hängenbleibt, am wenigsten die Aufmerksamkeit unserer Mitmenschen.

Die Macht der Wirkung und wir

Aufmerksamkeit ist die neue Währung, das verkündete Georg Franck bereits Ende der 80er: »Prominente sind die Einkommensmillionäre in Sachen Aufmerksamkeit. Sie werden zu Großverdienern, indem sie Aufmerksamkeit über bloße Repräsentationen ihrer selbst einnehmen. Sie verbreiten anonym gestreute Information und empfangen dafür persönlich gewidmete Zuwendung. Es ist wie beim Kapital: für anonym ausgegebenes Geld wird persönlich gewidmete Zeit gezollt.« (Franck 1996)

Die Währung Aufmerksamkeit, die Zinsen abwirft und mindestens so wichtig wie Geld geworden ist: Beschäftigt man sich mit Wirkungskompetenz und den Meistern der Selbstinszenierung, verlieren diese Worte an Abstraktheit. Immer geht es um Aufmerksamkeit im richtigen Moment, im richtigen Maß. In unserer digitalen Mediengesellschaft verschärft sich der Wettbewerb, und er wird bunter. In Konkurrenz zu den Stars aus Musik, Film und TV treten Menschen wie du und ich. Blogger, YouTube-Stars, Casting-Gewinner. Menschen wie du und ich? Dank erhöhter Aufmerksamkeit, also dank Prominenz, sind sie das nicht länger. Doch nicht jeder kann berühmt sein, selbst wenn das gute alte Warhol-Zitat von den fünfzehn Minuten Berühmtheit noch so oft wiederholt wird. Die meisten Menschen wollen auch gar nicht berühmt sein, sie sehnen sich zum Beispiel nach mehr Anerkennung durch ihr soziales Umfeld. Sie suchen Wertschätzung. Sie wollen als wertvolle Menschen wahrgenommen werden. Dafür braucht es Aufmerksamkeit – die wir dank Wirkung erhalten.

Wie wirke ich gerade? Fragen wir uns das doch öfter. Nehmen wir die Perspektive des anderen ein: des Anzugträgers, der uns in der U-Bahn gegenübersitzt, der alten Frau, die uns auf dem Bürgersteig entgegenkommt, des Kindes, das uns an der Ampel durch die Autoscheibe anstarrt. Selbstwahrnehmung und Fremdwahrnehmung.

Unsere Wirkung auf andere, wir haben sie in der Hand.

Anhang

Dank: Meine Helden der Wirkung

Wie ist das so, auf einer Bühne zu stehen, vor mehreren hundert Menschen, die einen anstarren und darauf warten, dass man sie neunzig Minuten lang in den Bann schlägt? Diese Frage höre ich ab und zu. Es ist eine herausfordernde Aufgabe, antworte ich dann. Jeder Vortrag ist anders: Inhaltlich bewege ich mich zwar stets auf dem gleichen Gebiet – Körpersprache, Wirkung und Performance –, doch alles Weitere ändert sich: die Zielgruppe, die Teilnehmerzahl, die Zielvorstellungen des Auftraggebers, die Räumlichkeiten. Ich habe mittlerweile genügend Routine darin, solche Auftritte zu meistern. Sicherlich bin ich noch angespannt, doch da ist nicht mehr diese übergroße Aufregung, die ich in meiner Anfangszeit als Speakerin verspürte, sondern nur noch ein nervöses Kribbeln. Viel Übung gehört zu einem gelungenen Auftritt dazu, natürlich. Bis ein Vortrag auf der Bühne leicht und einfach aussieht, dauert es rund ein Jahr. Noch wichtiger sind die richtigen Lehrer und Vorbilder. Ich hatte das Privileg, von echten Wirkungsmeistern lernen zu dürfen. Sie halfen mir, mich so vor Menschen zu präsentieren, wie ich es heute tue.

Samy Molcho war mit Abstand der einflussreichste. Ihn erlebte ich zum ersten Mal bei einem Vortrag, den ich als junge Nationalspielerin besuchte. Da stand ein Mann mittlerer Statur, mit vollem wirren Haar, und sprach in gebrochenem Deutsch. Seine Worte waren fast irrelevant, sein Körper erzählte seine Geschichte. Seitdem fasziniert mich Körpersprache. Ich besuchte viele der Seminare Molchos. Vor und nach den Veranstaltungen suchte ich das Gespräch mit ihm. Ich bin mir sicher, dass ich eine echte Nervensäge war. Er ließ es mich nie merken, blieb stets zugewandt und freundlich. Seine Wirkung werde ich nie vergessen.

»Du musst die Zone der Lächerlichkeit überschreiten, Monika. Erst dann wirkst du auf der Bühne.« Dies riet mir Hermann Scherer, der bekannte deutsche Business-Speaker. Wenn wir glauben, maßlos zu übertreiben, dann wirkt es gerade mal nett. Hermann lehrte mich, aus mir herauszugehen, die Komfortzone zu verlassen, eine Geschichte auf der Bühne zu zelebrieren.

Von Dr. Reinhard K. Sprenger, Bestsellerautor in Sachen Führung und Management, lernte ich, tiefer zu denken, Menschen zu fordern, neugierig zu bleiben, meinen Weg zu gehen und zu akzeptieren, dass ich nicht jedem gefallen kann. Sprenger ist ein Meister der Pausen. Nach Sätzen wie »Prüfen Sie den Gedanken« folgt eine lange Pause. Er kann sich in Rage reden, richtig zornig werden, und dann wieder lachen. Immer spiegeln sich alle Gefühle in seiner Mimik wider. Menschen, die bereit sind, in sich zu gehen und nachzudenken, schätzen ihn. Menschen, die Ausreden für persönlichen Stillstand suchen, lehnen ihn ab.

Ebenfalls großen Eindruck machte auf mich Ingrid Hofmann, die Chefin von Hofmann Personal, einer der größten Personaldienstleister Deutschlands. Menschen, die ihr begegnen, gibt sie sofort ein positives Gefühl. Sie schafft es, sie innerhalb weniger Minuten in ihren Bann zu ziehen, und erntet achtungsvollen Respekt von Mitarbeitern und Partnern. Dieses Lachen, diese Energie, dieser Charme. Mehr Wirkung geht kaum.

Nicht vergessen darf ich Sabine Hübner, Serviceexpertin, Unternehmerin und Autorin. Sie spricht mir in schwierigen Situationen Mut zu und stellt mich wieder gerade hin. Sie gibt mir wertvolle Ideen und Rückmeldungen, um Vortragsinhalte noch besser zu performen. In Konflikten zieht sie nicht den Kopf ein, sondern geht auf ihr Gegenüber – egal ob jung oder alt, Vorstand oder Handwerker – mit höchster Empathie zu.

Danke, Samy. Danke, Hermann. Danke, Reinhard Sprenger. Danke, Ingrid Hofmann. Danke, Sabine.

Ein Dank auch an einen weiteren Wirkungshelden in meinem Leben. Er musste mich entbehren, wenn ich in meiner Schreibkammer verschwand, um über Angela Merkel, die Beckhams, Gloria oder Nowitzki zu grübeln. Ohne ihn wäre mein Leben nicht so wirkungsvoll. Danke, Walter.

Literatur

Ackeren, Margarete van: *Wie Merkel lernte, Gefühle zu zeigen*. In: Focus 15/2015

Ahrens, Peter: *100-Meter-Finale: Im Bann der Bolt-Show*, Spiegel Online 06.08.2012, http://www.spiegel.de/sport/sonst/olympia-2012-bolt-mit-grosser-show-ueber-100-meter-a-848478.html (abgerufen 22.08.2015)

Althen, Michael: *Manche mögen's heiß: Götter und Gräber*. In: Süddeutsche Zeitung v. 08.12.1999, http://michaelalthen.de/texte/textformen/essay/manche-moegens-heiss/ (abgerufen 21.07.2015)

Argyle, Michael: *Körpersprache & Kommunikation – Nonverbaler Ausdruck und soziale Interaktion*, Junfermann Verlag, Paderborn 2013

Baidawi, Adam: *15 seconds with David Beckham*. In: Esquire v. 4.10.2013, http://www.esquire.co.uk/culture/article/4960/15-seconds-with-david-beckham/ (abgerufen 10.07.2015)

Bausenwein, Christoph: *Joachim Löw und sein Traum vom perfekten Spiel*, Verlag Die Werkstatt, Göttingen 2011

Bernard, Andreas: *Warum liebt jeder diesen Mann?* In: SZ-Magazin 14/2011, http://sz-magazin.sueddeutsche.de/texte/anzeigen/35556/Wa rum-liebt-jeder-diesen-Mann (abgerufen 24.08.2015)

Bolt, Usain: *Wie der Blitz: Die Autobiografie*, C. Bertelsmann Verlag, München 2013

Byrka, Anastasiya: *The Aussie Who Taught Putin Body Language*. In: The Moscow Times (Stand: 26.11.2013), http://www.themoscowtimes.com/business/article/the-aussie-who-taught-putin-body-language/490203.html (abgerufen 14.06.2015)

Carney, Dana R.u.a.: *People with Power are better liars*, Columbia University, https://www0.gsb.columbia.edu/mygsb/faculty/research/pubfi les/3510/Power.Lying.pdf (abgerufen 22.12.2014)

Ciaramicoli, Arthur u.a.: *Der Empathie-Faktor*, dtv, München 2001

Colacello, Bob: *The conversion of Gloria TNT*. In: Vanity Fair 06/2006, http://www.vanityfair.com/news/2006/06/princesstnt200606 (abgerufen 14.08.2015)

Connors, Brenda: *Pentagon studying Putin's body language to predict his be-*

havior (Stand: 07.03.2014), http://rt.com/usa/pentagon-connors-putin-language-510/ (abgerufen 18.06.2015)

Dausend, Peter; Niejahr, Elisabeth: *Operation Röschen: Das System von der Leyen*, Campus Verlag, Frankfurt 2015

Dil, Esma A.: *Der Oscar geht ans Kleid*. In: faz.de v. 25.02.2012, http://www.faz.net/aktuell/stil/mode-design/mode/styling-der-stars-der-oscar-geht-ans-kleid-11661020-p2.html?printPagedArticle=true%23page-Index_3 (abgerufen 30.01.2016)

Eberle, Matthias: *Die Kunst des Ich-Marketings: Markante Köpfe*. In: Handelsblatt v. 28.11.2011, http://www.handelsblatt.com/unternehmen/management/die-kunst-des-ich-marketings-markante-koepfe/5889076.html (abgerufen 16.07.2015)

Eigendorf, Jörg; Renz, Michael: *Warum wir Wladimir Putin besser verstehen müssen* (Stand: 16.02.2015), http://www.welt.de/politik/ausland/article137476705/Warum-wir-Wladimir-Putin-besser-verstehen-muessen.html (abgerufen 17.07.2015)

Ekman, Paul: *Gefühle lesen – wie Sie Emotionen erkennen und richtig interpretieren*, Spektrum Akademischer Verlag, Heidelberg, 2. Aufl. 2010

Ekman, Paul; Friesen, Wallace V.; O'Sullivan, Maureen; Scherer, Klaus: *Relative importance of Face, Body and Speech in Judgements of Personality and Affect*. In: Journal of Personality and Social Psychology 38, 1980, S. 270–277

Enkelmann, Claudia E.: *Einfach mehr Charisma: Was uns wirklich beeindruckt. Wie Sie auf andere wirken*, Linde Verlag, Wien 2010

Fattori, Ross: In: Eberle, Matthias

FAZ-Interview mit Simon Fuller, 20.06.2006, http://www.faz.net/aktuell/gesellschaft/menschen/simon-fuller-im-interview-wenn-beckham-auf-dem-platz-steht-hat-der-kommerz-pause-1329210.html (abgerufen 10.7.2015)

Fischer, Sebastian: *Clintons PR-Offensive: Schönen Gruß aus Hillaryland* (Stand: 10.06.2014), http://www.spiegel.de/politik/ausland/usa-hillary-clinton-bereitet-sich-auf-praesidentschaftskandidatur-a-974199.html (abgerufen 13.07.2015)

Fox Cabane, Olivia: *The Charisma Myth*, Portfolio/Penguin, New York 2012

Franck, Georg: *Aufmerksamkeit – Die neue Währung*. In: Telepolis v. 20.03.1996, http://www.heise.de/tp/artikel/2/2003/1.html (abgerufen 15.09.2015)

Frey, Siegfried: *Die Macht des Bildes*, Verlag Hans Huber, Bern 2000

Furley, Philip; Memmert, Daniel; Dicks, Matt: *Nonverbales Verhalten im Fuß-*

ball, http://www.asp-sportpsychologie.org/aktuell_einzeln.php?ID=116 (abgerufen 17. 04. 2015)

Gabler Wirtschaftslexikon, Springer Gabler Verlag, Stichwort: Overconfidence, online im Internet: http://wirtschaftslexikon.gabler.de/Archiv/830 359 630/overconfidence-v1.html (abgerufen 29. 04. 2015)

Gala-Artikel: *Mit Würde altern*, 28. 05. 2015, http://www.gala.de/stars/news/starfeed/george-clooney-mit-wuerde-altern_1 259 876.html (abgerufen 21. 07. 2015)

Goebel, Tina; Hofer, Sebastian; Staudinger, Martin; Treichler, Robert: *Menschen des Jahres. Wladimir Putin – Der Krieger*. In: Profil 51/2014

Goffman, Erving: *Presentation of Self in Everyday Life*, Anchor books, New York 1990

Groth, Aimee: *Inside Anna Wintour's $ 350 Billion Dollar Network*, Business Insider am 11. 05. 2011, http://www.businessinsider.com/anna-wintour-2011–5?op=1&IR=T&IR=T (abgerufen 24. 07. 2015)

Guéguen, Nicolas: *Psychologie de la séduction*, Dunod, Paris, 2014

Hager, Angelika: *Narzissmus: Die epidemische Verbreitung einer Modekrankheit*. In: Profil v. 30. 12. 2013, http://www.profil.at/gesellschaft/narzissmus-verbreitung-modekrankheit-371 127 (abgerufen 17. 07. 2015)

Hakim, Catherine: *Erotisches Kapital. Das Geheimnis erfolgreicher Menschen*, Campus Verlag, Frankfurt/New York 2011

Hank, Rainer; Meck, Georg: *Negatives Image: Woran Top-Manager scheitern*. In: FAZ (Stand: 28. 07. 2014), http://www.faz.net/aktuell/wirtschaft/menschen-wirtschaft/negatives-image-warum-top-manager-scheitern-13 066 050.html (abgerufen 03. 04. 2015)

Hegemann, Lisa: *Die Maschen der Samwer-Brüder*. In: Handelsblatt v. 27. 08. 2014, http://www.handelsblatt.com/finanzen/maerkte/ipo/rocket-internet-die-maschen-der-samwer-brueder/10 611 654.html (abgerufen 07. 08. 2015)

Henley, Nancy M.: *Körperstrategien*, Fischer Taschenbuch Verlag, Frankfurt, 6. Aufl. 1993

Herdejost, Johanna: *Körpersprache Mann anhand von Promi-Beziehungen*, 07.03.2013, http://www.jolie.de/bildergalerien/koerpersprache-mann-anhand-von-promi-beziehungen-2 139 478.html (abgerufen 30. 07. 2015)

Hermanns, Stefan; Stier, Sebastian: *Die Philosophie der Baseballkappe*. In: Der Tagesspiegel v. 12. 04. 2014, http://www.tagesspiegel.de/sport/trainerduell-guardiola-klopp-die-philosophie-der-baseballkappe/9 754 106.html (abgerufen 24. 08. 2015)

Herold, Richard: *Sportler sind moderne Heilige*, Interview mit Jörg Scheller am 25.08.2015, http://www.srf.ch/kultur/gesellschaft-religion/sportler-sind-moderne-heilige (abgerufen 30.08.2015)

Hiesserich, Jan: *Der CEO-Navigator: Rollenbestimmung und -kommunikation für Topmanager*, Campus Verlag, Frankfurt/New York 2013

Hiesserich, Jan; Weidenfeld, Ursula: *Der CEO im Fokus: Lernen von den Besten für den richtigen Umgang mit der Öffentlichkeit*, Campus Verlag, Frankfurt/New York 2015

Holtz-Bacha, Christina (Hg.): *Die Massenmedien im Wahlkampf: Die Bundestagswahl* 2002, Westdeutscher Verlag, Wiesbaden 2003

Ingenhoven, Hili: *Die zwei Gesichter des Mark Z.* In: Gala v. 14.10.2010, http://m.gala.de/stars/story/mark-zuckerberg-die-zwei-gesichter-des-mark-z_23667-p2.html (abgerufen 05.08.2015)

Jensen, Lars: *Die Frau, die aus der Kälte kam.* In: Stern v. 19.10.2006, http://www.stern.de/lifestyle/mode/anna-wintour-die-frau--die-aus-der-kaelte-kam-3329724.html (abgerufen 23.07.2015)

Joachim Gauck – Der gewünschte Präsident (Doku), https://www.youtube.com/watch?v=vjUKHJxjSbQ

Junod, Tom: *George Clooney's Rules for Living.* In: Esquire v. 10.11.2013, http://www.esquire.com/news-politics/a25952/george-clooney-interview-1213/ (abgerufen 21.07.2015)

Kaczmarek, Joel: *Die Paten des Internets: Zalando, Jamba, Groupon – wie die Samwer-Brüder das größte Internet-Imperium der Welt aufbauen*, Finanz-Buch Verlag, München 2014

Kaiser, Alfons: *Die vielen Gesichter der Heidi Klum.* In: faz.de v. 29.09.2003, http://www.faz.net/aktuell/stil/mode-design/mode/supermodel-die-vielen-gesichter-der-heidi-klum-1114520.html (abgerufen 15.06.2015)

Kaputa, Catherine: *The Female Brand: Using the Female Mindset to Succeed in Business*, Nicholas Brealey America, Boston 2009

Kerber, Matthias: *Hoeneß? Ein Choleriker mit Herz – aber ohne Humor.* In: Abendzeitung München v. 21.03.2015, http://www.abendzeitung-muenchen.de/inhalt.buchautor-ueber-hoeness-hoeness-ein-choleriker-mit-herz-aber-ohne-humor.010cde72-f31f-4404-bd73-7c7ebe72b46f.html (abgerufen 10.08.2015)

Kläsgen, Michael: *Ohne Maske.* In: Süddeutsche Zeitung v. 04.04.2015

Kleinmann, Patrick: *Daum vs. Hoeneß. Der nächste Akt einer Männer-Feindschaft.* In: Handelsblatt v. 31.03.2011

Klinzing, Gerhard: *Nichtverbale Kommunikation und Ausdrucks-Management*, GDI Impuls 1993

Kniffin, Kevin M.; Wansink, Brian; Griskevicius, Vladas; Wilson, David

Sloan: *Beauty is in the in-group of the beholded: Intergroup differences in the perceived attractiveness of leaders.* In: The Leadership Quarterly, Bd. 25, 6/2014

Lampl, Andreas; Mayerl, Barbara: *Multimilliardär Richard Branson stattet Wien heute einen Besuch ab.* In: trend.at v. 08.10.2013, http://www.for mat.at/service/die-redaktion-empfiehlt/multimilliardaer-richard-bran son-wien-besuch-ein-portraet-367 511 (abgerufen 12.08.2015)

Leary, Mark R.: *Self-Presentation. Impression Management and Interpersonal Behaviour*, Westview Press, Boulder 1996

Löhken, Sylvia: *Leise Menschen, starke Wirkung: Wie Sie Präsenz zeigen und Gehör finden*, GABAL Verlag, Offenbach, 10. Aufl. 2012

Luhmann, Niklas: *Die Realität der Massenmedien*, Westdeutscher Verlag, 2. erweiterte Auflage, Opladen 1996

Marcinkowski, Frank: *Agenda Setting als politikwissenschaftlich relevantes Paradigma.* In: Gellner, Winard; Strohmeier, Gerd (Hg.): Freiheit und Gemeinwohl – Politikfelder und Politikvermittlung zu Beginn des 21. Jahrhunderts, Nomos Verlag, Baden-Baden 2002

Miller, Dale T.; Ross, Michael: *Self-serving biases in the attribution of causality: Fact or fiction?* In: Psychological Bulletin, 82, 1975, S. 213–225

Minkmar, Nils: *Die Medienkanzlerin.* In: spiegel.de v. 20.01.2006, http://www.spiegel.de/politik/debatte/debatte-die-medienkanzlerin-a-396 690. html (abgerufen 30.01.2016)

Modler, Peter: *Echt ist recht.* In: Süddeutsche Zeitung v. 28.03.2015

Mummendey, Hans D.: *Psychologie der Selbstdarstellung*, Hogrefe Verlag, Göttingen 1995/2013

Navarro, Joe; Karlins, Marvin: What *Every BODY Is Saying: An Ex-FBI Agent's Guide to Speed-Reading People*, Collins Living, New York 2008

Nolte, Kristina: *Der Kampf um Aufmerksamkeit: Wie Medien, Wirtschaft und Politik um eine knappe Ressource ringen*, Campus Verlag, Frankfurt 2005

Oates, Joyce Carol: *Über Boxen*, Manesse Verlag, München 2013

Ohne Superstar Usain Bolt geht nichts in der Leichtathletik (Stand: 24.08.2012), http://www.t-online.de/sport/leichtathletik/id_58 980 356/ohne-usain-bolt-geht-nichts-in-der-leichtathletik-.html (abgerufen 28.07.2015)

Paschen, Michael; Dihsmaier, Erich: *Psychologie der Menschenführung*, Springer, Berlin/Heidelberg 2011

Paul, Gerhard: *Die Medienkanzlerin – die vielen Gesichter der Angela Merkel* (Vortrag auf der Tagung »Sprache, Macht und Manipulation der Bilder«, Konrad-Adenauer-Stiftung, Bildungszentrum Schloss Eichholz,

27.03.2009), http://www.prof-gerhard-paul.de/Vortraege.html (abgerufen 30.05.2015)

Philippi, Anne: *Hillary Clintons Frisur kann die Wahl entscheiden* (Stand: 27.04.2015), http://www.welt.de/icon/article140137308/Hillary-Clintons-Frisur-kann-die-Wahl-entscheiden.html (abgerufen 13.07.2015)

Radunski, Peter: *Politisches Kommunikationsmanagement: Die Amerikanisierung der Wahlkämpfe*. In: Bertelsmann-Stiftung (Hg.): Politik überzeugend vermitteln. Wahlkampfstrategien in Deutschland und den USA, Gütersloh 1996, S. 33–52

Repinski, Gordon: *Frau Genç und Herr Gauck*, TAZ v. 18.03.2012, http://www.taz.de/!5098106 (abgerufen 10.07.2015)

Riggio, Ronald E.: *The Social Skills Inventory (SSI): Measuring nonverbal and social skills*. In: Manusov, V. (Hg.): The sourcebook of nonverbal measures: Going beyond words, Lawrence Erlbaum Associates, Mahwa/New York 2005, S. 25–33

Ritzer, Uwe: *Wie ein Schatz*. In: Süddeutsche Zeitung v. 17.05.2010, http://www.sueddeutsche.de/wirtschaft/starsprinter-usain-bolt-werbe-ikone-mit-raubtierlogo-1170223 (abgerufen 22.08.2015)

Rusli, Evelyn M.: *Mark Zuckerberg beeindruckt mit steiler Lernkurve*. In: Die Welt v. 07.01.2014 http://www.welt.de/wall-street-journal/article123616829/Mark-Zuckerberg-beeindruckt-mit-steiler-Lernkurve.html (abgerufen 05.08.2015)

Scheller, Jörg s. Herold, Richard

Scholl, Annika; Sassenberg, Kai: *Where could we stand if I had ...? How social power impacts counterfactual thinking after failure*. In: Journal of Experimental Social Psychology, Bd. 53, Juli 2014, S. 51–61, http://dx.doi.org/10.1016/j.jesp.2014.02.005, http://www.sciencedirect.com/science/article/pii/S0022103114000249

Slavik, Monika: *Danke, hab' schon*. In: Süddeutsche Zeitung v. 15.06.2011, http://www.sueddeutsche.de/geld/werbung-basketballer-dirk-nowitzki-danke-hab-schon-1110 8483 (abgerufen 24.08.2015)

Snow, Robert P.: *Creating Media Culture*, Sage Publications, Beverly Hills 1983

Soeffner, Hans-Georg: *Erzwungene Ästhetik – Repräsentation, Zeremoniell und Ritual in der Politik*. In: Willems, Herbert; Jurga, Martin (Hg.): Inszenierungsgesellschaft – Ein einführendes Handbuch, Springer Verlag, Wiesbaden/Opladen 1998

Sollmann, Ulrich: *Erwachsenenbeobachtung in der Politik*, Psychotherapie Forum – 13, Springer Verlag, Wien 2006

ders: *Putin im Körperspracheseminar* (Stand: 06.09.2014), http://www.carlauer.de/blogs/koerper/putin-im-koerperspracheseminar-2/ (abgerufen 17.06.2015)

Sprong, Peter: *Das befreite Wort. Was für gute Redner wirklich wichtig ist*, nicolai Verlag, Berlin 2011

Stel, Mariëlle u. a.: *Lowering the pitch of your voice makes you feel more powerful and think more abstractly.* In: Social Psychological and Personality Science, 2012, S. 497–502

Steuckmann, Karla: *George Clooney: Darum lieben Frauen diesen Mann.* In: Frauenzimmer.de v. 06.05.2011, http://www.frauenzimmer.de/cms/stars-news/2011–05/george-clooney-lieben-frauen.html (abgerufen 21.07.2015)

Stiehler, Hans-Jörg: *Mediensport als Unterhaltung. Allgemeinplätze zu medialen Inszenierungen*, http://www.uni-leipzig.de/~jfriedri/download/Sem2_13_Lit_Stiehler.pdf, Uni Leipzig 2003

Strobel, Tatjana: Expertin: *Mirka und Anna, die grosse Freundschaft?* (Stand: 19.03.2014), http://www.bluewin.ch/de/entertainment/people/artikel-redaktion/2014/03/expertin-mirka-anna-grosse-freundschaft.html (abgerufen 24.07.2015)

Stuckrad-Barre, Benjamin von: *Die Kanzlerin auf Tour – Wie war die Wurst? – Wenn Merkel wahlkämpft.* In: Welt.de (Stand: 19.09.09), http://www.welt.de/politik/bundestagswahl/article4571194/Wie-war-die-Wurst-Wenn-Merkel-wahlkaempft.html?page=1#article_readcomments (abgerufen 06.06.2014)

Stylebook: *Posen mit Posh*, stylebook.de (Stand: 24.04.2012), http://www.stylebook.de/stars/Immer-die-gleiche-Figur-auf-dem-roten-Teppich-65544.html (abgerufen 19.05.2015)

Talley, Linda; Temple, Samuel: *How leaders influence followers through the use of nonverbal communication*, Leadership & Organizational Development Journal (im Druck)

Taube, Dagmar von; Colacello, Bob: *Was tragen Sie im Bett, Fürstin Gloria?* (Stand: 01.06.2015), http://www.welt.de/icon/article141709486/Was-tragen-Sie-im-Bett-Fuerstin-Gloria.html (abgerufen 23.07.2015)

Tedeschi, James T. (Hg.): *Impression management theory and social psychological research*, Academic Press, New York 1981

Watzlawick, Paul; Beavin, Janet H.; Jackson, Don D.: *Menschliche Kommunikation: Formen, Störungen, Paradoxien*, Verlag Hans Huber, Bern, 12. Auflage 2011

Weddeling, Britta: *Mark Zuckerberg, das Phantom.* In: Handelsblatt v. 22.05.2015, http://www.handelsblatt.com/unternehmen/it-medien/auf-

den-spuren-von-facebook-mark-zuckerberg-das-phantom/11 809 978.
html (abgerufen 05. 08. 2015)

Weiguny, Bettina: *Erträgt Deutschland diesen Mann?* (Stand: 10. 10. 2014),
http://www.faz.net/aktuell/finanzen/internet-boersengaenge/zalando-
boersengang-finanzier-oliver-samwer-im-portraet-13 177 717.html (abgerufen 22. 07. 2015)

Wellershoff, Marianne: *Die Mode der Macht.* In: KulturSPIEGEL 8/2005,
http://www.spiegel.de/spiegel/kulturspiegel/d-41 171 603.html   (abgerufen 01. 02. 2015)

Willeke, Stefan: *König Jochen* (Stand: 11. 08. 2014), http://www.zeit.
de/2014/32/joachim-gauck-bundespraesident-deutschland-portraet (abgerufen 31. 03. 15)

Willen, Günther: *Das große Buch der kleinen Männer*, Lappan Verlag, Ol-
denburg 2012

Yap, Andy J.; Carney, Dana R.: *The Ergonomics of Dishonesty: The Effect of
Incidental Posture on Stealing, Cheating, and Traffic Violations*, http://
faculty.haas.berkeley.edu/dana_carney/inpress.ErgoDishonesty.PsySci.
pdf (abgerufen 22. 12. 14)

ZDF Frontal21-Doku: *Die große Samwer-Show* (Stand: 6. 08. 2014), https://
www.youtube.com/watch?v=1dpqb2H-snA (abgerufen 21. 07. 2015)

Bildnachweis